安徽师范大学文学院学术文库（第二辑）

U0746886

鲍善淳语文学论集

BAO SHANCHUN YUWENXUE LUN JI

鲍善淳 著

安徽师范大学出版社
·芜湖·

责任编辑:潘　安
装帧设计:丁奕奕　欧阳显根

图书在版编目(CIP)数据

鲍善淳语文学论集/鲍善淳著.—芜湖:安徽师范大学出版社,2016.6
(安徽师范大学文学院学术文库.第二辑)
ISBN 978-7-5676-2457-3

Ⅰ.①鲍…　Ⅱ.①鲍…　Ⅲ.①古汉语－语言学－文集　Ⅳ.①H109.2-53

中国版本图书馆CIP数据核字(2016)第076677号

本书由安徽高校省级学科建设重大项目资助出版

鲍善淳语文学论集

鲍善淳　著

出版发行:安徽师范大学出版社
　　　　芜湖市九华南路189号安徽师范大学花津校区　　邮政编码:241002
网　　　址:http://www.ahnupress.com/
发 行 部:0553-3883578　5910327　5910310(传真)　E-mail:asdcbsfxb@126.com
印　　刷:虎彩印艺股份有限公司
版　　次:2016年6月第1版
印　　次:2016年6月第1次印刷
规　　格:700 mm×1000 mm　1/16
印　　张:16.25
字　　数:264千
书　　号:ISBN 978-7-5676-2457-3
定　　价:48.75元

总　序

　　安徽师范大学文学院的前身是1928年建立的省立安徽大学中国文学系，是安徽省高校办学历史最悠久的四个院系之一。1945年9月更名为国立安徽大学中文系，1949年12月更名为安徽大学中文系，1954年2月更名为安徽师范学院中文系，1958年更名为合肥师范学院中文系，1972年12月更名为安徽师范大学中文系，1994年10月更名为安徽师范大学文学院。这里人才荟萃，刘文典、陈望道、郁达夫、朱湘、苏雪林、朱光潜、周予同、潘重规、宗志黄、张煦侯、卫仲璠、宛敏灏、张涤华、祖保泉、余恕诚等著名学者都曾在此工作过，他们高尚的师德、杰出的学术成就凝固成了我院的优良传统，培养出了一大批出类拔萃的各类人才。

　　文学院现设有汉语言文学、汉语言、秘书学、汉语国际教育等4个本科专业，文学研究所、语言研究所、古籍整理研究所、美育与审美文化研究所、艺术文化学研究中心等5个研究所（中心）。拥有中国语言文学博士后科研流动站，中国语言文学一级学科博士点，中国语言文学、艺术学理论两个一级学科硕士学位点；设有中国古代文学等10个硕士学位二级学科授权点和学科教学（语文）、汉语国际教育两个专业学位点；有1个安徽省A类重点学科（中国语言文学），3个安徽省B类重点学科（中国古代文学、汉语言文字学、中国现当代文学）；1个国家级特色专业建设点（汉语言文学专业），1个国家级教学团队（中国古代文学），两门国家级精品课程（文学理论、大学语文），1个省级刊物（《学语文》）。

　　文学院师资科研力量雄厚，现有在岗专任教师82人，其中教授28人，副教授35人，博士55人。2010年以来，本学科共主持省部级以上科研项目100项，其中国家社科基金项目28项（含重大招标项目1项），获得省部级以上奖励9项。教师中，有国家首届教学名师1人，享受国务院特殊津贴12人，皖江学者3人，二级教授8人，5人入选省级学术和技术带头人，6人入选省级学术和技术带头人后备人选。

走过八十多年的风雨征程，目前中文学科方向齐全，拥有很多相对稳定、特色鲜明的研究领域。唐诗研究、古代文论研究、儿童语言习得研究、古典文献研究、宋辽金文学研究、词学研究、当代文学现象研究、古典诗歌接受史研究、梵汉对音研究、句法语义接口研究等在全国居于领先地位或在学术界有较大影响。特别是李商隐研究的系列成果已成为传世经典，国务院学位委员会委员、北京大学教授袁行霈先生说，本学科的李商隐研究，直接推动了《中国文学史》的改写。

经过几代人的薪火相传，中文学科养成了严谨扎实的学术传统，培育了开拓创新的学术精神，打造了精诚合作的学术团队，形成了理论研究与服务社会相结合、扎根传统与关注当下相结合、立足本位与学科交融相结合、历代书面文献与当代口传文献并重的学科特色。

21世纪以来，随着老一辈学者相继退休，中文学科逐渐进入了新老交替的时期，如何继承、弘扬老一辈学者的学术传统，如何开启中文学科的新篇章，成了摆在我们面前的迫切任务。基于这一初衷，我们特编选了这套丛书，名之为"安徽师范大学文学院学术文库"，计划做成开放式丛书，一直出版下去。我们认为，对过去的学术成果进行阶段性归纳汇集，很有必要，也很有意义，可以向学界整体推介我院的学术研究，展现学术影响力。

关心文学院发展的朋友常常问我们："你们自己说师大文学院历史悠久，底蕴深厚，有什么可以证明呢？"是啊，校址几经变迁，由安庆至芜湖至合肥，最终落户芜湖；校园面貌日新月异，载有历史积淀的老建筑也已被悉数推倒重建，物化的记忆只能在发黄的老照片中去追寻。能证明我们悠久历史的，能说明我们深厚底蕴的，唯有前辈学者留下的字字珠玑的精彩华章。为此，我们特别编选了本辑文集，文集作者均是已退休的前辈学者，他们有的已驾鹤仙去；有的虽然年岁已高，但仍笔耕不辍。这些优秀成果，是他们留给我们的宝贵精神财富，是砥砺我们人格的源泉，是指引我们前行的明灯，是督促我们奋进的动力。

　　我们坚信，承载着八十多年的历史积淀，文学院必将向学界奉献更多的学术精品，文学院的各项事业必将走向更悠远的辉煌！

储泰松
二〇一五年八月

目　录

第 一 编

第 二 编

第 三 编

第 四 编

第 五 编

附 录

第 一 编

汉字字义类化初探

　　四十年代，王力先生写过一篇题为《汉字的形体及其音读的类化法》的论文①，指出语言学上有所谓类化法，"只要是同类的词，其形式往往趋于一致"，"因为由类推而发生变化，所以叫做'类化法'"。王力先生认为，汉语类化法非常罕见，"至于汉字，却有不少类化的情况"。从这篇文章问世到现在，将近半个世纪过去了，但国内对汉语中类化问题的研究却似乎没有前进一步。类化是否只能出现在字词的形式上呢?汉字有形、音、义三要素，既然字形、字音都存在类化现象，字义是否也存在类化现象呢?这确实是一个很新鲜、很有研究价值的问题。

　　纵观汉字使用的历史，不难发现，和字形、字音的类化一样，字义的类化也是不可否认的事实。形式和内容是不可分离的，字形的变化往往与字义相关。例如，王力先生说："'凤凰'本来只写作'凤皇'，直到唐代，下字仍旧写作'皇'，像杜甫诗里的'碧梧栖老凤皇枝'等等。但后来不知是谁开始，大家渐渐写作'凰'了。若依文字学的眼光看起来，这是很可笑的。"②的确如此，"凤"字从鸟，凡声，而"凰"字上面的"凤冠霞帔"，却是由于受"凤"字形体的牵连而硬给它戴上去的（是否是唐以后才出现的，还有待进一步考证）。其结构用汉字"六书"是无法解释的。"凤皇"被写作"凤凰"，是汉字形体类化的典型例子。但是，"凰"字形体的类化与字义的类化是联系在一起的。"凤凰"，上古本单称"凤"，或称"凤鸟"，《礼记·礼运》："麟、凤、龟、蛇，谓之四灵。"《左传·昭公十七年》："我高祖少皞挚之立也，凤鸟适至，故纪于鸟。"有时又称"凤皇"，《诗·大雅·卷阿》："凤皇鸣矣，于彼高冈。"其中

---

① 见《龙虫并雕斋文集》第一册。

② 见《龙虫并雕斋文集》第一册。

"凤"指凤鸟，"皇"是古人对神明的敬称。《说文》："凤，神鸟也。""凤"本是初民心目中神圣化了的图腾形象，故尊之曰"皇"。在古文中，"皇"有大、美、明、盛等义，因此，古人常用来尊称神明。《楚辞·远游》："遇蓐收乎西皇"，西皇指居于西方的海神。《文选·颜延年〈曲水诗序〉》："皇祇发生之始"，李善注："皇，天神也"。在清代，有学者提出"凤皇"的"皇"，本字当写作"朢"，从羽王会意，王亦声。"凤"为百鸟之王，故称之为"凤朢"[①]，可备一说。总之，"凤皇"原本是偏正结构，后来由于人们的心理原因，把它看作并列结构。认为"凤"和"皇"都是凤鸟，如同"鸳鸯"一样，仅仅是性别不同而已。《诗·大雅·卷阿》："凤皇于飞"，毛亨传："雄曰凤，雌曰皇。"《书·益稷》："凤皇来仪"，伪孔传："雄曰凤，雌曰皇。"这种观点大概在汉代已较为流行。《楚辞·离骚》："鸾皇为余告戒兮，雷师告余以未具。"王逸注："皇，雌凤也。"其实，这里"鸾皇"也与"凤皇"一样，是偏正结构。"鸾"也是凤一类的神鸟。《说文》："鸾，亦神灵之精也。"故尊鸾鸟为"鸾皇"。《离骚》下文紧接着说"吾令凤鸟飞腾兮，继之以日夜"。这才说到凤。《楚辞·大招》："孔雀盈园，畜鸾皇只。……魂乎归来，凤皇翔只。"也是"鸾""凤"对言。试问这里有什么必要把雌凤和雄凤分开来说呢？王逸为汉代已类化了的字义所囿，解为鸾鸟与雌凤，显然是错误的。可惜今人多沿用其误。当然，应该看到，"皇"的字义类化在汉代已经完成，得到了社会的公认。司马相如《琴歌》："凤兮凤兮归故乡，遨游四海求其皇"，就是分指雄凤与雌凤。汉乐府《琴曲》亦有《凤求皇》之名。因此，可以肯定，"凤皇"的"皇"先是字义由神明的敬称类化为雌凤之称，后来才在字形上类化为无理可讲的"凰"。

像这样字形类化与字义类化紧密联系在一起的现象，在汉字中并不罕见。如：

"涟漪"，本写作"涟猗"，出自《诗经·魏风·伐檀》"河水清且涟猗"一语。"猗"从犬，奇声，本义为"犗犬"。在先秦古籍中经常借作语气词，与"兮"同，相当于现代汉语的"啊"。朱熹《诗集

---

①朱骏声《说文通训定声》卷十八引。

传》："猗，与‘兮’同，语词也。"王先谦《诗三家义集疏》：
"《鲁》猗作兮。"所以，"涟猗"就是"涟兮"，毛传："风行水成
文曰涟"，"猗"只表语气，并无词汇意义。后世文人作文喜欢节用
《诗经》成语，用"涟猗"称水的微波。既作为一个词用，也作为一
个词理解，字形也就类化为"涟漪"。《文选·左思〈吴都赋〉》：
"剖巨蚌于回渊，濯明月于涟漪"，以"涟漪"对"回渊"，不再把
"猗"看作虚词，刘渊林注也就说"风行水成文曰涟漪"。表语气的
"猗"也就被当作是指水的微波了。在古人笔下可以脱离"涟"而单
独用来表微波，《文心雕龙·定势》："激水不漪，槁木无阴，自然之
势也。"《说文》无"漪"字，魏晋以来字书、韵书、类书则大多取
录，《玉篇》云："漪，水波动荡貌"，《初学记》云："水波如锦文曰
漪"，《广韵》《集韵》等韵书并云："漪，音猗，水波也"。"涟猗"
之"猗"，字形类化为"漪"，字义从语气词类化为指水的微波，这个
过程，大约完成于魏晋时期。今本《尔雅·释水》引《诗》"河水清
且澜漪"，"猗"作"漪"，乃后人所改。《经典释文》云："漪，本又
作猗"，陆德明所见另本，当系古本。

　　"髭鬚"[1]，原本写作"胡鬚"。王力先生在《汉语史稿》中曾
说："当‘胡鬚’二字连用时，最初是表示‘像胡人样的鬚’。例如：
‘叔琮选壮士二人深目而胡鬚者，牧马襄陵道旁。’（《新五代史·叔
琮传》）"[2]"胡"与"鬚""髯"等字连用，并不始于五代。《汉
书·郊祀志》："黄帝采首山铜铸鼎于荆山下，鼎既成，有龙垂胡髯下
迎黄帝。"颜师古注："胡谓颈上垂肉也。髯，其毛也。"《辞源》（修
订本）编者认为"胡"之"须"义，乃"以其长于胡下而名"。此说
亦似有理。然《汉书》"胡髯"指"胡"与"髯"二物。古文中极为
罕见。南朝梁任昉《述异记》云："羊，一名胡髯郎。"《辞源》（修
订本）释云："胡，颈间垂肉；髯，鬚。"以为这里的"胡髯"即
"胡"与"髯"，或"胡下生髯"，则系因不明此语来源而误。《南
史·王玄谟传》："孝武狎侮群臣，各有称目，多须者谓之羊。"《世
说》云：晋钟毓、钟会兄弟出游，因二人多髯须，而被一女子嘲为

---

　　① 今简化字为"胡须"。为研究的需要，原文采用繁体字。现保存原貌。责编注。
　　② 见《汉语史稿》中册，中华书局1980年版，第584页。

"两头羝"①。均说明魏晋南北朝时人称羊为"胡髯郎",是由于羊多须似胡人。《五代史·慕容彦超传》："彦超,汉高祖同产弟,尝冒姓阎氏,黑色胡髯,号阎昆仑。"这里的"胡髯",也只能解释为"像胡人一样的髯"。此皆可以证成王说。"胡"本无"髯"义。上古称胡须,有"须""髯""髭"等词,不称"胡"。后世因胡人多须(《史记·大宛列传》:"自大宛以西至安息国,其人皆深眼多须髯"),故习称多须者为"胡须",连类而及,胡也就有了"髯"义,字形也类化为"鬍"②。

"媳妇",原本写作"息妇"。"息"谓子息,《战国策·赵策》:"老臣贱息舒祺最少,不肖。"梁武帝《长安有狭邪行》:"大息组绷缊,中息佩陆离,小息尚清绮,总辔游南皮。"皆称子为息。"息妇"即"子妇"。宋人王得臣认为"息妇"本当作"新妇"。"而不学者辄易之曰'息妇',又曰'室妇',不知何也?"③"新妇"之称,虽于古有据,然"新妇"无论就其字面义,还是早期的使用义看,均是指新嫁娘,后代亦不专谓子妇,而"子妇"之称"息妇",词义更为明确合理,斥之为"不学者",是不公平的。从这里也可以得知,"息妇"一词至迟在宋代已被广泛使用。时间既久,字形就类化为"媳妇",正如清初学者黄生所指出的,"今俗谓子妇为媳妇,此必因'息'谬加'女'旁耳"④。"息"的字形类化为"媳",字义也随之产生类化。"妇"在古代可指子妇(如《庄子·外物》:"室无空虚,则妇姑勃谿")。"媳"也就可以单用表"子妇"义。明梅膺祚《字汇》:"俗谓子妇曰媳。"

"龆龀",本应写作"髫龀"。"髫"本义为儿童下垂之发。古代男子要到成童之年(十五岁)才束发,头发下垂是儿童特有的装束,故以"髫发"称童年。《后汉书·伏湛传》:"髫发厉志,白首不衰。"李贤注:"《埤苍》曰:'髫,髦也。髫发,谓童子垂发。'""龀"指儿童换牙。"髫龀"连用指垂发、换牙时期,亦即童年,《后

---

① 《渊鉴类函》卷260引。
② 今本《风俗通义·正失》引《汉书》作"有龙垂髯髯下迎黄帝"。已出现"髯"字,恐亦系后人所改。
③ 吴曾《能改斋漫录》卷五"息妇新妇"条引王得臣《麈史》。
④ 见黄生《义府》卷下"新妇"条。

汉书·董卓传》："其子孙虽在髫龀，男皆封侯，女为邑君。"由于"髫"与"龀"经常连用，字形就受"龀"的影响，类化为"齠"，陶渊明《祭从弟敬达文》："相及齠龀，并罹偏咎。""齠"字开始出现时，意义并没有变。《文选·张协〈七命〉》："玄齠巷歌，黄发击壤。"李善注："髫与齠，古字通也。"后来，字义也就类化为与"龀"相同了。对这个类化过程，清人俞樾就已经注意到了。他说"'齠'即'髫'字。因变从'髟'为从'齿'，又适与'龀'连文，读者误以为亦毁齿之名。"①《说文》《玉篇》皆无"齠"字，而《集韵》《洪武正韵》则均取"齠"字，释为"始毁齿也"。《辞海》（修订本）释"齠龀"云"齠与龀，皆谓儿童换齿"。举《韩诗外传》卷一"男八月生齿，八岁而齠齿"为书证。以为"齠"在汉代就有"换齿"义，实误。《韩诗外传》卷一"齠齿"当作"龀齿"。今本"龀"作"齠"，乃"浅人妄改"②。

当然，字义发生类化，字形并不一定就相应出现类化。例如：

"颜色"，《说文》："颜，眉目之间也"。在古文中，"颜"本指额，后来词义扩大，可指脸面。"颜色"连用，原指脸色、脸上的表情神色。《论语·泰伯》："正颜色，斯近信矣"，《礼记·冠义》："礼义之始，在于正容体，齐颜色，顺辞令"。汉以后，凝固为一个词，常用来指妇女的容貌，如：陆机《拟青青河畔草》："粲粲妖容姿，灼灼美颜色。"古人习惯把花比作美女，故又用来指花的容貌，如杜甫《花底》："深知好颜色，莫作委泥沙。"刘禹锡《浑侍中宅牡丹》："今朝见颜色，更不向诸家。"辛弃疾《念奴娇·咏梅》："疏疏淡淡，问阿谁，堪比天真颜色。"由于"颜色"经常连用，而"色"字很早就有"色彩"义，故到后代"颜"也就类化出"色彩"义。成语有"五颜六色"，"颜"与"色"互文同义。今亦称用来着色的物质为颜料。《辞源》（修订本）举《诗·秦风·终南》："颜如渥丹，其君也哉"为书证，认为在《诗经》中，"颜"已有"色彩"义，是不合事实的。"颜如渥丹"的"颜"，应作"颜面"解。"颜"类化出"色彩"义，字形并没有类化。《集韵》收有"𩔉"字，作为"颜"的异体，有可能是字形类化的尝试，但并没有能得到社会公认。

① 见《曲园杂纂》卷十七《读韩诗外传》。

② 见《曲园杂纂》卷十七《读韩诗外传》。

"星宿"，《说文》："宿，止也。""星宿"本指星体所留止之处。《释名·释天》："宿，宿也，言星各止宿其所也。"《说苑·辩物》："所谓宿者，日月五星之所宿也。"《史记·天官书》："月蚀岁星，其宿地饥，……列星，其宿地忧。""星"与"宿"二义，分得很清楚。天文学上有所谓二十八宿，又称二十八次，或二十八舍，"宿"与"次""舍"义同，皆指二十八星留止的位置。故《周礼·天官·冯相氏》称为"二十有八星之位"。先秦两汉时期"宿"无"星"义，但古人观天象，"察列星而知四时，视月行而定晦朔"[1]，总是审察日月五星所止宿的位置，故常以"星宿"连文。《汉书·刘向传》："夜观星宿"，《后汉书·东夷列传》："晓候星宿"，皆指星体运行的位置。由于"星宿"经常连用，"宿"也就类化出"星"义。《文选·何晏〈景福殿赋〉》："星居宿陈，绮错鳞比。"王元长《曲水诗序》："既而灭宿澄霞"，李善注："宿，列宿也。"《集韵》："宿，列星也。"魏晋以后，星宿之"宿"读作秀音，其目的恐怕也是为了区别词义，巩固类化的成果[2]。

王力先生说："文字及其音读的类化，无论哪一个字，最初的时候，总不免为文人学士所诟病"[3]，字义类化的遭遇也往往如此。当文人学士发现它的存在时，或斥其非，或笑其陋，或怒其妄，都不甘心承认这一事实。如前面所说的"宿"的音义，宋人洪迈、马永卿，明人焦竑，清人赵翼、胡鸣玉等，皆指责其误[4]。"媳"类化出"子妇"义，清人黄生也说"或单呼为'媳'，益可笑耳"[5]。类似的情况，还可以略举数则。如：

"景仰"，宋人罗大经《鹤林玉露》乙编卷五"景不训仰"条云：

> 《诗》曰："高山仰止，景行行止。"景，明也。谓所行之光明也。世俗有"景仰""景慕"之语，遂失其义。妄以"景"训"仰"，多取前贤名姓，加"景"字于上以为字。如景周、景颜

---

[1] 《吕氏春秋·贵因》。
[2] 参见洪迈《容斋四笔》卷二，焦竑《焦氏笔乘续集》卷五，胡鸣玉《订讹杂录》卷三。
[3] 见《龙虫并雕斋文集》第一册。
[4] 马永卿《嫩真子》，赵翼《陔余丛考》卷二十二。
[5] 见黄生《义府》卷下"新妇"条。

之类，失之矣。前史王景略，近世范景仁，何尝以"景"为"仰"哉？真西山旧字景元，后悟其非，乃改为希元云。

事实确如罗氏所说。景，从日京声，本义为日光，引申之则有"明"义。在《诗·小雅·车舝》中"景行"之"景"还有两解：一训"大"，即"京"之借；一训"远"，即"迥"之借。皆不训"仰"。后人袭用《诗经》此语，谓仰慕、崇敬为"景仰"，如《后汉书·刘恺传》："今恺景仰前脩，有伯夷之风。"清人杭世骏云："'景行'与'高山'作对，下'行'字与'仰'字作对，可言'行仰'，不可言'景仰'。"①此话值得商榷。"景仰"的说法，专用来表示对贤人善行的敬慕、向往。其字面义是"对景行（高尚德行）的仰慕"。"景"即"景行"之省，用在动词"仰"前作状语。曹丕《与钟繇书》："高山景行，私所慕仰"，《三国志·魏书·杜畿传》注引《杜氏新书》："今吾亦冀众人仰高山、慕景行也。"这都可以作为"景仰"的注脚。因为"景"常与"仰"连用，故逐渐类化出"仰慕"义。《后汉书·刘恺传》李贤注："景犹慕也。"《篇海》："景，慕也，仰也。"苏轼亦有诗云："不独二疏为可慕，他时当有景孙楼。"②"景"的字义类化，在魏晋期间，就已基本上得到社会承认。因此，景周、景颜之类的名字出现，也是无可厚非的。今人许广平亦因仰慕唐代宋璟的为人而自号"景宋"。

"篇什"，宋人洪迈《容斋随笔》卷五"诗什"条云：

《诗》二《雅》及《颂》前三卷题曰："某诗之什。"陆德明释云："歌诗之作，非止一人，篇数既多，故以十篇编为一卷，名之为什。"今人以诗为篇什，或称誉他人所作为佳什，非也。

《诗经》雅、颂部分，标目有所谓"鹿鸣之什""白华之什"等。这是因为《大雅》《小雅》及《周颂》，基本上是西周王朝的作品。周王朝统辖天下，其诗当然不能像十五国风一样，按诸侯国分卷。所以，大体上以十篇为一卷，而在卷首标出"某诗之什"。朱熹

① 《订讹类编》卷一"景行行止"条。
② 转引王楙《野客丛书》卷九"景行前修"条。

也说："雅、颂无诸国别，故以十篇为一卷，而谓之什，犹军法以十人为什也。"[1]《说文》："什，相什保也。从人十。"古军制，五人为伍，二伍为什。《逸周书·大聚》："十夫为什，以年为长。""什"本指十人组成的单位。后世文人因《诗经》雅、颂以十篇为一卷，称之为什。故以"篇什"连文，指称诗文。如《晋书·乐志》："三祖纷纶，咸工篇什。"锺嵘《诗品》："于是篇什，理过其辞，淡乎寡味。""篇什"连称既久，"什"也就类化为与"篇"同义。如柳宗元《唐故兵部郎中杨君墓碣》："君之文若干什，皆可以传于世。"至于誉人作品为"佳什"，更成了文人交往中广泛使用的套语。

"诞生"，清初学者黄生《字诂》"诞"字条云：

> 诞，发语词。《生民》诗云："诞弥厥月"。自二章以至七章皆用"诞"字发端，其为发语词审矣。义近"乃"。俗因"先生如达"语，遂谓生育为诞。《世说》：殷洪乔云"皇子诞育"，此犹未害。若俗谓生辰为诞辰，至称人为华诞，则无理之甚。

"诞"，《说文》云："词诞也。"许氏所谓"词"，一般指表语气的助词或泛指虚词，"词诞"之意，似谓"语词之诞"。那么，"诞"的本义即语词。然许学家多认为"词诞"可能是"诇诞"之误，即大言欺骗之意。即便如此，《诗·大雅·生民》中的"诞"，确如黄生所说，只能作发语词解释。由于此诗主要是叙述姜嫄生育后稷的神话故事，其二章云："诞弥厥月，先生如达，……不康禋祀，居然生子。"全诗"诞"字八见。后世文人就把"诞"与"生""育"连用，《三国志·魏书·武帝纪》建安十八年诏："乃诱天衷，诞育丞相，保乂我皇家。"《后汉书·虞美人传》："诞生圣皇。""诞"字也因此类化出"生育"义。《后汉书·裴楷传》："昔文王一妻，诞致十子。"《晋书·袁宏传》："诞灵物以瑞德。"《玉篇》："天子生曰降诞。"《广韵》："诞，育也。""诞"训生育，魏晋以来已广泛为人们所接受，但一些文人学士却胶柱鼓瑟，不予承认。宋代赵与时说："世俗误以诞训生，遂有'降诞''庆诞'之语，前辈辩者多矣。"[2]清人杭世骏

---

① 《诗集传》卷九"鹿鸣之什"注。

② 见《宾退录》卷九。

也说："诞训大，非训生育也。今人生辰直谓'诞辰'，庆生直谓'庆诞'，是谓'大辰'与'庆大'矣。"①对这种类化现象表示很不理解。但毕竟是大势所趋，不是少数文人学士所能挽回。宋人洪迈说"承习胶固，无由可革，虽东坡公亦云'仰止诞弥之庆'，未能免俗"②，表明他已经认识到约定俗成的威力是不可抗拒的。

汉字字义的类化，是一种很有趣而又很奇特的现象。汉字由于类化而产生的意义。既不是本义，也不是由本义派生出来的引申义，更不是由于音同音近而出现的假借义，在字义演变过程中，类化走的是一条离奇的甚至是荒唐的道路。如"诞"类化出生育义，"景"类化出仰慕义，依照字义演变的常规来衡量，确实有些不讲道理。汉字是表意文字，字形是从字义出发来构造的，形与义关系非常密切。但是，从本质上说，文字只是一种符号，符号与意义之间并没有绝对的、必然的联系。判断某字有某义是否合理，标准只有一个，那就是荀子在《正名》篇里所说的"约定俗成谓之宜，异于约则谓之不宜"。只要是得到社会公认的，就应该享有合法的生存权，斥责与否定都是错误的。"文字只是文字学家所研究的，而不是他们所创造的，更不是他们所能保持千古不变的。"③前人在使用这些文字时，也并没有完全忽视汉字因形示义的特点。相反，正因为如此，在字义类化的过程中，往往字形也相应产生类化。

就文字的作用来说，本来是语言中先有了这个词，然后人们才造一个字来纪录。但这种字义类化所造成的情况，却是"反其道而行之"。如汉语中原先并没有表生育义的"诞"这个词，由于字义的类化，"诞"有了生育义，语言中也就出现了"诞生"的"诞"这个词。这说明汉字并不只是消极地记录语言，做语言的附庸。它可以反过来影响汉语，推动汉语的发展。

对于字义的类化现象，前代具有远见卓识的语言学家，也已重视，不仅承认其存在的合法性，并把它运用于训诂实践中，解决古书阅读中的疑难。如王引之《经义述闻》卷三十一"肤"字条云：

---

① 见《订讹类编续补》卷上"诞"字条。
② 见《容斋五笔》卷八"承习用经语误"条。
③ 见《龙虫并雕斋文集》第一册。

人之颜色，见于皮肤，故古人以"肤色"并言。《管子·内业篇》："和于形容，见于肤色。"《列子·汤问》："肤色脂泽。"枚乘《七发》："今太子肤色靡曼。"是也。肤色相连，故"色"亦可谓之"肤"。《孟子·公孙丑篇》："不肤挠，不目逃。""肤挠"，色挠也。《魏策》："唐且挺创而起，秦王色挠"，《韩子·显学篇》："不色挠，不目逃"，正与《孟子》同义。故知"肤"即"色"也。挠，弱也。面有惧色，则示人以弱，故谓之色挠。"不肤挠"，无惧色也。赵注谓"人刺其肌肤，不为挠却"。失之。

"肤"本不训"色"，但由于"肤色相连，故'色'亦可谓之'肤'"。这正是字义类化所造成的。

语言文字的类化现象产生的原因，王力先生说，是由于"一般人受了心理上的影响"[1]。具体到汉字字义的类化，应该说与一般人对古汉语双音节词结构的认识有关。古汉语中的双音节词是以联合式合成词为主体，而其中大多数又是由同义单音词并列词组转化而来的。如《左传·成公十三年》："殄灭我费滑，散离我兄弟，挠乱我同盟，倾覆我国家，……芟夷我农功，虔刘我边陲。"这里的"殄灭""散离""挠乱""倾覆""芟夷""虔刘"都属此类。其结构并不紧密，有时也可以单用其中一字。大概这种认识早已深入人心，因此，一般人在使用"涟漪""胡须""息妇""颜色""篇什""诞育""景仰"等词语时，也依此类推。这类结构中两字连用，多数只有一字表示主要意义，另一字只表附加义，有的甚至只是凑足音节而已，如"涟漪"的"漪"，"诞育"的"诞"。但习用既久，一般人都把它们看作同义并列结构。这样也就造成字义类化的一条规律：在连用的两字中，总是次要意义向主要意义靠拢，被主要意义所同化。

汉字字义的类化现象，虽然早已被一些细心的学者所觉察，但由于多数人对它持有偏见，至今仍然是一个有待进一步探讨的课题。

[原载于《安徽师大学报》(哲学社会科学版)，1990年第2期；人大复印报刊资料《语言文字学》，1990年第7期]

[1] 见《龙虫并雕斋文集》第一册。

一字源流奠万哗

——试论《说文段注》在训诂方面的成就

一

　　清代乾隆、嘉庆时期，随着"经学"的昌盛，传统的"小学"进入一个崭新阶段。在这方面影响最大的，是以戴震为首的皖派。段玉裁，师事戴震，在音韵、训诂等方面都取得了惊人的成就，向来被视为皖派的巨擘。对于他的贡献，清人阮元说："段氏有功于天下后世者三：言古音，一也；言《说文》，二也；汉读考，三也。"（《清史稿·儒林传二》）段氏一生著述甚富，但使他享有盛誉并历久不衰的，是他的《说文解字注》（以下简称《说文段注》《说文注》或《段注》）。段氏为《说文》作注，始于四十二岁（乾隆四十一年），直到八十一岁（嘉庆二十年）去世前四个月才全部刊成，历时三十余年，可以说是他一生心血的结晶。《说文段注》一问世，即大为学者所推崇。另一皖派大师王念孙称其为"千七百年来无此作矣"（《说文解字注序》）。著名学者卢文弨也说"自有《说文》以来，未有善于此书者"（《说文解字读序》）。由于《段注》"征引极广，钩索亦深，故时下推尊以为绝学"（钮树玉《段氏说文注订·自叙》）。当时即风行海内，"缀学之家，几于户置一册"（陈庆镛《说文义证原叙》）。《段注》的出现，使得"说文学"进入全盛时期。《段注》因《说文》而成，《说文》得《段注》益行。所以，清代《说文》四大家之一王筠说："苟非段茂堂氏力辟榛芜，与许君一心相印，天下亦安知所谓《说文》哉。"（《说文句读序》）

　　《段注》共三十卷，一百余万字，征引古书达二百二十六种之多，确不愧"体大思精"之目。在今天，它仍是研究文字、音韵、训诂和汉语史、汉语词汇学的一部必读书。但相对而论，《段注》的成就，突出表现在训诂方面。"张杜西京说外家，斯文吾述段金沙。导河积石归东海，一字源流奠万哗"（《定庵全集·己亥杂诗》）。清代著名的思想家、文学家龚自珍更以凝炼的诗句形象地写出了他的外祖父段玉裁在文字训诂方面的成就和影响。

二

许慎的《说文解字》汇集了汉以前文字训诂方面的研究成果，保存了大量的古词古义，大多是可以和古书互相印证的。但这些宝贵的训诂资料，后人已不能尽知。由于段氏对古代经传子史极为熟悉，《清史稿》说他"于周秦两汉书无所不读"。所以，他在《说文解字注》中，能博引群书，广为疏证，使许说信而有征，这样，就把注释《说文》与阅读古书紧密结合起来，同时使得古书中许多疑难字句也得到了确切的解释。如：

《说文》三上言部："诡，责也。"

"诡"训"责"，颇令人疑惑。清代著名经学家惠栋的《读说文记》、席世昌的《读说文记》以及沈涛的《说文古本考》都提出怀疑，席氏还武断地说："诡无责义。似缘上责望（按：《说文》"诡"字前云"谩，责望也"）而误。"应该说，这是他们见闻不广，"学而不思"之过。在《说文注》中，段氏却举出两个例子证成许说。一见《汉书·王莽传》："以况（按：即翼平连率田况）自诡必禽灭贼，故且勿治。""自诡"就是责成自己。唐颜师古注亦云："诡，责也。自以为忧责。"一见《文选·孔融荐祢衡表》："昔贾谊求试属国，诡系单于。"唐李善注"诡系单于"云："自责必系单于也。"这两个例子，不容辩驳地证实了"诡"古训"责"。据此，《后汉书·陈重传》"责（债）主日至，诡求无已"，《汉书·尹赏传》"皆贳其罪，诡令立功以自赎"。这些"诡"字的疑义，也就迎刃而解了。

《说文》五上竹部："篁，竹田也。"

"篁"，后人多知作"竹"解，而对"竹田"之训则极陌生。段氏

举书证云:

> 《战国策》"蓟丘之植,植于汶篁"。《西京赋》"篆荡敷衍,编町成篁"。《汉书》"篁竹之中"。注:"竹田曰篁。"今人训篁为竹而失其本义矣。

《文选》张衡《西京赋》"编町成篁"。李善注:"编,连也。町谓畎亩。篁,竹墟名也。"《汉书·严助传》:"处溪谷之间,篁竹之中。"颜师古注:"竹田曰篁。"这都是"篁"训"竹田"之证。段氏所举《战国策》一例,更有助于澄清古书阅读中的误解。"蓟丘之植,植于汶篁",语出《战国策·燕策》乐毅报燕惠王书。《史记·乐毅列传》同。唐司马贞《史记索隐》云:"蓟丘,燕所都之地。言燕之蓟丘所植,植齐王汶上之竹。"显然是训"篁"为"竹"。清人俞樾据此认为"此亦倒句,若顺言之,当云'汶篁之植,植于蓟丘'"(《古书疑义举例》卷一)。近人杨树达又云:"如俞氏之说,则文字颠倒太甚,殊不合理。此'于'字亦当训为'以',言'蓟丘之植,植以汶篁'耳。"(《古书疑义举例续补》卷二)周振甫先生亦主此说,认为"末'于'与前两'于'异,即'以'也"(《管锥编》第857页引)。这都是据小司马的说法,先认定"篁"训为"竹",然后再从语法上去寻求解释。其实,依《段注》训"篁"为"竹田",文意很清楚,乃是说燕都蓟丘所植之物(五谷桑麻等),种植到了齐国汶水上的竹田中。正如徐广所说,"谓燕之疆界,移于齐之汶水"(裴骃《史记集解》引)。宋人楼昉《太学策问》谈宣和间平辽事,有句云:"夷门之植,植于燕云",说北宋都城开封夷门山所植之物,种植到了北疆燕、云,意指宋军胜利收复燕、云等地。"燕、云"乃植物之地,绝非可植之物。"汶篁"亦应与此同。古代土地所植不同,名称亦往往有别。如"树谷曰田,种菜曰圃,树果曰园"(见《说文》田字段注)。而植竹则称篁。"篁"训"竹"是它的引申义。

在以《说文》与古书互相证发的同时,段氏还时常利用《说文》保存的古训,依据训诂规律,对古书的某些字句进行校订,皆言之成理,新而不凿。如:

《说文》十下心部"怏"字，段注："'怏'盖倔强之意。
《方言》：'鞅，悖怼也。'《集韵》于阳韵曰：'怏然，自大之
意。'考王逸少《兰亭序》曰：'怏然自足'，自来石刻如是，本
非'快'字，而学者愍知之者。"

王羲之《兰亭集序》："当其欣于所遇，暂得于己，怏然自足。"
后代流传的本子皆作"快然"，系抄写者不识"怏"字之义而误改。
"怏然"是倔强自大的样子，正合修饰"自足"，改作"快然"则与上
文"欣"字义复。

《说文》七下巾部"巾"字，段注："按：以巾拭物曰巾，
如以帨拭手曰帨，《吴都赋》'吴王乃巾玉路'。陶渊明文曰'或
巾柴车，或棹孤舟'，皆谓拂拭用之。陶句见《文选》江淹杂体
诗注。今本作'或命巾车'不可通矣。《玉篇》曰：'本以拭
物，后人著之于头'。"

陶渊明《归去来辞》，现在都作"或命巾车"，注家皆释为"命
人驾上有车套的车"。有套的车在古代是一种豪华的车子，与陶氏
"耕植不足以自给"的隐士身分、性格均不合。命有套之车，文句亦
确不通畅。江淹杂体诗《拟陶征君〈田居〉》云："日暮巾柴车，路
暗光已夕"，多袭用陶文原句。李善注引陶文正作"或巾柴车"。"柴
车"是一种简陋无饰的车。《后汉书·赵壹传》："时诸计吏多盛饰车
马帷幕，而壹独柴车草屏，露宿其旁。""或巾柴车"是说有时拂拭
（实指乘坐）简陋的柴车。与下句"或棹孤舟"相衬，正体现出陶渊
明这个贫隐士的身份与性格。段氏考订，可谓泰山不移。

此外，段氏在《说文注》中，还处处注意对古书中的常用词语，
作出通俗而带概括性的解释。

凡言"参伍"者，皆谓错综以求之。（《说文》八上人部
"伍"字注）

经传中凡言以物班布与人曰赋。（《说文》六下贝部"赋"
字注）

凡经史言"鸿鹄"者，皆谓黄鹄也。或单言鹄。或单言鸿。（《说文》四上鸟部"鹄"字注）

凡言"稽颡"者，皆谓顿首，非稽首也。叩头者，经之顿首也。（《说文》九上页部"颡"字注）

凡史言"婴城自守"，皆谓以城围绕而守也。（《说文》十二下女部"婴"字注）

凡经传言"苞""苴"者，裹之曰苞，藉之曰苴。（《说文》九上包部"包"字注）

《汉书》凡言"杂治之"，犹今云"会审"也。（《说文》八上衣部"杂"字注）

类似这样的注释，在《段注》中有二三十条，都是段氏"治经之所得"，对我们训释古书均有重要参考价值。

三

《说文解字》是我国第一部说解汉字的经典性著作。但它对字义的解释和古代传注并不完全一致。原因何在呢？对此，段玉裁做了认真的分析，他指出："凡说字必用其本义；凡说经必因文求义，则于字或取本义，或取引申假借，有不可得而必者矣。故许于毛传，有直用其文者，凡毛、许说同，是也；有相近而不同者，如毛曰'鬈，好貌'，许曰'髮，好貌'，毛曰'飞而下曰颉'，许曰'直项也'，是也。此引申之说也；有全违者，如毛曰'匪，文章貌'，许曰'器似竹箧'，毛曰'干，涧也'，许曰'犯也'，是也。此假借之说也。经传有假借，字书无假借。"（《说文》九上髟部"鬈"字注）于是，他有意识地把说字和说经贯穿起来，"以字考经，以经考字"（陈奂《说文解字注跋》），使研究《说文》与理解古代传注有机结合在一起。抓住《说文》所提供的本义，联系古书中用字情况，说明文字各种引申义和假借义。这对传统训诂学，是一项重大的突破。所以他颇为自负地说："《经籍纂诂》一书甚善，乃学者之邓林也。但如一屋散钱，未上串。拙著《说文注》成，正此书之钱串也"（《经韵楼集补编·与刘端临第二十四书》)。《经籍籑诂》是一部古代训诂资料汇编,搜集极为丰富。但漫无统纪,令人目眩。段氏《说文注》能从本义出发,加以说明,如裘挈领,如网在纲,使人们认识词义之间的联系、词义的引申变化,以及假借义出现的情况,揭示出古人用字的某些规律性的东西。

段氏的高足弟子江沅在《说文解字注后叙》中说:"许书之要,在明文字之本义而已;先生发明许书之要,在善推许书每字之本义而已矣。"这就是说,《段注》对《说文》所作的创造性的阐发,关键就在善于根据每字之本义,推求字义引申变化的过程。例如:

> 《说文》八上人部"倍,反也。"段注:"此'倍'之本义。《中庸》'为下不倍',《缁衣》'信以结之,则民不倍',《论语》'斯远鄙倍'。皆是也。引申之为倍文之倍。《大司乐》注曰'倍文曰讽',不面其文而读之也。又引申之,为加倍之倍,以'反'者,覆也。覆之则有二面,故二之曰倍。"

"倍"在古文中,有违反、背诵、加倍等义项。《史记·项羽本纪》:"愿伯具言臣之不敢倍德也。"这里的"倍"是违反的意思。现在一般解为"背"的借字。据许书,应是"倍"的本义用法。背诵和一般阅读方向相反,故背诵书文称"倍文"。"反"的本义是翻覆,物体可以翻过来,就是有两个面,所以,"倍"又有加倍义。现在口语称加倍为翻一番,道理也就在这里。

> 《说文》十三上系部"绝,断丝也"。段注:"断之则为二,是曰绝,引申之,凡横越之曰绝,如'绝河而渡'是也;又绝则穷,故引申为极,如言'绝美''绝妙'是也。许书昌部云:'陉,山绝坎也',是中断之义也。水部曰:'荥,绝小水也',是极至之义也。"

"绝"有断绝义,又有极义,杜诗"会当凌绝顶,一览众山小","绝顶"即"极顶","绝"在古代还有横越、横渡的意思。如《荀子·劝学》:"假舟楫者,非能水也,而绝江河。"陆游《夜泊水村》

"老子犹堪绝大漠"。"绝"的这几个义项有什么联系呢？段玉裁给我们理出了一条线索："绝"从系，本义是断丝，由断丝很自然地引申为一般的断绝。丝断了也可以说是到了尽头，故引申就有了尽极的意思。山到了顶，就称绝顶；技艺好到了头，就称绝技。而物体的断是从中横分为二，与从某处横穿而过有类似之处，故横越、横渡也称"绝"。

段氏在"推许书每字之本义"时，还留心揭示词义引申的某些带规律性的现象。如：

> 盛者，实于器中之名也。故亦呼器为盛。如《左传》"旨酒一盛"，《丧大记》"食粥于盛"是也。（《说文》五上皿部"盛"字注）。

> 可盛黍稷，而因谓其所盛黍稷曰齍。凡文字诂训引申每多如是。（《说文》五上皿部"齍"字注）

> 器曰梳，用之理发，因亦曰梳，凡字之体用同称如此。（《说文》六上木部"梳"字注）

> 舍可止，引申为凡止之称。凡止于是曰舍，止而不为亦曰舍，其义异而同也。犹置之而不用曰废，置而用之亦曰废。《论语》"不舍昼夜"，谓不放过昼夜也。不放过昼夜即是不停止于某一昼一夜也。古音不分上去。（《说文》五下亼部"舍"字注）

这些地方，都很能给人以启发。《段注》说明词义引申变化之处，据统计有七百八十余条之多。对于掌握古文词义，极为有用。古人用词有时用本义，有时用引申义，了解词义引申变化的各种情况，就能更好地"因文求义"，获得确切的解释。

文字除本义、引申义外，还有假借义。用假借义，在古文中是常见现象。不明假借是误解古书的主要原因之一。清代学者俞樾说："读古人书，不外乎正句读，审字义，通古文假借。而三者中，通假借尤要。"（《俞曲园先生书札·上曾涤生书》）指明假借，用本字去破古文中的假借字（即今人所谓通假字），是训诂学上一项重要工作。段玉裁在比较说字和说经的异同时指出："许以形为主，因形以说音说义。其所说义与他书绝不同者，他书多假借，则字多非本义；许惟就字说其本义。知何者为本义，乃知何者为假借，则本义乃假借之权衡也。"（《说文解字叙》段注）。于是，他就紧紧依据《说文》提供的"权衡"，结合古音韵，认真考察古人用字情况。对古文中的假借字，一一找出它们的本字。纠正前人的误解，说明古训的由来。如：

> 《说文》六上木部："柿，削木朴也。"段注："朴者，木皮也。《晋书》：'王濬造船，木柿蔽江而下'，柿之证也。《汉书》中山靖王、刘向、田蚡传，多言'肺附'，谓斫木之柿札也。己于帝室亲近，犹柿札附于大木材也。此柿之假借字也。"

"肺附"一词在《史记》《汉书》中多次出现。颜师古注："旧解云：肺附，谓肝肺之相附著，犹言心膂也。"《史记·魏其武安侯列传》又误作"肺腑"，皆不知"肺"为"柿"之假借而误。王念孙《读书杂志》卷五也指出：《汉书·楚元王传》"臣幸得托肺附"，是"言己为帝室微末之亲，如木皮之托于木也。下文云'臣幸得托末属'，是其证矣"。

> 《说文》七上禾部："穌，把取禾若也。"（按：禾若即禾皮。如竹皮之称"箬"）。段注："禾若散乱，把而取之。《离骚》'苏粪壤以充帏兮，谓申椒其不芳'，王逸曰'苏，取也'。《韩信传》曰'樵苏后爨，师不宿饱'。《汉书音义》曰'樵，取薪也；苏，取草也'。此皆假'苏'为'穌'也。"

王逸注《离骚》，训"苏"①为"取"，是正确的。但"苏"本义是紫苏，植物名称。不可能有"取"义。有了段玉裁的解释，才使人明白，原来"苏"作"取"解，用的是假借义。本字应作"穌"。

> 《说文》四上目部："瞁，迎视也。"段注："《小雅》'题彼

---

① "蘇"今简化字为"苏"。为研究的需要，保存原貌。责编注。

脊令'，毛云：'题，视也'。按：题者，'睼'之假借。"

《诗·小雅·小宛》："题彼脊令，载飞载鸣。"毛亨训"题"为"视"，很对。但"题"本义是额，怎么会有"视"义呢？段氏指出"题"乃"睼"之借。这就使人们对毛传的理解更进一步。

《段注》对古文假借的说明，据统计有一千余条，是全书内容的重要方面。我国古代的传注和训诂书，大多只注某字有某义。因此，有人认为，求本字是说文家的事，不求本字，也无损于训诂的正确性。我们认为如果是已经约定俗成的假借字，即段氏所谓"借字行而本字废""假借之义行而本义废"的字，当然，可以不必多此一举。但在古书中，没有约定俗成的假借字是大量存在的。"学者改本字读之，则怡然理顺；依借字解之，则以文害辞。"（王引之《经义述闻》卷三十二"经文假借"）这时，指明本字，就具有十分重要的意义。汉人注经，有时也注意到这一点，往往采用"某读为某""某读曰某"的方式来说明。而《段注》对古文假借的探讨，其规模之大，考证之精，都是空前的。对后人掌握古文词义和深入理解古代传注，帮助极大。

四

语言作为一种社会现象，是不断发展的。同一个词，在不同的时代，它的意义往往存在不同程度的差别。段氏过人之处，也在于他能比较清楚地看到古今词义的变化。在《说文注》中，对此做了大量的探索。取得了前所未有的成绩。试看下面例子：

《说文》八上人部"僵，偃也"。段注："僵谓仰倒。如《庄子》'推而僵之'，《汉书》'触宝瑟僵'，皆是也。今人语言乃谓不动不朽为僵。"

"僵"的古义是仰倒，或指一般的倒下。这是古文中的常用义。《史记·苏秦列传》"详僵而弃酒"，"详僵"即假装倒下。《汉书·眭弘传》"僵柳复起，非人力所为"。"僵柳"即枯倒的柳树。成语"百足之虫，死而不僵"，也是说百足虫由于脚多，死了也不倒下。有的辞书解为"死了也不僵硬"。是不达词义古今之变。

《说文》十三下土部"在，存也"。段注："存，恤问也。'在'之义，古训为存问，今义但训为存亡之存。"

"在"这个词，古代也作"存在"解，但先秦时期，"在"的常用义却是存问、问候。如《左传·襄公二十六年》"君子独不在寡人"。杜预注："在，存问之也。"《仪礼·聘礼记》"子以君命辱在寡君"，《国语·吴语》"必率诸侯以顾在余一人"。"在"均作"存问"解。这一古义，在后代已消失，而专训为"存在"。

《说文》七上米部"糟"字，段注："今之酒但用沛者，直谓已滤之粕为糟。古则未沛带滓之酒谓之糟。《庄子音义》、玄应书皆引许君淮南注曰：'粕，已漉粗糟也'，然则糟谓未漉者。"

"糟"，现在是指酿酒剩下的渣滓。但古代并非如此。《礼记·内则》注"糟，醇也"。《礼记·少仪》注："酒谓清也、糟也"，疏云："沛者曰清，不沛者曰糟。""沛"是"过滤"的意思。古代的酒一般是以黍为糜，加上酒母酿成的，如同现代的米酒。可以滤去黍米喝酒液，也可以不滤，连黍米一起吃。已滤的酒叫"清"，未滤的酒叫"糟"。因此，如《韩非子·喻老》所说的"登糟丘""临酒池"，都是指饮酒。

对于文言虚词，一般都从同一个平面去看待，缺乏历史的概念。其实，文言虚词在不同时代，其语法意义也是有变化的。段玉裁对此也做了认真的考察。如：

《说文》二上八部"曾"字，段注："曾之言乃也。《诗》'曾是不意''曾是在位''曾是在服''曾是莫听'，《论语》'曾是以为孝乎'、'曾谓泰山不如林放乎'，《孟子》'尔何曾比予于管仲'，皆训为乃，则合语气。赵注《孟子》曰'何曾，犹何乃也'，是也。皇侃《论语疏》曰：'曾犹尝也'，'尝是以为孝乎',绝非语气。盖曾字古训乃,子登切。后世用为曾经之义,读才登切。此今义今音,非古义古音也。"

《说文》六下邑部"邪"字,段注:"今人文字'邪'为疑辞,'也'为决辞。古书则多不分别。如子张问'十世可知也',当作'邪',是也。又'邪''也'二字,古多两句并用者,如《龚遂传》'今欲使臣胜之邪,将安之也',韩愈文'其真无马邪,其真不知马也',皆'也'与'邪'同。"

段玉裁对古代经传子史极为熟悉,因此他能从大量语言材料的分析、比较中,获得令人信服的结论。如上所举的"曾古训乃",查秦以前古籍,"曾"作虚词,均作"乃"解(按:"乃"是竟然的"竟"的意思),与段注完全符合。"曾"作"曾经"解,是秦以后才出现的。各家虚词著作所取例,最早的是《公羊传·闵公元年》"庄公存之时,乐曾淫于宫中"。《公羊传》旧题战国鲁人公羊高撰,实成书于汉初。自汉始,"曾"作"曾经"解,逐渐成为常用义。关于"邪"和"也",唐人柳宗元就曾说过"乎、欤、邪、哉、夫者,疑辞也;矣、耳、焉、也者,决辞也"(《柳河东集·复杜温夫书》)。其实,在汉以前并不完全如此,段说是有根据的。尤其是"也"字,常用作决辞,也常用作疑辞。"也"作为语气词,最早见于《诗经》,"邪"作语气词大概始于战国。马建忠认为,"自《语》《策》诸子始用之",又说"邪系楚音"(《马氏文通》第472页)。"也"和"邪"很可能是同一个语气词,由于方音差别而借用两个不同的字来表示,后代为了使用法固定化,才逐渐有"疑""决"之分。

词汇的历史演变,有所谓义转和词转。义转即上面所谈的词义的变化转移;词转则是指同一个意义,由于时代不同,改用不同的词来表示,它同样是训诂学上要研究的课题。《说文段注》在这方面也涉及了。如:

《说文》八下履部"履"字,段注:"古曰屦,今曰履;古曰履,今曰鞋,名之随时不同者也。"

同上"屦"字,段注:"晋蔡谟曰'今时所谓履者,自汉以前皆名屦',按：蔡说极精,《易》、《诗》、三礼、《春秋传》、《孟子》皆言屦,不言履。周末诸子汉人书乃言履。《诗》《易》凡三'履',皆谓践。然则履本训践。后乃以为屦名,古今语异耳。"

这里段氏虽是采用蔡的说法。但却是他通过具体材料的研究而进一步证实了的结论。《诗·魏风·葛屦》"纠纠葛屦,可以履霜","屦"作"鞋"解,"履"作"践"解,分得很清楚。大约从战国时代开始,"履"才逐渐由动词转为名词,取代"屦"的地位。

《说文叙》段注："字者,乳也。《周礼·外史》《礼经·聘礼》《论语·子路篇》皆言'名'。《左传》'反正为乏''止戈为武''皿虫为蛊'皆言'文'。六经未有言'字'者。秦刻石'同书文字',此言字之始也。郑注二礼、《论语》皆云：'古曰名,今曰字。'按：名者,自其有音言之；文者,自其有形言之；字者,自其滋生言之。"

"文字"这个概念,秦代以前用"名"或"文"来表示。如《仪礼·聘礼记》"百名以上书于策,不及百名书于方"。《左传·宣公十二年》"夫文,止戈为武"。到秦代才开始用"字"来表示。汉代以后"字"作文字解,就成为常用义了。如《汉书·刘歆传》"分文析字"。段氏所谓"六经未有言'字'者",是说在六经中没有用"字"来表示文字这个概念的,并不是说六经中没有"字"这个词。在秦以前,"字"这个词也已常见,只是不作"文字"解,而是指生育、抚养孩子。如《左传·昭公十一年》"其僚无子,使字敬叔"。即让她抚养敬叔。《易·屯》"女子贞不字",即女子久不生育。在词汇的历史演变过程中,词转和义转常常是联系在一起的。

五

在历代说文家眼里,似乎文字可以直接表示概念。不懂得文字只是记录语言的符号,不能脱离有声语言。段玉裁已意识到这一点,他曾说："治经莫重于得义，得义莫切于得音。"（《广雅疏证序》）在《说文注》中，他对用音义统一的观点研究词义，也作了一些尝试，取得一定的成绩。王力先生认为"这是训诂学上的革命"（《中国语文》一九六四年第一期）。但段氏并未能完全革除说文家的陋习。在训释词义时，往往过分拘泥字形的表意作用，甚至于对因声以见义的联绵词，也傅会字形加以解释。如：《说文》二下足部"跙，步行猎跋也"。段注："猎，今之躐字，践也。猎跋，犹践踏也。"实际上，"猎跋"就是"进退狼狈"的"狼狈"。古书上又写作狼跙、狼跋、剌㕦、剌㕦、赖跙等，是形容行步不正、进退艰难的样子。词义与字形无关。"其义即存乎声，求诸其声则得，求诸其文则惑。"（王引之《经义述闻》卷三十一）又如《说文》八上衣部"裵，长衣貌"，段注："若《史记》子虚赋'骃节裵回'，《汉书·郊祀志》'神裵回若留放'，乃长衣引申之义。俗乃作俳佪、徘徊矣。"这纯粹拘泥字形，妄以臆度。"徘佪""俳佪""裵回"以及"盘桓""彷徨"等等，是一个联绵词的不同写法，都只是记录语音的符号。段氏硬从形体上去深求，结论只能是穿凿附会的。

另外，《段注》对假借和引申的解释，往往纠缠不清，甚至陷入自相矛盾的境地。有时说"本义既明，则用此字之声，而不用此字之义者，乃可定为假借"。（《说文解字叙》注）。这是说假借与本义无关；有时又说"县令、县长本无字，而由发号、久远之义引申展转而为之，是谓假借"（同前）。似乎假借又是字义引申的结果。在"推许书每字之本义"时，也有类似的提法。如《说文》木部"果，木实也"，段注："引申假借为诚实、勇敢之称。"日部"昔，干肉也"，段注"昔肉必经一夕，故假借为夕。又引申之，则假借为昨"。究竟假借和引申是一回事还是两回事呢？这样解释，必然在训诂学上造成一些概念的混乱。（后人因有假借赅引申之说，不足取。）其他前后矛盾之处，还有一些。其原因或如清人邹伯奇说的，"段氏注《说文》数十年，随时修改，未经点勘，其说遂多不能画一"（《读段注说文札记》）。

因为《说文段注》成就高、影响大，而又存在一些不可忽视的缺点错误，所以，后来相继出现了一系列"补段""申段""笺段""匡段""订段"之类的著作。如徐承庆《说文解字注匡谬》、钮树玉《段氏说文注订》、王绍兰《说文段注订补》、冯桂芬《说文解字注考正》、徐灏《说文解字注笺》等，还有桂馥、王念孙、龚自珍等人的一些札记，对《段注》都有所补充和订正。

段玉裁在二百年前，完成这样一部一百多万字的巨著，缺点和错误是难免的。正如阮元所说的："智者千虑，必有一失。况成书之时，年已七十，精力就衰，不能改正而校雠之事，又属之门下士，往往不能参检本书，未免有误。"（《段氏说文注订叙》）《段注》的缺点错误，与它的成就相比，是次要的。近人梁启超说："茂堂此注，前无凭藉，在小学界实一大创作，小有舛误，毫不足损其价值。"（《中国近三百年学术史》）

对于段氏和他的《说文注》也曾有一些微辞，有的学者认为"段玉裁背了很大的名声，却于六书并没有了解。所以他的《说文解字注》，可以说是间接的群经注疏"（《马叙伦学术论文集》第40页）。有的说《说文注》只是"籍许书以自抒治经之所得"（张舜徽《清人文集别录》卷八）。这些见解有一定的道理。段玉裁在文字学方面，可以说没有多大建树，但是他在疏解群经、训释字义的同时，却为训诂研究开无数法门，提供了大量的范例和丰富的资料，其功是不可磨灭的。

[原载于《安徽师大学报》（哲学社会科学版），1983年第3期]

古文中的"复语"

清代著名训诂大师王念孙在《读书杂志》卷三中说："《史记·扁鹊仓公列传》：'良工取之，拙者疑殆。'此殆字非危殆之殆，殆亦疑也，古人自有复语耳。"

王氏所说的"复语"，是指古文中两个意义相同的词组成的复合语。对于这种语言现象，在王氏之前顾炎武就已经注意到了，他说："古经亦有重言之者，《书》'自朝至于日中昃，不遑暇食'，遑即暇也。《诗》'无已太康'，已即太也。"（《日知录》卷二十四）用我们今天的话来说，就是同义词的连用，故前人也称之为"同义连文"。这是古文中常见的一种用词通例。清末学者俞樾曾指出："古书中两字一义者，往往有之。"（《古书疑义举例》卷七）例如：

《左传·僖公二十八年》："曹人兇惧，为其所得者，棺而出之。""兇惧"不是"凶狠恐惧"，"兇"与"惧"同义。《说文》："兇，扰恐也。"

《吕氏春秋·慎大览》："身体离散，为天下戮，不可正谏。""正谏"不是"正确的劝谏"，"正"通"证"，与"谏"同义。《说文》："证，谏也"。

《后汉书·窦融传》"岂其德薄者所能克堪"。"能克"不是"能够克服"，"克"与"能"同义。《尔雅·释言》："克，能也。"

从以上例子，我们不难发现，古文中的复语有两个特点：其一，在具体的上下文里，两个词的意义完全相同，词复而义单。两词迭用，充当同一句子成分，其内容与单用一词并无不同。其二，在形式上，两个词并不是经常地、固定地结合在一起的，而且前后次序也可以调换。如上例中的"能克"，有时也写作"克能"。（《左传·昭公二十六年》："周其有髭王，亦克能修其职。"）可见，这种"复语"，只是两个同义词的临时组合，并没有凝固成一个并列结构的合成词，多数可以看作汉语从单音词向双音词发展过程中的产物。古人为什么不避繁复，要采用这样的表达方式呢？究其原因，主要是为了增强语势，或者使音节和谐。

掌握古人行文这一通例，对于确切理解古文，是非常必要的。正如清代学者王引之所指出的："古人训诂不避重复，往往有平列二字上下同义者，解者分为二义，反失其指。"（《经义述闻》卷三十二"通说"下）由于这种复语中的两个词，有不少原来并不是同义词，而只是在一定的上下文里才同义。这是古汉语单音词的多义性所造成的。其中，有的词用的是本义，有的词用的是引申义，有的词又是用假借义，有的词用法比较常见，有的词用法比较生僻，情况相当复杂。我们阅读古文又习惯于一字一义去理解，因此，往往把这种复语"分为二义"，强作解人，以致文义扦格难通。这种错误在古今注家的笔下，是不乏其例的。如：

《左传·僖公四年》："五侯九伯，女实征之，以夹辅周室。"这里的"夹辅"，新编的《辞源》《辞海》都视为"在左右辅佐"。但文中明谓召康公命齐侯姜尚四出征讨五侯九伯，并非在周王室左右。"夹辅"应是复语，"夹"与"辅"同义，《一切经音义》十二引《苍颉篇》云："夹，辅也。"作"辅"讲，是"夹"的引申义。《诗·旄邱·序》孔疏："夹辅者，左右之辞也。"这里的"左右"，就是"佐佑"，亦即"辅佐"之意。不能作为"在左右"解的依据。

《史记·张仪列传》："赐仆妾之食，因而数让之曰：'以子之才能，乃令自困辱至此，吾宁不能言而富贵子，子不足收也。'"司马贞《索隐》释"数让"云："谓数设辞而让之。让亦责也。数音朔。"在这里，小司马把"数"当"屡次"解是错误的。因为苏秦在赵只接见张仪一次，而又只说了上面几句话，决不能说"屡次"。"数让"也应是复语。"数"与"让"同义。《广雅·释诂》："数、让，责也。"

《汉书·贾谊传》："臣闻圣主言问其臣，而不自造事。"颜师古注："欲发言，则问其臣。"分"言""问"为二义，也是误解。"言问"是复语，"言"与"问"同义。《广雅·释诂》："言，问也。"

《礼记·曾子问》："召公言于周公。"正义云："言，犹问也。"

柳宗元《与李翰林建书》："州传遽至，得足下书。"有的新注本解释说："州传，州里的传车。遽至，忽然来到。"这是把"传遽"误分为二义，其实，"传遽"也是复语。《说文》："遽，传也。"在古文中可以倒过来说成"遽传"，如《韩非子·喻老》："天下有道无急患则静，遽传不用。"也可以单用一字，如《左传·昭公二年》："乘遽而至。"

掌握古人行文这一通例，对搞好中学文言文教学也是有利的。由于对古文中的复语缺乏足够的认识，往往在教学中出现一些穿凿附会的解释。如：

《鸿门宴》："项庄拔剑起舞。项伯亦拔剑起舞，常以身翼蔽沛公，庄不得击。"在教学中，一般均认为"翼"是名词，活用作"蔽"的状语，意思是"像鸟张开翅膀一样"。这样解释倒是很形象，其实是不合情理的。文中说得很清楚，项伯是"以身翼蔽"，用身子遮蔽，并不是公开地张开两手来掩护。"翼"本义是鸟翅，引申之，则有覆蔽、护卫、辅佐等义，故在古文中可以组成覆翼、翼卫、辅翼等复语。在这里"翼"与"蔽"同义，都是遮护的意思。《汉书·樊哙传》写作"项伯常屏蔽之"。"屏蔽"也是复语，"屏"与"蔽"同义。《左传·哀公十六年》杜预注："屏，蔽也。"同样不能理解为"像当门的小墙一样"。

又："闻大王有意督过之，脱身独去，已至军矣！"这里的"过"往往被理解为"罪过""过失"，于是，"督过"就有"责罪""责备其过失""找差错"等说法。但放在句子里都讲不通。"督过"也是复语。"督"训"责"，"过"也训"责"。《吕氏春秋·适威》"烦为教而过不识"，高诱注："过，责也"。"有意督过之"，即"有意责备他"。

《史记·屈原列传》："人穷则反本，故劳苦倦极，未尝不呼天也；疾痛惨怛，未尝不呼父母也。"这里的"倦极"，课本不加注，大概是看作常语，即"困倦已极"，无须加注。于是，有人就译为："所以劳苦疲倦到极点的时候，没有不呼喊苍天的。"其实，"劳苦倦极"和下文"疾痛惨怛"一样，皆四字平列。"倦极"也是复语。"极"在古文中也有"困倦"的意思。《汉书·匈奴传上》"疲极苦之"，颜师古注："极，困也"。《世说新语·言语》："丞相小极，对之疲睡。"这里的"极"也是"倦"的意思。

对于古文中复语要做深入一步的认识，还必须注意如下几点：

第一，在古文中，不仅同义实词可以连用，组成复语，同样用法的虚词也可以连用，组成复语。故俞樾说："古人用助语词，有两字同义而复用者。"（《古书疑义举例》卷四）刘淇在《助字辨略》中则称之为"重言"。例如：

《左传·襄公二十五年》："且人有君而弑之，吾焉得死之，而焉得亡之？将庸何归？"杜注："将用死亡之义，何所归趣。"释"庸"为"用"，实误。"庸何"复语，"庸"即"何"。《史记·晋世家》："此天所置，庸可杀乎？""庸可杀"即"何可杀"。

《三国志·魏志·贾诩传》："属适有所思，故不即对耳。""属适"复语。"属"与"适"用法同，皆时间副词，与"恰巧"相当。《左传·成公二年》："下臣不幸，属当戎行。""属"即作"适"解。

曹操《让县自明本志令》："恐为海内人之所见凡愚。"这里的"所见"，有的注家认为用法特殊，不好解释。还有人认为"见"是衬字，无义。其实，"所见"也是复语，"见"与"所"用法同，均表被动。《庄子·至乐》："烈士为天下见善矣。"杨树达《积微居读书记》云："'见'犹'被'也，'为天下见善'与'为天下所善'同。"

第二，古文中的复语，不应该仅仅局限于"两字一义"，有时可以是三字甚至四字同义连用。例如：

《史记·陈涉世家》："藉第令毋斩，而戍死者固十六七。""藉第令"三字同义连文，组成复语。相当于"即使"一个词的意思。应劭说："藉，吏士名藉（籍）也"，服虔说："第，次第也"。纯粹是望文生义。中学课本释"第"为"仅"，亦欠考虑。有的读本注为："藉，即使；第，仅；令，使。"分为三义，更不妥当。《史记·吴王濞传》"第令事成，两主分争，患乃始结"。"第""令"也都作"即使"解。

《史记·屈原列传》："其行廉，故死而不容，自疏濯淖污泥之中。"（句读据黄侃、杨树达说改。）这是说："屈原品行方正，因此至死也不为世所容，自己疏远污浊的环境。""濯、淖、污、泥"四字同义连文，都是"污浊"的意思。"濯"，在这里不作"洗"解。《广雅·释器》："濯，潃也。""潃"，就是脏臭的水。《礼记·丧大记》："濡濯弃于坎。"皇侃疏："濯谓不净之汁也。"

第三，古文中的复语，不仅是同义单音词的连用，同义双音词的连用，或单音词和另一同义双音词连用，也都应该看作复语。例如：

《史记·廉颇蔺相如列传》："即有如不称，妾得无随坐乎?""即"和"有如"一义，都作假设连词用，与"假如"相当。

《汉书·食货志》："天下大氐无虑皆铸金钱矣。""大氐"与"无虑"一义，都作"大约""大概"解。

《荀子·议兵》："圜居而方止，则若盘石然，触之者角摧，案鹿埵陇种东笼而退耳。"清代学者郝懿行云："鹿埵、陇种、东笼，盖皆摧败披靡之貌。"（见梁启雄《荀子简释》引）。可见，这里是三个同义双音联绵词（实为一词的不同写法）的连用，组成复语，作用相当一个词。唐人杨倞注："陇种，遗失貌，如陇之种物然，或曰即龙钟也。东笼与涷泷同，沾湿貌，如衣服之沾湿然。《新序》作'陇种而退'，无鹿埵字"。简直是开了一笔糊涂账，越发叫人如堕五里雾中。

古文中的"复语"，其特点并不难掌握，但要正确辨认它、理解它，有时确实并非易事，值得我们在阅读和讲授古文时，认真研究，仔细推敲。

[原载于《学语文》，1983 年第 1 期]

"藏词"论略

在汉语修辞史上，曾出现一种既不合文理而又艰涩费解的表达方式——藏词。虽然到宋元以后已逐渐销声匿迹，但毕竟作为古汉语修辞手法之一，在文坛上流行了数百年之久，对汉语产生过一定的影响，也给今人阅读古文带来困难。为此，我们对它不能没有一个较全面的认识。

所谓"藏词"，是指对古书词语的隐语型割截，即取古书中的语句，将其中表达自己意思的词语割弃隐去，而用保留下来的相邻部分代替。就其采自古语来说，可以看作一种特殊的"用典"；就其表达方式看，有的又与"借代"相类似。

对于这种表达方式，早在宋代就有一些学者作过研究，并依据割去部分的位置不同，把它分为两种格式：

一曰"橛头语"（见叶大庆《考古质疑》佚文。橛，树木的残根，引申有"断"义）：是指将古书句子前部作者要说的词语割去，而用后面的词语代替。也就是今人所说的"藏头"。如：

①皇太后天慈宽笃，恩矜国属，每一寻惟高宗孔怀之近，发言哽塞，悲恸于怀。（《魏书·南安王传》）

②朕无则哲之明，致简疏失序。（《后汉书·乐成靖王党传》）

③骏发开其远祥，定尔固其洪业。（王元长《曲水诗序》）

例①"孔怀"指代"兄弟"，是割取《诗·小雅·常棣》"兄弟孔怀"一句而来。例②"则哲"意谓"知人"，割自《书·皋陶漠》"知人则哲"。例③"定尔"意为"天保"（上天保佑），是割截《诗·小雅·天保》"天保定尔"一句而来。

以上三例是典型的"橛头语"。此外，也有一些变体，如：

④年甫过立，奄与世辞。（陶潜《祭从弟敬远文》）
⑤居诸不息，寒暑推移。（梁简文帝《善觉寺碑铭》）
⑥痛灵根之凤陨，怨具尔之多丧。（陆机《叹逝赋》）

例④"立"，意指三十岁。《论语·为政》"三十而立"。这里只割取一个"立"字来做代称。例⑤"居诸"谓日月，《诗·邶风·柏舟》"日居月诸"，这里是隔字割取，分别用后面的虚词指代前面的实词。例⑥"具尔"是"兄弟"的代称。《诗·大雅·行苇》"戚戚兄弟，莫远具尔"，这里是割取后一句中的两个字来指代前一句中的两个字。这样的变体藏头，后代读者就更难捉摸了。

二曰"歇后语"（见吴曾《能改斋漫录》卷八引洪刍语）：是指将古书语句中后面部分作者要说的词语割去，而用前面的词语代替。也就是今人所说的"藏尾"。如：

⑦愿言之怀，良不可任。（曹丕《与吴质书》）
⑧曾是反昔园，语往实款然。（谢灵运《还旧园作见颜范二中书》）
⑨慄慄周余，竟沉沦于涂炭。（《晋书》卷64）

例⑦"愿言"表"思子"（想念您）的意思。割自《诗·邶风·二子同舟》"愿言思子"一句。例⑧"曾是"表"在位"的意思。割自《诗·大雅·荡》"曾是在位"一句。例⑨"周余"指代"黎民"，是割截《诗·大雅·云汉》"周余黎民"一句而来。

以上三例，作者所要表达的意思与被割去的后两字的意思完全相同，用来割截的又都是一个四字句。这在宋人所说的"歇后语"中是比较典型的，除此之外，也有一些变例，其内容与形式则稍有不同。如：

⑩帝曰："我已年老，与汝分张，甚心恻怆。"数行泪下。侯遂密云，赧然而出。（《颜氏家训·风操》）
⑪若昔贤可称，则今体宜弃；俱为盍各，则未之敢评。（萧

纲《与湘东王书》）

⑫引领望京室，南路在伐柯。（潘岳《河阳县作》）

例⑩"密云"二字割自《易·小畜》"密云不雨"一句。作者要用的是"不雨"二字，但又不是说不下雨，而是用作比喻，指不落泪。"侯遂密云"是说这位被封为侯的梁武帝的弟弟在分别时竟然没有落泪，这在当时是极不礼貌的。例⑪"盍各"，割自《论语·公冶长》"盍各言尔志"一句，但只取"言志"二字之意。例⑫"伐柯"意谓"不远"。《诗·豳风·伐柯》"伐柯伐柯，其则不远"，这里是割取前一句中两字，用来指代后一句中两字的意思。

综观古诗文中的"藏词"例，我们可以发现，这一修辞手法具有如下一些特点：

1.所割取的词语，大都出自《诗》《书》《易》《论语》等古代文人最为熟悉的古籍。当时的读者经过一番思考之后，大多能领悟作者的意思。

2.不考虑汉语语法，割取入诗文的字组，正如宋人严有翼所指斥的，"类皆不成文理"（见《考古质疑》佚文引）。如则哲、愿言、曾是等，由一虚词一实词组成。盍各、居诸，则两字均为虚词。从字面着眼，根本无法理解。真可谓实在太不像"话"。

3.往往断章取义，不完全顾及词语在原书上下文语言环境中的含义。如《诗·邶风·谷风》"宴尔新婚，如兄如弟"，"宴尔新婚，不我屑以"，"宴尔新婚，以我御穷"，均是弃妇指责丈夫喜新厌旧之辞。"新婚"谓丈夫再娶。魏晋以来，文人割取"宴尔"二字称人之初婚，不仅与诗原意不合，又非吉利语。（参见《容斋五笔》卷八"承袭用经语误"）

用这种手法割截而成的词语，大多属非正常词语，后代辞书往往以其不合语言规范而不收。在理解时除掌握其特点外，还必须注意两点：

1.所割取的词语，有时在古书中多处出现，作者所藏的究竟是哪一句中的词语，必须联系上下文语境，认真推敲，作出判断。如例⑦"愿言"二字，在《诗经》中除"愿言思子"外，还有"愿言则嚏"、"愿言则怀"（《邶风·终风》）、"愿言思伯"（《卫风·伯兮》）等句。例⑧"曾是"二字，除"曾是在位"外，还有"曾是强御""曾是掊克""曾是在服""曾是莫听"（《诗·大雅·荡》）、"曾是不意"（《小雅·正月》）等句。

2.有时所割截的词语及其出处均不同，而取义却相同。如例①"孔怀"，例⑥"具尔"，都用来指代"兄弟"，古诗文中还常用"友于"代"兄弟"，是从《书·君陈》"友于兄弟"一句割截而来。又如，前人常用"不惑"作四十岁的代称，割自《论语·为政》"四十而不惑"一句。但有时也用"强仕"二字来指代，割自《礼记·曲礼》"四十曰强，而仕"。李孜《纂异记·浮梁张令》："修短有限，谁敢惜死。但某方强仕，不为死备。""某方强仕"是说"我才四十岁"。有人译为"我刚勉强做了官"，是不明其为藏词而致误。

"藏词"作为一种修辞手法，在某些场合、某种特定的语言环境中，也能收到较好的表达效果。如：

⑬（到）溉孙荩早聪慧，……后溉每和御诗，上辄手诏戏溉曰："得无贻厥之力乎?"（《南史·到溉传》）

⑭隋卢思道尝共寿阳庾知礼作诗，已成而思道未就，礼曰："卢之诗何太春日?"（《启颜录·卢思道》）

例⑬"贻厥"二字指代"孙"，割自《书·五子之歌》"贻厥子孙"。例⑭"春日"二字意谓迟缓，割自《诗·豳风·七月》"春日迟迟"。两例均能巧妙地运用藏词手法，把怀疑和批评的意思说得委婉含蓄，既不至于过分刺激对方，又幽默有味。

但是，总的说来，这种修辞手法是不值得肯定的。魏晋以后，历代都有不少学者对它提出严厉批评。早在此风昌炽的南北朝时期，颜之推就对陆机《与长沙顾母书》中以"孔怀"指代"兄弟"，提出责难。并说："《诗》云'父母孔迩'，而呼二亲为'孔迩'，于义通乎!"（《颜氏家训·文章》）。此后，宋人王楙《野客丛书》、严有翼《艺苑雌黄》、叶大庆《考古质疑》，金人王若虚《滹南遗老集》，明人杨慎《丹铅杂录》、孙能传《剡溪漫笔》，清人姚范《援鹑堂笔记》、钱大昕《二十二史考异》、胡绍煐《文选笺证》等书中，均有批评意见。这种畸形的修辞手法，随意割截，形同游戏。生造词语，破坏了语言的健康,不利于准确鲜明地表达思想,是汉语修辞史上的一股逆流。

这种修辞手法虽然只盛行于魏晋南北朝时期,但起源却很早。前人认为"自东汉以来,多有此语,西汉未之闻也"(《野客丛书》卷二十)。事实上,在西汉时就已经出现了。如:

⑮来仪之鸟,肉角之兽,狙犷而不臻。(扬雄《剧秦美新》)

⑯山梁之餐,豢豹之胎。(枚乘《七发》)

⑰山雌之肥,其意得乎?(扬雄《法言·修身》)

例⑮"来仪"二字指代"凤凰",割自《书·益稷》"凤凰来仪"一句,这是典型的藏头式藏词。例⑯"山梁"和例⑰"山雌"均是"雉"的代称,割自《论语·乡党》"山梁雌雉"一句,这是藏尾式藏词。

魏晋南北朝时期,形式主义文风大盛,文人"羞为鄙朴,强事饰词",好为艰深文字,追求一种古奥隐晦的审美情趣。加之骈俪体兴起,"用事采言,尤关能事"(黄侃《文心雕龙·事类》札记),更要求割截古词与之相适应。所以"藏词"手法的使用,也就蔚然成风,连曾有异议的颜之推也未能免俗(见例⑩)。到了唐代,大诗人杜甫(《岳麓山道林二寺行》"山鸟山花吾友于")、大文豪韩愈(《符读书城南》"岂不念旦夕,为尔惜居诸")亦未能摆脱其影响。宋代学者的批评,可谓不遗余力,可是这一现象仍时或可见。如:

⑱或问:思贞公敏行,何与承嘉辩?(《新唐书·尹思贞传》)

例⑱"敏行"指代"纳言",意为言语迟钝。割自《论语·里仁》"君子欲纳于言而敏于行"一句,属藏头式藏词。

宋元以降,随着骈俪文体的衰落,这一表达方式逐渐为人们所抛弃。在现代汉语中已不再出现新的由割截古语而来的藏词式词语。可以说,作为一种修辞手法,藏词已寿终正寝(今人所说的"歇后语"

与古汉词的"藏词"有本质区别）。至于在今人文章中，有时还能见到"而立""不惑""宴尔"等词语，那是由于它们在古诗文中流行已久，其指代意义已为读者所熟知，但都只能看作一般的用典，并不说明藏词这种畸形的修辞手法在今天还具有生命力。

[原载于《修辞学习》,1994年第6期]

漫谈如何确切理解文言词义

古书之所以难读，是由于古代汉语在语音方面、词汇方面、语法方面，跟现代汉语不一样。但从语言的发展史来看，词汇的变化是最快的，其次是语音，第三才是语法。斯大林同志说："语言，主要是它的词汇，是处在差不多不断改变的状态中。"又说："语言的词汇对于各种变化是最敏感的。"（《马克思主义与语言学问题》）所以，古今汉语词汇方面的差异，应该说是我们今天阅读古书的主要障碍。确切理解文言词义，也就成了读懂古书的关键。怎样才能确切理解文言词义呢？本文打算就这个问题谈几点粗浅的看法。

一、注意识别单音词和联绵词

单音词占优势，是文言词汇的重要特点。把一篇文言文翻译成白话，字数总要比原文多得多。这当然因为古代"字难写，只好节省些"，于是古文也就成了"当时口语的摘要"（鲁迅《门外文谈》）。但还有一个重要原因，那就是文言词汇是以单音词为主，而现代汉语是以双音词为主。因此，我们在阅读时就必须时刻注意，不要把两个相邻的单音词，误认为现代汉语的一个双音词，如《韩非子·外储说左上》："楚王谓田鸠曰：'墨子者，显学也。其身体则可，其言多不辩，何也？'"这里的"身体"就是两个词，"身"是"亲身"，"体"是"实践"的意思。又如《汉书·昭帝纪》："后元二年二月，上疾病，遂立昭帝为太子。"这里的"病"是指病情严重，"疾"与"病"各自为义，也应该当两个词理解。

掌握文言词汇以单音词为主的特点，对于确切理解词义是有重要意义的。可是，如果我们对古代汉语缺少足够的了解，又会使我们误入另一条歧途。如《冯婉贞》："日暮，所击杀者无虑百十人。"有人把"无虑"解为"不用考虑就知道",虽说字字落实,但实际上是不符合原意的。"无虑"在文言中是一个叠韵联绵词,表"大约"的意思。《广雅》"无虑,都凡也",并不是"无"和"虑"的结合体。在古书上也写作"勿虑""摹略""莫络""孟浪"等,现代某些方言中,"约莫"一词,恐怕就是"无虑"一词由于音转而产生的不同写法。

联绵词,前人称之为连语或联绵字,是一种双音单纯词,大多由两个双声或叠韵的字组成。其中的两个字仅仅代表两个音节,已突破了表意文字的藩篱,成为标音的符号,不能拆开来理解,否则,硬要从字面上做文章,只能是"求之愈深,失之愈远"。但即使是前代注家也难免不犯这样的错误。比如"犹豫"一词,东汉郑玄说:"《说文》:犹,玃属;豫,象属。此二兽皆进退多疑,人多疑惑者似之,故谓之犹豫。"(《礼记正义》)北齐颜之推说:"陇西谓犬子为犹,吾以为人将犬行,犬好豫在人前,待人不得,又来迎候,如此往还,至于终日,斯乃豫之所以为未定也。"(《颜氏家训·书证》)唐李善则以"犹兽多豫"(《文选·洛神赋》注)释之。而颜师古又说:"犹,兽名,善登木。此兽性多疑,常居山中,忽闻有声,即恐有人且来害之,每豫上树,久之无人,然后敢下,须臾又上,如此非一。故不决者称犹豫焉。"(《汉书·高后纪》注)愈说愈离奇,但均不过是郢书燕说,并无根据。"犹豫"是一个联绵词,不能拆开理解。在古书中又写作"犹预""由豫""由与""犹予""优予""尤豫""犹与""容与""游移""夷犹"等等。李白《长干行》:"十六君远行,瞿塘滟滪堆。五月不可触,猿声天上哀。"滟滪堆就是犹豫堆,以水流湍急,形势险恶,使人犹豫得名。

由此可见,文言中的联绵词是因声以寄义,"求诸其声则得,求诸其字则惑"(王引之《经义述闻》)。联绵词中的字只不过是记录语音的符号,而语音又存在时代和地域的差别,所以同一个词往往有多种书写形式。如"逶迤"一词,在古书上就有几十种写法,因而必然增加阅读的困难。近人朱起凤就深有感触地谈到他在早年讲学时,由于不知道"首施两端"就是"首鼠两端",而受到"合院大哗,贻书谩骂"的侮辱,此后就发奋自励,花了三十多年的时间,编了一部专收古代联绵词各种不同形体的辞典——《辞通》。就是这样,他还是没弄清楚"首鼠""首施"实际上就是"踌躇"一词的音转。清代训诂大家王念孙说:"首施犹首尾也,首尾两端即今人所谓进退无据也。"(《读书杂志》)也恰好犯了他自己所指斥的"不求诸声而求诸字"的毛病。

二、熟悉古音通假现象

古音通假又称古字通假,指的是文言中同音或音近的字的通用和假借。跟"六书"中的假借字不完全是一回事,它是用字方面的假借,不是造字方面的假借,因而是属于词汇方面的问题。通假现象多,是文言词汇另一重要特点。先看两个例子:

《人民文学》一九七七年第五期,登载了叶圣陶同志的一首诗,标题是《〈毛泽东选集〉第五卷出版欣然有作》。其中有一句"亿众欢腾神弥王",有的同志读了,误认为"神弥王"是古代神话中的帝王,这就是不了解文言中"王"与"旺"通,"神弥王"就是精神更加旺盛的意思。又如"名列前茅"这个成语,在现行的词典中,不是照搬《左传》杜预注"时楚以茅为旌识",就是径直把"茅"解为"茅草",说是春秋时楚国用茅草做旌旗。似乎言之有据,实则大谬不然。茅草做旌旗实在匪夷所思,史无明文,无论怎么说,总叫人难以置信。这里也得用古音通假来解释。"茅"应该是"旄"的借字。"旄"即旄牛尾,古代常用旄牛尾绑在旗杆顶上作装饰。因而,古人称旌旗也叫"旄"。《公羊传·宣公十二年》:"郑伯肉袒,左执茅旌,右执鸾刀,以逆庄王。"这段话在《新序》卷四"杂事"中,"茅旌"正写作"旄旌"。可见,"名列前茅"就是"名列前旄",杜注"时楚以茅为旌识"的"茅"也应该读作"旄"。

就上面两个例子来说,如果要深究的话,可分为两种类型:其一,"神弥王"的"王",就是"旺"的古字,甲骨文写作王,金文写作王,像火在地上燃烧,正是"旺"的意思。而"旺"字则是后起的加旁字。"王"和"旺"一般称为古今字。其二,"茅"与"旄",这两个词本来意义毫不相干,仅仅是读音相同,是由于古代写书人"仓卒不得其字",图一时方便而写的同音借代字。这种"本有其字"的假借,才是真正的古音通假。古今字虽谈不上假借,但在后代文章中是通用字。就读懂文言文来说，我们只要掌握文言中哪些字和哪些字通用就可以了。所以不妨也把它看作"通假"。

过去一些训诂学家，认为不懂古音通假就不能读懂古书。这未免有些危言耸听。不过，古音通假在古书中，特别是先秦古籍中，的确是很常见的。汉人注经已意识到这点，往往用"读为""读曰"来加以说明。清代学者更致力于这方面的研究，摆脱字形束缚，把语音跟词义直接联系起来，因而在古书的训释方面有一个很大的突破。段玉裁说："自《尔雅》而下训诂之学，不外假借转注二嵩（端）。"（《六书音均表》）他说的转注，指的是词义的互训，假借就是指说明字的假借义，正由于古音通假现象在古籍中极为常见，所以指明本字在训诂学上就占有突出的位置。不过我们今天阅读古书，理解文言词义，并没有必要把所有借字都找出来，用本字去破借字。其实有不少通假字，在古代早已流行，而它的本字却被废弃，这就是所谓"借字行而本字废"。例如：前后的"前"字，它的本字是"歬"，但在先秦时期人们就很少用这个本字，而借用表示"裁剪"意义的"前"字来代替。这个借字广为流行，不仅使"歬"字销声匿迹，也迫使"裁剪"意义让路，另造一个"翦"字来表示，后来又写作"剪"。又如，草木的"草"字，本字作"艸"，而"草"字的本义是皂荚，后来借字流行，皂荚字就写作"皁"，后又写作"皂"。对于这一类通假字，阅读时不必追根求源，再去找它的本字，更不应该让那些已废的文字僵尸在现在的文章中抛头露面。还有一些通假字古代早已使用，而且也一直保留在今天的一些双音合成词和成语中，如："波及"应作"播及"，"波"是"播"的借字；"端倪"应作"嵩题"（《说文》：嵩，物初生之题也。题，额也），端（本训直）是"嵩"的借字，"倪"（本训益）是"题"的借字；"发扬光大"应作"发扬广大"，"光"是"广"的借字；"颠沛流离"应作"蹎跋流离"，"颠"是"蹎"的借字，"沛"是"跋"的借字（《说文》：蹎，跋也。蹎跋就是步履艰难的意思）。对于这类通假字，虽然本字未全废，但用法已固定，并为人们所熟悉，也不太必要指明本字。但是还有一种情况，在古书中借字和本字并行，意义上毫不相干，"学者改本字读之，则怡然理顺；依借字解之，则以文害辞"（王引之《经义述闻》）。如不明古音通假，望文生训，是难免指鹿为马，误解古书原意的。宋代王安石写过一部《三经新义》，对《诗经·七月》"八月剥枣"一句解释说："剥枣者，剥其皮而进之，养老故也。"据说，他把《三经新义》送给神宗看以后，一天，他出去散步，走到山脚下一间茅屋前，见一老妇，问她主人哪里去了，回答说，在后山树上剥枣。他听了怅然若失，回去后立即写了一份奏章给神宗，请求把上述十三字解说删去。因为他发现他对"剥"的解释错了。原来"剥"在这里不是"剥皮"的"剥"，而是"支（扑）"的借字，是击打的意思。像这样的例子在前人的注释中还有不少。如《尚书·雒诰》"咸秩无文"，"文"借为紊乱的"紊"，却被误解为礼文的文；《诗经·葛藟》"亦莫我闻"，"闻"借为恤问的"问"，却被误解为听闻的"闻"；《左传·昭公二十年》："郑国多盗，取人于萑苻之泽"，"取"借为聚集的"聚"，却被误解为劫取的"取"；《国语·晋语》"正其德而厚其性"，"性"借为生命的"生"，却被误解为情性的"性"（参见王引之《经义述闻·通说下》）。

通假是以声音做桥梁来沟通的，借字和本字读音是相同或相近（双声或叠韵），借字和本字属同一个韵部的叫同部假借，不属同一韵部的叫异部假借，而以同部假借最为常见。（清代学者魏源、吴承志和近人杨树达等还提出"形近假借"说，认为古文中有以字形相近而借用的，但毕竟为数极少。段玉裁注《说文》第一篇下云"古文以屮为艸字，以正为足字"等，"此则非属依声，或因形近相借"，又说："假借必依声托事，屮艸音类远隔，古文假借尚属偶尔，今则更不当尔也。"所以姑当别论。）既然通假字是以音相通的，我们在阅读时，就应摆脱形体的束缚，从语音出发，找出它的本字。当然，这里说的都是古代的读音，没有一定的古音韵学常识，要识别通假字是有困难的。不过，古音通假形式虽然较自由，在同一区域，同一时期，写法还是相当一致的，汉代以后的文人除袭用前人的通假字外，很少去自造新的通假字，我们应当认识古音通假是研究文言词义的一条途径，并在阅读中逐步积累通假材料，掌握文言常用的通假字，这对正确理解古书是非常必要的。

三、充分认识文言词的多义性

一词多义，是古今汉语都存在的现象，但在文言中尤为突出，可以说是文言词汇的又一特点。这是由于古代字少，而一个字又多半就是一个词，所以往往用一个词来表示几个彼此相关的事和物。如"皮"这个词，《说文》："剥取兽革者谓之皮"，段玉裁注："云者者，谓其人也"，指的是取兽革的人。但所取的对象兽革也叫皮，进而把凡是物体的表面都叫皮，甚至剥去物体的表层也叫皮。《战国策·韩策二》："聂政大呼，所杀者数十人，因自皮面抉眼，自屠出肠，遂以死。""皮面"就是削去脸皮。又如"兵"这个词，本义是兵器，也指拿兵器的人以及用武器装备的集团（军队），而用兵器砍杀也叫兵（《史记·伯夷列传》"左右欲兵之"），双方大规模互相使用武器（战争）也叫兵（《左传·隐公四年》"夫兵，犹火也"），甚至用武器作战的策略（战略）也叫兵（《孙子·谋攻》"故上兵伐谋"）。

文言词的多义性，情况是比较复杂的，归纳起来大致有以下几个方面：第一，一个词除本义外，经常有多种引申义。如"负"这个词。《说文》："恃也。从人守贝有所恃也。"（贝，贝壳，古代用作货币。）这是"负"的本义，就是"倚仗""依靠"的意思。而倚仗、依靠往往是背靠着物体，所以引申为"背负""担负"；再抽象一些就有了"违背""辜负"的意思；打了败仗往往背向敌人而逃，因而又有了胜负的负。第二，由于词类活用而产生的新义。词类活用也是一种引申，在文言中很常见。往往活用以后又有多种意义。如名词"世"，活用作动词：《国语·吴语》"吴国犹世"是"继世"的意思；《国语·周语》"若皆蚤世犹可"，"蚤"通"早"，"早世"即早传世，是"死"的意思；"所以为令闻长世也"，"世"指"在世"；"昔我先王世后稷"，"世"又作"嗣续""继承"讲。第三，由于古音通假而形成的假借义。如"归"，可以借为"馈"（《论语·阳货》"归孔子豚"），可以借为"愧"（《战国策·秦策》"状有归色"），又可以借为"巍"（《礼记·表记》"子言之归乎君子"），还可以借作人名"夔"（《尚书中候》"让于益归"）。第四，由于修辞原因而出现的比喻义。如"崩",本义是山塌,而在古代封建社会用来指帝王的死。凡此种种我们都应有足够的认识。

有一些词,古今都很常用,但在阅读古书时如果用这种常用义不能很好疏通文义,那么,文言词的多义性就告诉我们,它很可能有其他意义,必须认真探索。如《左传·僖公二十二年》:"虽及胡耇,获则取之,何有于二毛?"这段话,有人译作:"即使是年龄很大的敌人,抓住了就俘虏他们,对那些头发花白的敌人,又有什么〔可怜的〕呢?"把"取"解为"俘取",孤立起来看,好像无可非议,但"抓住了就俘虏他们"这话显然是有语病的,抓住不就是俘虏了吗?还要怎样才算"俘虏他们"呢?这就是对"取"的意义没有作深入考查。"取"在古代除"取得"的意义外,还有另一种意义,那就是割取战俘的耳朵。《周礼》"获者取左耳"。春秋时期,在战争中擒获了敌人就割下左耳去报功,这割下的耳朵叫馘,这种行为叫"取"。认真理论起来,割取战俘的耳朵才真正是它的本义。"取"字左边一只耳,右边的"又",就是手的象形,正是表示用手去取耳朵,"取得"的意思,只是它的引申义。"获则取之"这句话应解为"抓住了就割取他们的耳朵",这样才表明对年及胡耇的敌人也毫不留情。

对待文言词的多义性,我们首先应该掌握的是文言常用词的各种常用义。然后再逐步去探索它的本义。"本义明而后余义明,引申之义亦明,假借之义亦明。"(江沅《说文解字注后序》)掌握本义能使纷纭复杂的引申义、比喻义得以条理化,便于理解记忆,这对确切地理解文言词义,提高阅读古书能力无疑是有好处的。

四、辨明词义的时代差别

语言是随着社会发展而发展的,词汇作为语言的建筑材料,必然历史地反映社会现实,因而同一个词,写作时代不同,它的意义往往存在不同程度的差别。如"履"这个词,在战国以前是践踏的意思,不指鞋子,鞋子在当时称"屦"。《诗经·葛屦》:"纠纠葛屦,可以履霜","履"和"屦"分得很清楚。《易经》、《诗经》、三礼、《左传》、《孟子》等书中,都是这样用的,从战国时期开始,"履"才逐渐由动词转为名词,用来表示鞋子,取代"屦"的地位。"回",本来的意义是"转弯",后来引为"环绕""运转",又引申为"奸邪",唐代以后才有"归"的意义。又如"亲戚"一词,先秦时主要是指父母(《墨子·节葬》"其亲戚死,聚薪而焚之,熏上谓之登遐,然后成为孝子"),汉代以后也用来指亲人,至于专指族外亲属那是很晚才出现的。以上是就文言内部来说的,从古代汉语到现代汉语,从文言到白话,词义的差别就更多了。如"处分"这个词,在文言中是"安排"的意思(《孔雀东南飞》"处分适兄意,那得自任专"),而在现代汉语中是指对犯错误的人的处理。"郑重"一词,在汉代是频繁的意思(《汉书·王莽传》"然非皇天所以郑重陈符命之意",颜师古注:"郑重,频繁也"),后来又有了殷勤的意思(《广韵》:郑重,殷勤也),而在现代汉语中只作"慎重,不轻忽"解。

不熟悉词义的时代差别,特别是古今词义的异同,是我们今天不能顺利读懂古书甚至误解古书原意的主要原因之一。如《史记·齐悼惠王世家》:"高后儿子畜之",有人解为"吕后将朱虚侯刘章像儿子似的看待"。这里把"儿子"二字,直译成现代汉语的"儿子",就是由于不了解古今词义差别而造成的误解。刘章是齐悼惠王刘肥的儿子,刘邦的孙子,论辈分,也应是吕后的孙子,如果吕后把孙子当儿子看待,那不就是重视他、抬高他的辈分了吗?从上下文的意思看,实际上吕后是看不起这个年仅二十岁的青年的,可见这里的"儿子"显然不能理解为现代汉语的"儿子"。在古代汉语中,"儿子"连用,是"小孩子"的意思。《庄子·庚桑楚》:"儿子动不知所为,行不知所之",指的就是不懂事的小孩子。把二十岁的刘章当作小孩看待,这正说明吕后小看他。她没有料到就是这个刘章后来在铲除诸吕的斗争中立了大功。

对词义进行历史的研究,有助于我们解决古文阅读中的一些疑问。解放初期,报刊上曾就《离骚》的作者问题展开讨论。有人提出《离骚》的作者不是屈原,而是西汉武帝时的淮南王刘安,重要理由之一,就是根据荀悦《汉纪》载的《汉书·淮南王传》的说法:"使为《离骚传》,旦受诏,日食时上",这个"传"字是错的,因为古代"传"指训诂式的文字,刘安虽然博学,怎么可以在半天之内把那么长的《离骚》注释完毕呢?因而"传"应是"傅"字之讹,而"傅"又是"赋"的通假字。那么刘安写的《离骚传》应是《离骚赋》,也就是现存的赋体《离骚》。近人杨树达针对这一说法，引用大量材料证明"传"字的意义有时代的差别，在西汉是指一种通论式的文字，到了东汉以后才用来指训诂式的文字，那么所谓"离骚传"就是泛论《离骚》大意的文字，这对博学的刘安来说，虽是命题作文，半天也是可以完成的（见《积微居小学述林》）。这样，运用对词义的历史研究，有力地驳斥了《离骚》作于刘安的谬论。

五、联系上下文，准确地选定词义

在文言文中，上下文往往采用相同的句式，以增强表达效果。这是古人常用的一种修辞手法。因而，通过上下文句的对比，有助于我们准确地选定词义。如：

《诗经·泂酌》："泂酌彼行潦，挹彼注兹，可以濯溉。"这里的"溉"字，《毛诗正义》说："溉，清也。谓洗之使清洁。"朱熹说："溉，亦涤也。"这种解释对不对呢？我们联系上一章就可以发现问题，上章是"泂酌彼行潦，挹彼注兹，可以濯罍"，这里的"罍"是一种酒杯，是名词，"濯罍"是动宾结构，那么跟它对称的"濯溉"也应该是动宾结构，"溉"也应是名词。原来"溉"与"概"通。古代有一种祭祀用的黑漆酒樽就叫"概"。

《左传·襄公十三年》有一段议论："世之治也，君子尚能而让其下，小人农力以事其上。"这里的"农力"二字，《春秋左传读本》注释说："农力，尽力于农作。"把"农"解为名词农作。我们从上句可以看出"尚能"是动宾结构，"尚"是动词，上下两句句式相同，那么"农力"的"农"也应是动词。"农"在古代有"厚"义。《说文》段注："凡农声字皆训厚"，引申作"勉"解。《管子·大匡》："用力不农"即用力不勉的意思（见王念孙《读书杂志》）。那么"农力"应解为勉力。

联系上下文，更重要的是通过对上下文意的认真领会来选定词义。上下文也是一种语言环境，只有把词放在一定的语言环境里，意义才更加显豁。虽然文言词存在复杂的多义性，但在一定的上下文里，就只能有一种意义，鲁迅在《论新文字》一文中说："虽是方块字，倘若单取一两个字，也往往难以确切地定出它的意义来。例如

'日者'这两个字，如果只是这两个字，我们可以作'太阳这东西'解，可以作'近几天'解，也可以作'占卜凶吉的人'解；又如'果然'，大抵是"竟是"的意思，然而又是一种动物的名目，也可以作隆起的形容；就是一个'一'字，在孤立的时候，也不能决定它是数字'一二三'之'一'呢，还是动词'四海一'之'一'。不过组织在句子里，这疑难就消失了。"上下文可以说是确定词义的重要外在条件。理解词义要看上下文，道理是很清楚的，可事实上却不尽然。

《左传·僖公二十三年》记载晋公子重耳出亡，有这样一段话："过卫，卫文公不礼焉，出于五鹿，乞食于野人，野人与之块（块）。公子怒，欲鞭之，子犯曰：'天赐也。'稽首，受而载之。"对这"块"字，《训诂浅谈》中说：块《说文》作凷，和"蒉（筐）"同音义近，都是盛土的草制器具。并举《史记》"野人盛土器中进之"一语为证，说明《左传》的"块"，就是《史记》的"土器"。这句应理解为"农民把食物放在盛土的草筐里给了重耳"。但联系上下文意看，这个"块"只能理解为"土块"，对于重耳这个在外流亡多年的落魄公子来说，怒的原因只能是由于给的是不能充饥的土块。子犯那些离奇的举动，也是因为看到农民给的是"土块"，于是异想天开，认为是重耳受封得国的预兆。据史籍记载：周天子封给诸侯土地和臣民，要举行授土授民仪式，授土是天子建一个大社，分封时，凿一块社土放在白茅上赐给受封诸侯，称为受土于周室。至于《史记》"盛土器中"也不是"放在土器里"的意思，而是"盛土于器中"的省略，这种省略介词"于"的句式在文言文中很常见，《史记》中更多，何况《史记》紧接着还有下文："赵衰曰：'土者，有土也。君其拜受之。'"这不明明白白地写着是土吗？对原文不联系上下文认真推敲研究，当然就不可能确切理解词义。

除上面所说的几点之外，了解一些古代文化常识，掌握一定的文言语法规律，对正确理解文言词义，也是很必要的，上面所举的例子也说明了这一点。

前人对文言词义的研究，做了大量的工作。今天我们阅读古书，可以参考前人的注释。但是，由于前人观点、方法存在着不少问题，加上历史条件的限制，在注释中，穿凿附会，主观武断，或出于某种需要，随意曲解，"强经以就我"等等，所在皆有。同时由于古书年代久远，前人的注释往往众说纷纭，各执一词，情况比较复杂，这就需要我们有眼光、能鉴别。对原文和各家解说作多方面研究，或肯定其中一说，或自立新解。

我们要确切理解文言词义，读懂古书，最重要的还在于多读，多接触古代汉语的语言材料。这样我们才有可能进行分析比较，有比较才能鉴别。如《汉书·韩安国传》"且高帝身披坚执锐，蒙雾露，沐霜雪，行几十年"。有人把"几十年"理解为现代汉语的"几十年"，如果多接触一些古文，就可以发现现代"几十年"的意思，古文中只说"数十年"，另外古书上还有"几四十载""几十五万"等说法，就可以看出问题，得出正确结论了。总之，我们要运用马克思主义观点对各种语言现象进行科学的分析，对前人的研究成果和各种见解进行认真的鉴别，绝不能盲目信从。"语言这东西，不是随便可以学好的，非下苦功不可"。

[原载于《安徽师大学报》,1978 年第 3 期]

"增字解经"和古文译注

  注释和翻译古文，一般说来，释文、译文都比原文字数多，这本是不足为怪的。但前修时贤在谈到古书训释时，却常常摒斥"增字解经"，视之为训诂的一大禁忌。这又是怎么一回事呢?

  关于"增字解经"，清代训诂学家王引之曾有较具体的说明。他说:"经典之文自有本训，得其本训，则文义适相符合，不烦言而已解;失其本训，而强为之说，则扞格不安。乃于文句之间增字以足之，多方迁就而后得申其说，此强经以就我，而究非经之本义也。"(《经义述闻》卷三十二)

  从王氏这段话中，我们可以知道，所谓"增字解经"，指的是注释者由于没有获得原文字词的真诠，不得已而在原文中增字以迁就己意，强作解人。这是古文译注者常犯的错误。即使在前代名家的注释中，也不乏其例。如:

  《左传·隐公六年》:"恶之易也，如火之燎于原。"古代"易"有"延"义，《诗·大雅皇矣》郑玄笺:"施犹易也，延也。"《战国策·秦策》:"没利于前而易患于后也。""易患于后"即"延患于后"。可见，"恶之易"即"恶之延"。杜预不明此训，而释为"恶之易长"。在原文上无端加上一个"长"字。

  《左传·哀公九年》:"宋方吉，不可与也。""与"字在这里和"敌"义近，即今语"对付"的意思。《史记·淮阴侯列传》"吾平生知韩信为人，易与耳"。"易与"即"容易对付"。杜注"不可与"为"不可与战"。是误解"与"为介词，又感到文不成义，因而妄增一"战"字足成其义。

  这种"增字解经"错误产生的根源，有的是由于误解实词的意义，有的则是由于不明虚词的用法，没有弄清句子的语法结构。如:

  《诗·邶风·终风》:"终风且暴。"这里的"终"字，用法相当于

"既"。"终风且暴"即"既风且暴"。汉代学者毛亨不明"终"的这一用法，而释"终风"为"终日风"。这个"日"字完全是凭主观想象加上去的，毫无根据。"终……且……"是《诗经》常用的句式。

《左传·文公六年》："求而无之实难，过求何害？""实"与"是"同，助词，用以提前宾语。"难"训"患"。"求而无之是患"即"患求而无之"。杜预不懂"实"字的用法，没搞清句子的语法结构，注云"难卒得"。以为这句意为"求而无之实难卒得"，妄增"卒得"二字来解释。

由此可见，前人之所以把"增字解经"看作训诂的一大禁忌，旨在反对不得其本训而妄以臆度。古人写文章虽然文字简略，但并不是词不达意，只要不是"日暖看三织，风高斗两厢"之类的奇文，如能准确理解词义，弄清句子的语法结构，一般是可以不烦言而解的。

因此，我们今天解释、翻译古文，仍然要注意避免犯这种"增字解经"的毛病。在阅读和讲解古文时，如果遇到一些疑难，照通常的理解则文理不顺时，就应进一步推敲字句，求得确诂。绝不能凭主观想象而任意添字。否则，即使大意不差，也不能算是正确的解释。如：

《史记·滑稽列传》（西门豹治邺）："西门豹曰：'呼河伯妇来，视其好丑。'即将女出帷中，来至前。"后两句，一般译为"就把女孩领出帐外，带到西门豹跟前"。这"领"和"带"是原文所没有而随意加上去的。也就是犯了"增字解经"的毛病。问题出在对"将"字的理解上。"将"在古汉语里不作介词"把"用，经常是作动词出现的，意义比较广泛。凡是手的动作，近似于扶、持、提等，都可以用"将"。如《汉书·朱云传》"御史将（朱）云下"，《木兰诗》"出郭相扶将"，"将"皆作"扶"解。这一用法的"将"可以看做"拼"的通假字，《说文》："拼，扶也。"《史记》这两句应译作："就扶女孩出帷帐，来到跟前。"

柳宗元《哀溺文序》："中济，船破，皆游。其一氓尽力而不能寻常。"有的注释本把"不能寻常"译为"不能达到平常游泳的水平"。这也是由于误把"不能"理解为"不能够"，把"寻常"理解为"平常"，造成文理不通，而妄加"达到""游泳水平"等字以申其说。其实，这里的"不能"不是一般用法，而是如杨树达所说的"古人凡云不至某数曰不能"（见《汉书窥管》卷四）。《荀子·劝学》："骐骥一跃，不能十步"，王安石《游褒禅山记》："比好游者尚不能十一"，"不能"均作"不足""不到"解。"寻常"在这里则是指古代两个长度单位，所谓"八尺曰寻，倍寻曰常"（见《左传·成公十二年》杜注）。两字连用，在古文中通常用来表示一段短距离。因此，"不能寻常"应译为"不到一丈来远"。

贾谊《论积贮疏》："失时不雨，民且狼顾，岁恶不入，请卖爵子。"有的注本把这后两句解释为"年景不好，朝廷和百姓都没有收入，朝廷请卖官爵，百姓请卖子女"，费了不少口舌，仍意犹未已，还得补充一句："请，在这里有情愿的意思。"有的注释者还从语法角度，为这一说法作辩解。认为"这是同一个动词谓语（如文中的'请''卖'）带不同的两个宾语，又省略了不同的两个主语的结果"。解释不可谓不详，分析不可谓不细，但完全是误解。这是由于没有真正弄清这个句子的语法结构，而毫无顾忌地增字以足之，"强经以就我"。这两句的语法结构并不如此复杂，主语只有一个，就是上句所说的"民"。"入"在这里就是"纳"的意思。"入""内""纳"是古今字。晁错《论贵粟疏》："今募天下入粟县官，得以拜爵"，"入粟"即"纳粟"。"不入"即"缴纳不了租税"，"请卖爵子"即"请求出卖爵位和子女"。百姓所得的爵位（受朝廷之赐或从朝廷买到）可以征得朝廷许可而转卖。百姓卖子女在汉代通常也要得到朝廷允许。这在《汉书》中，均有据可查，注释者忽略这一点，以至于感到不合事理，而不得不增字以弥缝。

《左传·僖公十五年》（秦晋韩之战）："君亡之不恤，而群臣是忧，惠之至也。"《先秦文学史参考资料》把"君亡之不恤"译为："我们的国君出亡在外，国内的人不能去救他。"也是没有弄清这句话实际上就是"君不恤亡"（国君不忧虑在外流亡）的倒装，误以为是两句话，而加上"国内的人"等字来解释。

必须指出，区分是否"增字解经"并不只是着眼于释文的字数，如《淮南子·览冥训》："直偶于人形。"俞樾释为"特寄偶于人之形"，比原文增加了两个字，但不是"增字解经"。因为用"寄偶"释"偶"，只不过把古代单音词换成后代的双音词；"人形"释为"人之形"也只是使语法关系更加明确，都忠实于原文。高诱释为"直偶与人同形"，比原文只增加一个"同"字，却应看作"增字解经"的典型。因为这个"同"字是注者没有弄清字词的本训而任意加上去的。

所以，反对"增字解经"，并不是说在注释和翻译古文时不可以增添字数。在多数场合添字不仅是允许的，而且是完全必要的。正如近代训诂大师黄侃所说："盖古人言辞质朴，有时非增字解之，不足以宣言意。"（《文字声韵训诂笔记》第218页）

例如，古文中一个单音词在现代汉语中，常常要用多音词或词组来表示。如《荀子·劝学》"金就砺则利"，"砺"要译为"磨刀石"，"利"要译为"锋利"。《汉书·英布传》"汉王方踞床洗，而召布入见"，"洗"必须译为"洗脚"。

另外，由于古文省略现象比较多。译注时往往要根据一定的规律和上下文意正确加以补足。如《左传·昭公三年》："君薨，大夫吊，卿共葬事；夫人，士吊，大夫送葬。""夫人"后承上省略一"薨"字，翻译时必须把这意思补上去。《晋书·谢安传》："时孝武富于春秋，政不自己。""政不自己"即"政令不由己出"，原文省略了一个"出"字，译注时也应补上。这种添字解释，很有必要，如果在这种该添字的地方不能正确地加以补足，同样会导致谬误。如《汉书·张汤传》："安世为贺上书，得下蚕室"。这里"得下蚕室"前省略了一个主语"贺"，是说张安世为张贺上书辩解，使得张贺由死刑改为腐刑。有人不知道应添上一个"贺"字来理解，竟认为张世安受了腐刑。记得报刊上有过一篇文章，说明代的张溥有个别名叫"高一时"，其实《明史》上说张溥"名高一时"意为"声名高于一时"，作者不知此处必须添一个"于"字才能解通，从而闹出笑话。

还有一些场合必须添字解释，则是由于古今语法其他方面的差别所造成的。比如《庄子·胠箧》："鲁酒薄而邯郸围。""邯郸围"应译为"邯郸被围"，这是因为在早期古文中，有些被动句往往不用被动词。而现代汉语中，被动词则不能少。所以在翻译时必须加上。古文中词类活用现象相当多，译注时也常常要添字。如李贺《大堤曲》："今日菖蒲花，明朝枫树老"，"菖蒲花"必须译为"菖蒲开花"。《战国策·秦策》："我自行之而不肯，汝安能行之也？""行之"即"使之行"，应加上"使"字来解释。另外，遇到由于古文文辞典奥，不加字不足以说清原意的情况，也可以适当添字解释。

　　诸如此类，添字解释都是合理的，无可非议的。因为语言是不断发展的，后代的语言总比前代语言精密，表情达意更为准确、鲜明。用词也必然比前代多。但是，添字解释是有条件的，一定要建立在"得其本训"基础上，必须遵循古汉语的语法规律。不能不求甚解而妄以臆度。

［原载于《学语文》,1984 年第 2 期］

读 注 琐 议

"著书难，注书更难"

为古诗文作注，洵非易事。清代学者杭世骏曾说："作者不易，笺疏家尤难。"[①]黄本骥也说："著书难，注书更难。"[②]这些话的确有道理。著书是直抒胸臆，言其所知而避其所不知，兴到笔随，不受拘束。注书则必须考察作者的语言环境、思想感情。摸清其思路，找出词语的出处。正如杭世骏所说的，"才不必言，夫必有什倍于作者之卷轴，而后可以从事焉"[③]。因此，注释古书，并非"人皆可为"的事情。宋代范成大曾请伟大诗人陆游为苏轼诗作注，陆游也因深知其难而"谢不能"[④]。洪迈《容斋续笔》卷十五谈到注书之难，举了不少例子。其中讲到宋代注家洪兴祖的事：

> 洪庆善注《楚辞·九歌·东君篇》："缊瑟兮交鼓，箫钟兮瑶簴"引《仪礼·乡饮酒》章 "间歌《鱼丽》、笙《由庚》。歌《南有嘉鱼》，笙《崇丘》"为比，云："箫钟者，取二乐声之相应者互奏之。"既镂版，置于坟庵，一蜀客过而见之，曰："一本箫作捇，《广韵》训为击也。盖是击钟，正与缊瑟为对耳。"庆善谢而亟改之。

"箫"，有的本子又作"萧"，古文中箫、萧、捇音近相通。《广雅·释诂》《玉篇》《广韵》并训捇为击。这位连姓名也没有传下来的

---

① 《道古堂文集》卷八《李太白集辑注序》。
② 《三长物斋文略》卷一《李氏蒙求详注序》。
③ 《道古堂文集》卷八《李太白集辑注序》。
④ 《陆放翁全集》卷十五《施司谏注东坡诗序》。

· 54 ·

蜀客,不仅博见多闻,且能结合行文体例考察词义,识见颇高。蒋骥《山带阁注楚辞》云:"箫钟,与箫声相应之钟。"竟不以蜀客为然,则又在洪兴祖之下。

清代学者顾广圻在《礼记考异跋》里,谈到校书之弊有二:一是"性庸识暗,强预此事",一是"才高意广,易言此事"。为古书作注,同样要注意避免这两种弊病。

李商隐《贾生》:"可怜夜半虚前席,不问苍生问鬼神。"有位古文造诣很高的学者注云:"虚前席,把前面的座位让出来。"注者当然不会没有读过《汉书·贾谊传》:"至夜半,文帝前席。"只是在作注时过于自信,竟不假思索,贸然下笔。韩愈《师说》:"吾师道也,夫庸知其年之先后生乎吾乎?"在一部由名家编注的古代文选中注云:"吾师道也:我的从师之道。"产生这样的错误,应该说都是"才高意广,易言此事"的具体表现。同时也说明,如果对注书之难缺乏足够的认识,即使是给普通的句子加注,也有可能铸成大错。对此,笔者也有过教训。《洛阳伽兰记·城西法云寺》:"负荷执笏,逶迤复道。""负荷"一词最早见于《左传·昭公七年》:"其父析薪,其子弗克负荷。"是担负、承担之意。古书中未见有别的用法。笔者起初注此文"负荷"为"担负重任的大臣"。还自以为虽不中不远矣。后读宋人刘昌诗《芦蒲笔记》卷三,才知道古时有所谓"荷囊",是高级官员缀于朝服外左肩上的紫色囊,又称"紫荷"。上朝时,盛奏章,负之以行,谓之"负荷"[1]。"负荷"与"执笏"正相对称。

为古书作注,失手是难免的。就像洪迈所说"注书至难,虽孔安国、马融、郑康成、王弼之解经,杜元凯之解《左传》,颜师古之注《汉书》,亦不能无失"[2]。今人注释古书,其难度更甚。因此,我们应当采取十分审慎的态度,最大限度地减少差错。

关于"随文释义"

古文注释和辞书释义不完全是一回事。辞书释义所释的一般是词的概括义,古文注释所释之义,则是词语在具体语言环境中的意义。

---

① 又见吴曾《能改斋漫录》、葛立方《韵语阳秋》、袁枚《随园随笔》。

② 《容斋续笔》卷十五:"注书难。"

清代学者段玉裁说:"凡说字必用其本义,凡说经必因文求义,则于字或取本义,或取引申假借,有不可得而必者矣。"①所谓"说字",是指字书释义;所谓"说经",就是指为古书作注。既然是解释字词处在使用状态的具体义,因此,采用"随文释义"的方法是完全必要的。

"随文释义"前人又称"顺文为义"或"随文变训"。《晏子春秋·内篇问上》:"人有酤酒者,为器甚洁清,置表甚长,……人挈器而入,且酤公酒。"桂馥云:"上酤字为卖,下酤字为买,所谓顺文为义也。"②《说文》:"曼,引也。"朱骏声云:"凡训善、训细、训泽、训远、训延、训美,皆引长之义随文变训耳。"③运用"随文释义"的方法,要求注者在对词义进行全面考察的基础上,随着准确掌握了的上下文意,作出贴切而通顺的注释。绝不是说词义可以完全由上下文决定,只要所加之注在这句话中能够讲得通就行了。

《国语·越语下》:"王命工以良金写范蠡之状而朝礼之。"有人以为"写"是书写,而"书写"义在这里讲不通,于是就另谋出路,从读音上打通,认为"写"应是"削"的通假字。这样解释似乎可通,其实是妄以臆度。韦昭注"以善金铸其形状而自朝礼也"。释"写"为"铸",似乎不可思议,但在本文中是完全正确的。"写"在先秦时期无"书写"义。《说文》:"写,置物也。""写"的本义是"移置物体"。由移物之体可以引申转化为移物之貌,即摹拟、仿效。今之"写生""写真""写照"之"写"仍保留此义。"以良金写范蠡之状",就是用优质金属摹仿范蠡的形貌。用金属仿制另一物体,最基本的方法,就是"熔铸"。所以说,韦昭随文为训,以"铸"释"写"是正确的。《韩非子·十过》:"子为我听而写之"。这是卫灵公途经濮水,夜闻新声,对乐官师涓说的话。有人认为这里的"写之"就是"书写它",即把听到的乐曲记录下来。《辞源》(修订本)在"写"的"用笔作字"义项下,也引此为书证。这样解释虽然在本句中能讲通。但不能说是正确的随文释义。因为注释者既没有全面考察词义,又没有认真阅读上下文。上文明说这句话是对师涓说的,而师

---

① 《说文》"鬃"字注。
② 《说文义证》卷四十八。
③ 《说文通训定声》乾部第十四。

涓是盲人，不可能"用笔作字"。下文又说师涓"因静坐抚琴而写之"，也清楚指出是"抚琴"而写，不是"用笔"书写。"写"的词义，从移物之貌可转为移物之声。在这里也作"仿效"讲，卫灵公的话是要师涓弹琴仿效水上传来的乐曲。

"随文释义"既要准确掌握词义，又不能胶柱鼓瑟，译注时要能做到随文变通。如《说苑·政理》："景公好妇人而丈夫饰者，国人尽服之。公使吏禁之曰：'女子而男子饰者，裂其衣，断其带。'裂衣、断带相望而不止。"一选本将后一句译为"结果撕破衣服、扯断带子，妇女们彼此相望一番，此风仍然制止不住。""相望"解为"彼此相望一番"，孤立来看，似无可非议。"相望"的基本意义是"互相看着"或"彼此看得见"。但是古人使用这个词，有时，却不是直接表示这个意思。如《李愬雪夜入蔡州》："人马冻死者相望"。死者是不能"彼此相望一番"的。"相望"从"彼此看得见"可引申出距离近之意，进而可表示多得到处可见。《庄子·在宥》："形戮者相望也"，成玄英注："相望，明其多也。"所以《说苑》这句话应解为"撕裂的衣服、扯断的带子到处可见却制止不住"。

《史记·孙子吴起列传》："往年吴公吮其父，其父战不旋踵，遂死于敌。"王伯祥《史记选》注："旋，旋转。踵，脚跟。不旋踵，喻其速，言快得不待转动脚跟。战不旋踵，战了不多时便死，故下接遂死于敌。"这里对"旋踵"的词义作了较具体的考释。"旋踵"在古文中确实可以用来表示迅速。但这里说他父亲作战，转足之间就一命呜呼，却快得蹊跷，令人费解。应该说与文意不符，注者没能深入了解语境。根据上下文意可以知道，这里是说吴起亲为此卒之父吮疽，其父感激，在作战时奋勇向前，因而死在敌人刀下。"旋踵"在这里应是"后退"的意思。这也是从"旋转脚跟"这个基本意义引申而来的。《辞源》（修订本）也认为此"旋踵"是"形容迅速"，亦误。《说苑·指武》："使士赴火蹈刀，陷陈取将，死不旋踵者，多异于今之将者也。""死不旋踵"即"死也不后退"。一选注本解为"迅速而不怕牺牲。"其误与王注同。

"随文释义"的根本依据是词语本身存在的活变的可能性，以及人们在语言实践中运用词语的灵活性，是作者本意如此，注家只不过探索而得之，绝非随意杜撰。

"望文生义"之弊

　　"望文生义"又称"望文生训"或"缘词生训"①，它是古文注释中一种最为常见的弊病。注者对文意、词义不作深入考察，自己并未读懂，就根据字词的某一常用义，辅以想象，牵强附会地加以注释。

　　古文词义相当复杂，一字可记多词，一词又可有多义。清人段玉裁曾指出"凡字有本义，有引申假借之余义焉。守其本义，而弃其余义者，其失也固；习其余义，而忘其本义者，其失也蔽。蔽与固皆不可以治经"②。注释古文，必须对词义的全貌有所了解，否则，只知其一而不知其二，是难免要犯望文生义的毛病的。

　　《左传·成公十六年》："郑陈而不整，蛮军而不陈。"一新注本注"军而不陈"云："虽有军队，然无阵容。"误。"军"在句中应是动词，不是名词。《说文》："军，圜围也。从车从包省。车，兵车也。"《广雅·释言》："军，围也。"玄应《一切经音义》引《字林》："军，围也。包车为军。""军"的本义应是用战车打包围圈。"军而不陈"的"军"，用的是本义。是说蛮人"各顾其后，莫有斗心"，故"只围战车作防御工事，而不排列作战阵势。"

　　马中锡《中山狼传》："又蔓辞以说简子，其意盖将死我于囊，而独窃其利也。""蔓辞"一语，有的解为"扯些无谓的话"，有的译为"拉扯些闲话"，有的注为"说些冗长而无关紧要的话"。措辞虽有差别，意思只有一个，即认为：蔓者，枝蔓也，枝蔓之辞，毫无疑问就是东扯西拉、多而无谓的闲话。对于此注，还没有人提出异议。但实际上是不明通假而望文生义。细玩文意，不难发现问题，既然是要说服简子而"独窃其利"，靠说些无谓的闲话是不行的。"蔓"当读为"曼"。《文选·报任少卿书》："今虽欲自雕琢，曼辞以自饰。"李善注："如淳曰：曼，美也。""曼辞"即"美言"，也就是今之所谓"漂亮话""花言巧语"。东郭先生说简子之辞，前文有详细记载，实在是一篇文采斐然、很有说服力的短文，故能使"简子默然，回车就

---

　　① 《戴震文集》第一四六页《古经解钩沉序》。
　　② 《经韵楼集》卷一"济盈不濡轨、传曰由辀以下曰轨"条。

道"。怎么会是无谓的闲话呢?

《新序·杂事》:"叶公见之,弃而还走,失其魂魄,五色无主。"新注本大多加注云:"五色无主:脸色一会儿青,一会儿白,失去主宰。"或:"主:专一。五色无主:脸色青一阵、白一阵,变化不定。"

修订本《辞源》《辞海》及各种版本成语词典也几乎是众口一辞。但仔细思量,却有悖情理。人的脸色本无法自主。古文中"色"如作"脸色"解,是指面部表情、神色。而表情、神色之"色",是不能冠以"五"的。这里的"五色无主"是对叶公受到巨大惊吓而神经错乱、目视昏眩的具体描述。《说文》:"眩,目无常主也。"《释名·释疾病》:"眩,悬也。目视动乱如悬物,摇摇然不定也。"《通鉴·隋纪》胡注:"目无常主,不辨白黑谓之眩。"据此可知,"五色无主"即眼睛对五色失去主宰。也就是说"目视昏眩,不辨五色"。"五色"指各种颜色,不指脸色。人在受到大的精神刺激时,往往出现眼前发黑、目视昏眩的生理现象。《战国策·燕策》:"左右既前斩荆轲,秦王目眩良久。"叶公的"五色无主",和秦王的"目眩",是同一回事。

"小学"不明　信息不灵

注释古书,不可不明"小学"。历来有一些"才高意广"的学者,认为"小学"即小道,不足以为学问,甚至不屑一顾。史书传记中,也往往以"训诂大义,不为章句"[1]为褒辞。实则是一种偏见。"在现在研究古书,非通小学是无从下手的。"[2]"宋朱熹一生研究五经、四子诸书,连寝食都不离,可是纠缠一世,仍弄不明白。实在,他在小学没有功夫,所以如此。"[3]"小学"本是经学的附庸,小学方面的著作也大多是直接或间接的群经注疏,记载了前人的研究成果,储存着大量古文训释方面的信息。尤其是有清一代的小学著作,更是不可不读。清人对古代重要文献,几乎都做了深入的清理。在古

---

① 《后汉书·桓谭列传》。

② 章太炎《国学概论》第17—19页。

③ 章太炎《国学概论》第17—19页。

文训释方面有较大的突破。不少疑难字句和古注中的错误，经清人考证，已得到准确的解释。而今天的注家却往往还在无休止地重复过去的错误，或者还在各逞遐想，妄下注脚。皆由于小学不明、信息不灵所致。

《国语·吴语》："大夫种勇而善谋，将还玩吴国于股掌之上，以得其志。"早年出版的《国语选》注："还，转；玩，弄；股，大腿。这简直是当小孩儿一般玩弄我们。"注文前半照搬旧注，后半则离开原文字句，凭想象加以发挥。因为在现实生活中只有小孩子才可能被玩于大腿和手掌之上。但大人嬉耍小孩是爱的表现，而"非忠心好吴"的越国，对吴国是敌视的，"志"在操纵控制吴国。比喻显然是很不恰当的。《辞源》修订本"股掌"条，举此例，也释为"大腿和手掌"，并指出是"言易于把握操纵。"可是"大腿"是无法把握操纵物体的。这种解释明显有误。清人郝懿行《尔雅义疏》上之二云："股当为般，今俗呼掌为巴掌，即般掌之声转。"郝氏通过对字形和字音的考察，并结合方言俗词加以解释，实为确诂。如进一步探求，可知"般""巴"本字应作"番"。《说文》："番，兽足谓之番。从采（像兽指爪分别之形），田像其掌。""番"是兽掌的象形字。番、巴、般，古声母同，韵部相近。"番"后来写作"蹯"。"熊蹯"即"熊掌"。"般掌"即"番掌"，同义连文。"还玩于股掌之上"比喻控制操纵自如，与杨朱言治天下如"运诸掌"（《列子·杨朱》）之义同。单言为"掌"，复语则为"般掌""巴掌"。

《说苑·政理》："天地之间，四海之内，善之则畜也，不善则雠也。"—《说苑》选本译："天地之间，全国范围内，人民感到好的就保留，人民感到不好的就反对。"这里注译者释"畜"为"保留"，释"雠"为"反对"，都看作动词，是错误的。联系本书《指武》篇："以道导之，则吾畜也；不以道导之，则吾雠也。"可以知道，"雠"当解为"仇敌"，名词。"畜"也应是名词。明末清初的学者黄生在《义府》卷上里说："好字上声音吼，去声音兽，古书或借用畜。此一音之转。《吕氏春秋》引《周书》云：'民善之则畜也，不善则雠也。'注：'畜，好也。'《孟子》：'畜君者，好君也。'此正训畜为好，通古今语耳。""畜"与"好"古音同属晓母，"畜"在觉部，"好"在幽部，幽觉对转。声纽既同，韵部亦近，例可通假。"好"在此处作名词用,指友好者,与"雠"义正相对。

《九思·逢尤》:"思丁文兮圣明哲,哀平差兮迷谬愚。吕傅举兮殷周兴,忌嚭专兮郢吴虚。"《楚辞章句》注云:"丁,当也。文,文王也。心志不明愿遇文王时也。"这个注释是错误的,绝非王逸自注。俞樾在《俞楼杂纂·读楚辞》里已指出:"四句中每句有两古人,而四句实止两事也。丁者,武丁也;文,文王也;吕,吕尚也;傅,傅说也;忌,费无忌也;嚭,宰嚭也。武丁举傅说而殷兴,文王举吕尚而周兴,故'思丁文兮圣明哲'也。平王用费无忌而楚为虚,夫差用宰嚭而吴为虚,故'哀平差兮迷谬愚'也。文义甚明。"俞说至确,不容置疑。但至今有的注者因信息不灵,仍在重蹈旧注覆辙,如有一本《楚辞全译》注:"丁文,遇到周文王。"译前二句为:"想遇到圣哲明智的文王,哀伤夫差、平王糊涂荒谬。"

文例辞例　不可不审

古人行文,在用词造句方面有一些通用的表达方式,其中有些在今天看来是比较特殊的,如果对它缺乏认识,注释就往往出现错误。例如:《礼记·月令》:"孟夏行春令,则虫蝗为灾。"《辞通》解释说:"凡言虫蝗者,非独蝗为灾也,他虫亦有焉。"《汉书·贾谊传》:"其视杀人,若艾草菅然。"《古代汉语常用字字典》释"草菅"为"草和菅"。这都是不了解古人行文有"大名冠小名"之例而误。"虫""草"是大名,"蝗""菅"是小名,"虫蝗"即"蝗虫","草菅"即"菅草",是一物而非二物。《战国策·赵策》:"彼又将使其子女谗妾为诸侯妃姬。"王力主编《古代汉语》注:"子女,这里专指女。"似作为偏义复词处理,其误与上同。《后汉书·周荣传》:"诏特赐钱二十万,除子男兴为郎中。""子男""子女"之"子"为大名,总称儿女,"男""女"是小名,分指男儿、女儿,这是古人的习惯说法。此外,如:

《韩非子·难一》:"东夷之陶者器苦窳,舜往陶焉,期年而器牢。"对"苦窳"二字,新注本有的注为:"制出的陶器苦于不结实。"有的注为:"制出来的陶器总嫌不坚固。"这样理解,显然与原意不符。"苦"当读为"盬",盬是没有炼过的粗盐,引申有粗劣、不坚牢之义。《国语·齐语》："辨其功苦。"韦昭注："功，坚；苦，脆也。"《荀子·王制》："辨功苦。"杨倞注："功谓器之精好者，苦谓滥恶者。"由此可知，《韩非子·难一》"苦窳"二字，是同义连文，亦即前人所谓"复语"。是古人常用的行文习惯。两个字一个意思，不能分开解释。

《史记·孙子吴起列传》："亲裹赢粮，与士卒分劳苦。"一选本注："亲裹，亲自捆扎。赢粮，余粮。连起来说，把鑺余的粮食，与士兵各自捆扎了一同带走。"另一本注为："跟士兵一起把多余的粮食包扎好带走。"均把"赢"理解为"余"，这是误解。"赢"本字当作"擽"，《方言》："擽，儋也。齐楚陈宋之间曰擽。""儋"古担字。《战国策·楚策》："于是赢粮潜行。""赢粮"就是担负、携带粮食。"赢"与"裹"在本文中是一个意思，《庄子·胠箧》："赢粮而趋之。"《经典释文》："赢，裹也。"因此有时也说"裹粮"，如《左传·文公十二年》："裹粮坐甲，固敌是求。""赢""裹"二字一义，故"裹赢"连言。这也是古文中的复语。注者未能审察，以致出现错误。"亲裹赢粮"是说吴起在行军时"亲自担负粮食"。

庾信《哀江南赋》："岂知山岳暗然，江湖潜沸，渔阳有闾左戍卒，离石有将兵都尉。"有一选本注云："暗然，惨淡无光貌。潜沸，暗涛。山岳暗然无色，江湖渐起风波，指祸事在酝酿。"这里对词语的具体解释是欠斟酌的。古人行文，往往上下文采用同样句式，语法结构相同，处在对应地位的词，词性也一样。也就是前人所谓"对文"。"山岳暗然，江湖潜沸"两句正是如此。"潜沸"是说"秘密地沸滚"，"沸"是动词。与之相对应的"暗然"的"然"，也应该是动词。"暗然"即"暗燃"。山岳在暗暗地燃烧，江湖在秘密地沸滚。这才形象地表达祸事在酝酿。

《左传·哀公十一年》："圉岂敢度其私，访卫国之难也。"一新注本注："《孔子家语》'访'作'防'，于文义为顺。"一本译为："圉哪里敢为自己打算，为的是防止卫国的祸患。"其实，《孔子家语·正论解》作"防"是误字。当从《左传》作"访"。《尔雅·释诂》："度、访，谋也。"《左传·襄公四年》："咨难曰谋。"《说文》："虑难曰谋。"郝懿行《尔雅义疏》云："难读难易之难，故《诗》毛传云：'咨事难易为谋'。"这两句是孔文子在攻打太叔之前，征求孔子意见时说的，意思是：我哪敢征求对个人私事的意见，乃是征求对卫国疑难之事的意见。"度"与"访"同义，都是征求意见的意思，一用"度"，一用"访"，是前人所谓变文以避复。《国语·晋语》："询于八虞而咨于二虢，度于闳夭而谋于南宫，诹于蔡、原而访于辛、尹。"询、咨、度、谋、诹、访六字皆同义，所用的表达方式与此同。

文白言殊　古今俗异

同一字或词，在文言和白话中，意义常有区别。同一概念，在文言和白话中，又常用不同的词来表达。同时，古代有一些特殊的风俗，如避讳等，也会在语言文字上反映出来，造成一些混乱，给后人理解古文带来不少困难。注释古书，如缺乏历史观点和必要的知识，就不可避免要出现误解。

宋濂《琴谕》："因出琴鼓一再行。"一本古代寓言选注："鼓一再行，弹了一次又一次。"这里注者显然是把"一再"看作是白话文中的一个副词，把"行"理解为"进行"，弹琴一再地进行，当然就是"弹了一次又一次"了。殊不知，"再"在文言文中，一般用作数词，是"两"或"两次"的意思。《汉书·食货志》："于是弘羊赐爵左庶长，黄金再百焉。""再百"即"两百"。《史记·司马相如列传》："相如辞谢，为鼓一再行。"司马贞《索隐》："行者，曲也。此言'鼓一再行'谓一两曲也。"《琴谕》"鼓一再行"也应注为"弹了一两支曲"。

《说苑·杂言》："响不辞声，……呼非为响也，而响和之。"某选注本译："音响离不开声音，……呼叫并不是为着要有音响，但音响总是跟着呼叫来的。"读了这几句译文，真不知注者说的"音响"与"声音"有什么区别。呼叫不是为着要有音响，又为什么要呼叫呢？恐怕注者并没有考虑这些问题，只是在现代汉语中找一个带"响"的双音词翻译就完事了。现代汉语中，"响"和"声"是同义词，但在文言文中，通常则有明显差别。"声"指各种声音，"响"则特指声波遇到障碍物后反射过来的回声。《左传·昭公十二年》："今与王言如响，国其若之何？""如响"即像回声一样，王说什么就应什么。袁宏道《叙小修诗》："剿袭模拟，影响步趋。"是说当时文坛模仿秦汉盛唐，如影之随形，响之应声，亦步亦趋。"一选本注"影响步趋"为"形式主义者相互影响，相互追随"。错误原因，也是不了解"影响"在文言和白话中含义有别。

《楚辞·招魂》："肴羞未通，女乐罗些。"一新注本注："肴羞未通，指菜未上完。通，遍。"一全译本译"丰盛的酒菜还没有吃遍"。上文二十六句极写饮食肴馔之盛，并说明"华酌既陈"，明白指出华盛的酒宴已经陈列完毕。既已如此，又怎么说菜肴还未上完？这些菜肴是用来款待所招之魂的，人怎么知道鬼魂还没有吃遍呢？可见二说均欠斟酌。"通"字原来应作"彻"，汉人为避汉武帝刘彻名讳而改，如《史记》改蒯彻为蒯通。"彻"，除也。这两句是说，招魂酒宴尚未彻除，女子歌舞队就已经排列出来了。

宋濂《龙门子凝道记》："是溺器也！贵嫔家所谓兽子者也！"一本古代寓言选读"兽"为"处"音，注云："兽，'畜'之古文，积储。"实为不得其解而想当然。"兽子"当即"虎子"，古代溺器，形如伏虎，故又名伏虎。《西京杂记》卷四："汉朝以玉为虎子，以为便器，使侍中执之，行幸以从。"唐高祖李渊的祖父名虎，唐人避讳，称虎子为兽子。《后周书》引韦祐语："不入兽穴，焉得兽子。"《梁书·何点传》："亦隐居吴郡兽邱山。"皆以"兽"代"虎"。宋濂虽元明间人，然民间或仍沿唐人称呼，或因所写本假托前代事，故用旧称。

探求深层含义　避免以辞害意

注释古书不能只停留在字面上，不能满足于疏通文字。应注意准确而深入地揭示词语在句中的内在含义。这就要求注者对原文要有透彻的理解。如：

《论语·季氏》："夫颛臾，昔者先王以为东蒙主，且在邦域之中矣，是社稷之臣也，何以伐为？"一本古汉语文选注："社稷，代表'国家'，这里指鲁国。"一作品选注："社稷之臣，犹言国家之臣。颛臾已臣属鲁国，故有此说。"流行的新注本，大多是这样解释。从字面上看，也是无可非议的。但是，鲁国的卿大夫个个都可以说是鲁国之臣，是否都可以说是"社稷之臣"呢？并非如此。"社稷之臣"

在古代有其特定的含义。《荀子·臣道》："故谏争辅拂之人，社稷之臣也，国君之宝也。"《礼记·檀弓下》："有臣柳庄也者，非寡人之臣，社稷之臣也。"《晏子春秋·内篇杂上》："夫社稷之臣，能立社稷，别上下之义，使当其理，制百官之序，使得其宜；作为辞令，可分布于四方。"《孟子·尽心上》："有事君人者，事是君则为容悦者也；有安社稷臣者，以安社稷为悦者也。"古代以社稷为一国一姓政权的标志。社稷臣就是忠于某国政权的臣子。即孟子所谓"以安社稷为悦者"。他们以维护国家政权为宗旨，不为取悦某一君主个人，他们的存亡关系国家的安危。故"社稷之臣"应译为"维护国家政权的重臣。"颛臾是鲁国的属国，无须孔子说明。而颛臾对维护鲁国政权具有重要作用，一般人不甚明白，故孔子特表而出之，更进一步说明季氏之伐颛臾是无理的、别有用心的。

《孟子·告子下》："入则无法家拂士，出则无敌国外患者，国恒亡。"对于"拂士"这个词，注家一般都认为"拂"假借为"弼"，义为"辅弼"。新注本有的译为"足为辅弼的士子。"有的译为"能为国君左右手的士子"。这样解释虽有赵岐和朱熹的注为依据，却都未能揭示其内涵。"辅弼"作为一个词，义同"辅佐"。笼统地说，"拂"有辅佐义，是可以的。但在古代"辅"和"拂"并不完全是一回事。试看下面材料：

> 《说苑·君道》："范氏之亡也，多辅而少拂，今臣于君，辅也；晶于君，拂也。君胡不问于晶也。"
>
> 贾谊《新书·保傅》："诚立而敢断，辅善而相义者谓之辅。辅者，辅天子之意者也。洁廉而切直，匡过而谏邪者谓之拂。拂者，拂天子之过者也。"
>
> 《荀子·臣道》："有能抗君之命，窃君之重，反君之事，以安国之危，除君之辱，功伐足以成国之大利，谓之拂。"

以上材料充分说明，"辅"是从正面辅佐国君行善，而"拂"则是从反面阻止国君为恶，监督国君，对其错误言行进行批评、匡正。孟子所说的"拂士"就是指"敢于违抗君命的贤臣"，他们能使国君畏惧警戒，这样理解才与上文的"苦其心志"和下文的"敌国外患"

文义一贯。这里的"拂士"绝不能改为"辅士"。

《说苑·尊贤》："尧舜相见，不违桑阴，文王举太公不以日久，故贤圣之接，不待久而亲。"某选注本译第一句为"尧舜相见不背着桑树的阴处"。这样翻译似乎是紧扣原文字句，但读后却启人疑窦。尧、舜相见为什么要采用这种方式呢？作者要表达的到底是什么意思呢？原来这里用的是一个典故。传说尧和舜初次会面，在田野中桑树下谈话，树荫没有完全从他们身上移开，尧就已了解舜，并决定把天下传给他。见《战国策·赵策》。后代古籍中亦常引用，如《三国志·魏文帝纪》注"舜受大麓，桑阴未移而已陟帝位"。《刘子》："尧之知舜，不违桑阴。""违"有"离"义。"尧舜相见"之"见"，当训为"知"，《淮南子·修务》："而明弗能见者何"，高诱注："见犹知也。""尧舜相见，不违桑阴"是说"尧舜相知，不等桑树影移开"。形容时间的短暂。亦即下文所说的"贤圣之接，不待久而亲"之意。

［原载于《安徽师大学报》(哲学社会科学版)，1989 年第 2 期］

漫谈古书的句读

所谓"句读"，过去认为，"凡经书成文语绝处，谓之句；语未绝而点分之，以便诵咏，谓之读"①，就是说，一句话语意已完，叫做"句"；语意未完，可以稍加停顿，叫做"读"。前者相当于现代的句号，后者相当于现代的逗号。其实，此说于古无征。"句"和"读"在古代本无区别。"语气已完可称为句，亦可称为读；语气未完，可称为读，亦可称为句"②。"句"来源于乚，《说文》："乚，钩识也。"段玉裁注"用钩表识其处。"可见乚在古代是用来作停顿标志的。《史记·滑稽列传》："东方朔至公车上书，公车令两人共举书，人主从上方读之，止，辄乚其处。"这里的"乚"，不是甲乙的"乙"，而是钩识之乚。"句"与"勾"本是一个字，古代只作"句"，读古候切，后分为形、音、义都不同的两个字。至于"读"，杨树达认为就是"丶"的通假字（"丶"音主，古音在侯部，读字古音在屋部，侯屋二部古音为平入、相通转）③。《说文》："丶，有所绝止，丶而识之也。"可知"丶"也是用来标志停顿的。

"句读"虽然起源很早，但是，古人写文章或抄书、刻书，一般是不加句读的。断句加句读，是读书人的事。辨明句读，对于正确理解古书，有极其重要的意义。清代著名学者俞樾曾说："读古人书，不外乎正句读，审字义，通古文假借。"④他把"正句读"放在首位，就是由于辨明句读是读懂古书的先决条件。正因为如此，古人很早就注意到这个问题。《礼记·学记》在谈到古代教育程序和检查学生成绩时说："一年，视离经辨志。"（郑玄注："离经，断句绝也。"孔颖达疏："离经，谓离析经理，使章句断绝也。"）这是说，小孩子在读

---

① 《说文解字义证》卷七引毛晃语。

② 黄侃《文心雕龙·章句篇札记》。

③ 杨树达《古书句读释例·叙论》。

④ 《俞曲园书札·上曾涤生书》。

书一年以后，就要有分辨经典句读的能力。

这样说，句读似乎只是小学生的功课。文起八代之衰的韩愈也说："彼童子之师，授之书而习其句读者，非吾所谓传其道、解其惑者也。"①在他看来，教学生识字、断句，是算不上真正的老师的。但是，不识字、不明句读，"道"何由得明，"惑"何由得解？陈中凡先生说得好："明章句乃读书之门径，固不足以言显学，然安有句读不辨，章旨不明，而可以谈学术者哉！"②试看这样两个例子：

杜甫《观公孙大娘舞剑器行》诗序云："开元三载，余尚童稚，记于郾城观公孙氏舞剑器、浑脱，浏漓顿挫，独出冠时。"

明代竟陵派诗人钟惺把后几句读作"观公孙氏舞剑器，浑脱浏漓顿挫，独出冠时。"并在他的《赞舞》一文说："'浑脱浏漓顿挫'，六字，作文作事之妙尽此。"③不知"浑脱"乃唐代一种舞曲的名称，对原文尚读不断，却偏要妄加品评，怎么能不被学林传为笑柄呢？

《礼记·礼器》："社稷山川之事，鬼神之祭，体也。"郑注："天地人之别，体也。"意思是说，祭天、祭地、祭人，因祭的对象不同，礼节的等级也有差别，这就叫得其体。唐代注家孔颖达在给郑注作疏时，把"别体"二字连读④。于是就围绕"别体"做文章，说什么"神是天之别体，社稷是山川之别体，鬼是人之别体"，竟长达一百多字。说得越多，离原意越远。可见"句读之不知"，哪里谈得上"传道、授业、解惑"呢？

句读得当，说明对古书的文义有了初步的了解。据说清代有位学使，考查秀才学业，指定一名秀才宣讲《孟子》"明堂"章，这位秀才起来读道："人皆谓我毁明堂（句）毁诸（句）已乎"，学使听了击节叫好，说："一读语意已明，不必更讲矣。"这是由于学使从句读中了解到，这位秀才对文意已基本领会了。所以清人周亮工说："只一点断，不须讲解，而古人之语意自出。"⑤

"正句读"，对于训释古书起着直接的作用。古代有一个从分析句

---

① 《师说》。
② 《古书校读法》。
③ 周亮工《书影》卷二。
④ 参见俞樾《礼记平议》。
⑤ 周亮工《书影》卷二。

读入手，正确训释文意的著名例子：

> 哀公问于孔子曰："吾闻夔一足，信乎？"曰："夔，人也。何故一足？彼其无他异而独通于声。尧曰：'夔一而足矣。'使为乐正。故君子曰：夔有一，足。非一足也。"（《韩非子·外储说左下》）

孔子分析"夔一足"当读为"夔一，足。"这就可以清楚知道，是说"夔一个，就足够了"，而不会像鲁哀公所理解的"夔只有一只脚"。

要做到句读准确，洵非易事。必须具备多方面的知识，包括文字、音韵、训诂、语法、修辞以及古代各种文化常识等等。古代一些注家和近代的专家学者，点错古书的例子也并不少见。古代有句谚语说："学识何如观点书"[①]，看看别人点过的古书，便可以衡量出他的学识如何，这确实是经验之谈。

怎样才能正确句读古书，少犯读破句的错误呢？根据前人的经验，有以下几点值得注意：

第一，运用训诂知识，认真考察词的含义。古文词义是比较复杂的，在句读古书时，遇有可疑之处，一定要对原文词义作多方面考察。否则，很容易出现误读。如：

> 《汉书·辛庆忌传》："始武贤（辛庆忌之父）与赵充国有隙，后充国家杀辛氏，至庆忌为执金吾。"

这是现行的《汉书》标点本的句读。这里后两句文意甚可怀疑，文势亦不连贯。分明是由于误解"杀"字之义而误读。"杀"在这里不作砍杀解，而是衰杀、衰败之义（《仪礼·士冠礼》："德之杀也。"注："杀犹衰也。"《汉书·扬雄传》："事罔隆而不杀。"师古曰："杀，衰也。"）后两句应读作"后充国家杀，辛氏至庆忌为执金吾"。是说，后来赵充国家衰败，而辛武贤家到他儿子辛庆忌，官为执金吾[②]。

---

① 李匡乂《资暇集》卷上引稷下谚。
② 参见《汉书窥管》卷七。

《汉书·张释之传》："上登虎圈，问上林尉禽兽薄，十余问，尉左右视，尽不能对。虎圈啬夫从旁代尉对，上所问禽兽薄甚悉，欲以观其能口对响应无穷者。"

清代学者王先谦就是这样读"虎圈啬夫从旁代尉对"为一句。据此句读，当理解为文帝欲观啬夫"响应无穷"之才。可是文帝何从得知啬夫"能口对响应无穷"，而欲观之？很可疑。其实，古代"观"有"示"义。即给别人看的意思。古称"观兵"即显示兵力。《汉书·宣帝纪》："观以珍宝"，即"示以珍宝"。从上下文意看，应是啬夫想在文帝面前显示他能口对响应无穷。故应读为"虎圈啬夫从旁代尉对上所问禽兽薄甚悉，欲以观其能口对响应无穷者"[1]。

考察古文词义，尤其应当注意由于古音通假而产生的词的假借义。"古字以声为主"（俞樾语），如对通假现象缺乏足够的认识，也就有可能因误解而误读。例如：

《史记·伍子胥列传》："吴王不听，伐齐，大败齐师于艾陵，遂灭邹鲁之君以归。"

"灭邹鲁之君"这话不好说。同时下文又说"召鲁卫之君，会之橐皋"，可见鲁并未被吴灭，其君也安然无恙，故清人张照说："此与《左传》及《鲁世家》俱不符，且与下文相剌谬，疑文有误。"[2]张氏的怀疑是有道理的，不过，原文并不误，而是后人断句有误。这句话应读为"遂灭邹，鲁之君以归。""鲁"是"虏"的通假字。"之"在这里用法与"其"同[3]。

《金壶七墨》（清黄钧宰撰）："（贵公子）因挟父兄势，控诸县官。官廉，得其情。"

这是从前几年出版的一本古文读物上抄下来的，释"廉"为"廉洁"。乍看似乎没有什么问题，但稍加思索就会发现，那贵公子并未

---

① 参见《古书句读释例》。
② 《史记考证》。
③ 卢文弨《钟山札记》卷二。

行贿，为什么凭空谈到县官的廉洁呢？原来这里应把"官廉得其情"作一句读。"廉"字在这里用的是它的假借义，《汉书·何武传》："武使从事，廉得其罪。"颜师古注："廉，察也。""廉"训"察"，本字应作"㾑"，《说文》："㾑，察视也，读若廉。"

第二，根据古汉语语法，认真分析句子的结构。古汉语语法有其特殊之处，如不留意，也容易造成误读。例如：

> 《孟子·滕文公下》："昔齐景公田，招虞人以旌，不至，将杀之。志士不忘在沟壑，勇士不忘丧其元。孔子奚取焉？取非其招不往也。如不待其招而往，何哉？"

又：

> "御者且羞与射者比；比而得禽兽，虽若丘陵，弗为也。如枉道而从彼，何也？"

这两段的后两句，现在通行的新注本都是逗开的，有的本子把前者译为："假定我竟不等待诸侯的招致便去，那又是怎么样的呢？"把后者译为："假定我们先屈辱自己的志向和主张而追随诸侯，那又是为什么呢？"甚为牵强。反复寻绎，不难发现，这两句的语法结构，应与《孟子·告子》"吾如有萌焉何哉"相同。"如……何"是古文的固定句式，中间不应逗断。"如不待其招而往何哉"一句，联系上文看，意思是说，虞人尚且非其招不往，那么君子对不招而往怎么样呢？紧接上文，采用反诘形式加以否定，文势紧凑而有力。朱熹注："夫虞人招之不以其物，尚守死而不往，况君子岂可不待其招而自往见之邪！"甚得孟子文意。"如枉道而从彼何也？"一句，联系上文看，意思是说：御者尚且羞与这样的射者合作，那么君子对枉道而跟诸侯合作怎么样呢？汉赵岐注："云御者尚知耻，羞此射者，不欲与比，子如何欲使我枉正道而从彼骄慢诸侯而见之乎？"显然也是把它作为一句来读的[1]。

> 《尔雅·释山》："小山岌大山峘。""大山宫小山霍。"

---

[1] 参见俞樾《孟子平议》。

梁顾野王《玉篇》山部云："峘，大山也"。这显然是依据《尔雅》而作的解释。同时可以看出他把《尔雅》这句话读成"小山岌，大山峘"了。仔细考察《尔雅》文例，这里"小山岌大山"应是一个主谓宾结构，"岌"读作及，是动词，"大山"是它的宾语。这句话是说小山与大山相连及叫峘。"大山宫小山霍"结构与此相同，"宫"在这里是围绕的意思。（《礼记·丧大记》郑玄注："宫谓围障之也。"）这一句是说：大山围绕小山叫霍，霍山县即以此得名。郦道元《水经注·庐水》引《尔雅》："大山曰宫。"也是由于不明原文的语法关系，而把句读弄错了[①]。

第三，注意对照有关记载，弄清历史事实。有时就某一篇文章看，可以这样断句。但对照其他记载，就会发现事实并非如此。例如：

> 《后汉书·冯衍传》李贤注："（冯）参姊为中山王太后，后为哀帝祖母，傅太后陷以大逆，参自杀，亲族死者十七人。"

这是目前通行的《后汉书》（标点本）的句读。照这样断句，那就是说，冯参的姐姐是中山王的太后，后来成为汉哀帝的祖母。但据《汉书·外戚传》记载，傅太后是哀帝祖母，而冯参的姐姐冯太后是汉平帝的祖母。因此，前两句应读为："参姊为中山王太后，后为哀帝祖母傅太后陷以大逆。""哀帝祖母"是"傅太后"的同位语，这样才符合文义。

> 《淮南子·说山》："文公弃荏席后霉黑咎犯辞归。"

东汉高诱注："晋文公弃其卧席之下霉黑者，咎犯感其捐旧物，因辞归。"从注文看，高诱是把"文公弃荏席后霉黑"读为一句。就本文而论，这样句读也未尝不可。但对此事，《韩非子·外储说左上》有详细记载，却是这样说的："文公反国，至河，令笾豆捐之，席蓐捐之，手足胼胝，面目黧黑者后之。咎犯闻之而夜哭，……再拜而辞。"《说苑·复思篇》与此相同。因此，可以考见高诱的断句是错误的，《淮南子》原文应读为："文公弃荏席，后霉黑，咎犯辞归。"

---

① 参见俞樾《尔雅平议》。

"后霉黑"即"使面目黧黑者后之"之意①。

第四，注意熟悉古代的名物制度。古代的名物制度相当复杂，由于时移俗易，有许多后世已不存在。因此，后人往往不理解而造成误读，如前面提到的明人锺惺误读例，就是因为不知道"浑脱"是唐代流行的一种舞曲。《资治通鉴·唐中宗纪》："工部尚书张锡舞谈容娘，将作大匠宗晋卿舞浑脱。"胡三省注："长孙无忌以乌羊毛为浑脱毡帽，人多效之，谓之赵公浑脱，因演以为舞。"李白亦有"公孙大娘浑脱舞"的诗句。"剑器、浑脱"是两种舞曲。作为文学家的锺惺注意竟不及此。又如：

> 《礼记·王制》："天子赐诸侯乐，则以柷将之；赐伯子男乐，则以鼗将之。诸侯，赐弓矢，然后征；赐铁钺，然后杀；赐圭瓒，然后为鬯。"

前两句，旧注本都是在"乐"字下断句，似乎也很顺畅，实则是误读。据古籍记载，古代帝王尊礼大臣常赐给九种器物。这些器物的名称是：加服、朱户、纳陛、舆马、乐则、虎贲、斧钺、弓矢、秬鬯②。故《礼记·王制》这段话的前两句应读为："天子赐诸侯乐则，以柷将之；赐伯子男乐则，以鼗将之。""乐则"和下文的"弓矢""铁钺"一样都是九赐之一，指整套的乐器。这两句是说：天子赐诸侯整套乐器，用柷（音 zhù，指挥奏乐开始的乐器）作代表物给他；赐伯子男整套乐器，用鼗（音 táo，指挥奏乐终止的乐器）作代表物给他③。

> 《汉书·靳歙传》："击秦军开封东，斩骑千人，将一人，首五十七级。"

这是《汉书补注》（断句本）的句读。这段话颇使人困惑不解，既云斩骑千人，何以只得首五十七级？清梁玉绳指出"'斩骑千人将

---

① 参见王念孙《读淮南子杂志》。

② 孔颖达《礼记·曲礼》疏引。

③ 参见俞樾《礼记平议》。

一人'，七字一句读"①是对的。秦汉时期，骑将号为"千人"，故又
称"骑千人将"。后人不明古制而误读为两句。

《北史·江式传》："孝宣时，召通《仓颉》读者，独张敞从
受之。凉州刺史杜业、沛人爰礼讲学，大夫秦近亦能言之。"

这是北魏江式上武帝《论书表》中的话，目前通行的《北史》
（标点本）是像上面这样在"讲学"后面点断的。那么意思就是说杜
业和爰礼共同讲学，而大夫秦近也能说《仓颉》篇。这样理解，事实
是错误的。江式这段话，出自许慎《说文解字叙》，段玉裁注："讲学
大夫，新莽所设官名。"因此，原文后一句应读为"凉州刺史杜业、
沛人爰礼、讲学大夫秦近亦能言之。"是说在张敞以后，杜业、爰
礼、秦近三人也能说《仓颉》篇。

第五，注意古文中的韵语。把理解文意和辨明韵读结合起来考
虑。例如：

《楚辞·招魂》："巫阳对曰：'掌梦，上帝其难从，若必筮
予之，恐后之谢，不能复用巫阳焉。'乃下招曰。"

蒋骥《山带阁注楚辞》等旧注本以及《文选》注，都把"不能复
用巫阳焉"作一句读。这样不仅文意难解，而且读起来也不合韵。从
文意和用韵两方面来考察，巫阳的话只应到"不能复用"为止。下文
"巫阳焉乃下招曰"自为一句。"焉乃"连文，义与"于是"同。巫阳
话中，"用"与"梦""从"（读为踪迹的踪）为韵②。

除《楚辞》这样的韵文外，一般的古代散文，特别是先秦两汉的
议论文，有时也夹用韵语。如对此缺乏认识，也会影响正确句读古
书。如：

《淮南子·道应》："相天下之马者，若灭若失若亡，其一若
此马者，绝尘弭辙。"

东汉高诱注在"若亡"下断句，不仅失其意，而且失其韵。《庄

---

① 《史记志疑》卷三十二。
② 参见王念孙《读书杂志·余编》。

子·徐无鬼》云："上之质，若亡其一"，又云："天下马有成材，若恤若失，若丧其一。""失"与"一"为韵。古人认为人之身与精神为偶。"若亡其一"的"一"，在这里指"身"。这句话大意是说，精神静寂，像是自身已亡失。"若灭若失，若亡其一"当是古代流行的两句韵语①。

> 《吕氏春秋·士容》："傲小物而志属于大，似无勇而未可恐，狼执固横敢，而不可辱害。"

这是旧注本的句读，"狼执固横敢"五字，文不成义。清代学者王念孙从《吕氏春秋》用韵现象比较普遍来考察，指出"狼"当作"犺"应属上读。这两句应读作"似无勇而不可恐犺，执固横敢而不可辱害"，"恐犺"即今人言恐吓。"犺"与上句的"大"、下句的"害"以及下文各句中的"外""赖"等字为韵②。这样不仅文字好懂得多，而且读起来也有韵味。

第六，注意审订古书文字上的讹误。古书由于长期以来辗转抄刻，鲁鱼亥豕，所在皆有。如缺乏版本和校勘知识，对讹误不能是正，亦可导致误读。例如：

> 《战国策·东周策》："或为周最谓金投曰：'秦以周最之齐疑天下，而又知赵之难子，齐人战恐，齐韩之合必先合于秦。'"

这是宋人鲍彪《战国策注》的句读。鲍氏在"子"字下注云："不敢违投。"又在"恐"字下注云："秦既疑齐，投又不善齐，故齐惧伐。"完全是为劣本所误。"子"字当从曾巩校本，作"予"，"予"和"与"通。后几句应读为："而又知赵之难予齐人战，恐齐韩之合，必先合于秦。"下文云："秦知赵之难与齐战也，将恐齐赵之合也"可以为证③。鲍彪读书不审版本，又不善校勘，以至于分不清句

---

① 参见《读淮南子杂志》。

② 参见《读书杂志·余编》。

③ 参见《读战国策杂志》。

读，而使得注文"所解全谬"①。

> 《汉书·贾谊传》："诸侯之地，其削颇入汉者，为徙其侯国，及封其子孙也，所以数偿之。"

颜师古读"及封其子孙也"为一句，被《汉书选》等新注本所采用。但"及封其子孙也，所以数偿之"煞是费解。清代学者沈彤指出，这两句应读作"及封其子孙也所，以数偿之"，"也"当作"他"②。所见甚卓。"也"当即"它"的误字。二字篆文极相似，故古书中常混用，如《墨子·小取篇》："辟也者，举也物以明之也。""也物"即"它物"。也有人认为"也"和"它"最初本是一个字。

王维《老将行》诗："卫青不败由天幸，李广无封缘数奇。"查《汉书·卫青霍去病传》云："去病所将常选，然亦取深入，常与壮骑先其大军，军亦有天幸，未尝困绝也。"显然，所谓"不败由天幸"是说霍去病的。王维误霍事为卫事，究其原因，大概也是由于读误本《史记》，而未辨明句读。后代流传的《史记》本，把"大军"误为"大将军"，后人就读作："常与壮骑先，其大将军军亦有天幸，未尝困绝也。"卫青官至大将军，于是"有天幸"也就记在卫青的名下了③。

除上面所谈的几点必须注意外，句读古书还有两忌：

一忌鲁莽灭裂。有的人读古书，上下文尚未看清，提笔就点。当然不可能不出差错。句读古书必须认真仔细阅读原文，这本是极普通的常识，可是有时也会被一些学者所忽略。例如：

> 《晋书·虞啸父传》："对曰：'天时尚温，虀鱼虾鲊未可致，寻当有所上献。'帝大笑。"

明代《说文长笺》的作者赵宦光把后一句读作"献帝大笑"。不知晋代没有"献帝"，姑且不论，这篇传的开头明白写着"孝武帝"字样。虞啸父在这里是回答晋孝武帝的问话。赵宦光竟没有注意，就

---

① 黄丕烈《重刊剡川姚氏本战国策札记》。

② 《汉书补注》引。

③ 参见《读史记杂志》。

轻率地把"献帝"二字连读。对此，顾炎武曾很有感慨地说："万历间人，看书不看首尾，只看中间两三行。凡夫（赵宦光字）著书之人，乃犹如此。"①

《汉书·外戚传下》："奉乘舆法驾迎皇后于安汉公第宫，丰歆授皇后玺绶。"

颜师古在"第宫"下断句，并注释说："本自莽第，以皇后在是，因呼曰宫。"意思是说，安汉公王莽的府第，由于皇后（王莽之女）住在那里，所以称为"宫"。这完全是误会，古无所谓"第宫"之称。应在"第"字下断句，"宫、丰、歆"是三个人名，即上文所说被派去迎皇后的大司徒马宫、大司空甄丰和光禄大夫刘歆②。这样的错误，只要读书稍微细心，是可以避免的。不过，有时却也要费一番思索。如：

《史记·陈涉世家》："陈胜自立为将军，吴广为都尉。攻大泽乡，收而攻蕲，蕲下，乃令符离人葛婴将兵徇蕲以东，攻铚、酂、苦、柘、谯，皆下之。"

目前流行的选本及中学课本，均在"以东"后面用逗号。是把"符离人葛婴将兵徇蕲以东，攻铚、酂、苦、柘、谯"，看作都是由"令"字贯穿下来，只作一句读。那么，攻铚县等地的自然也就是葛婴了。但文中明说葛婴的任务是"徇蕲以东"，而铚县等地全在蕲的西北面，简直是南辕北辙，怎么能是一回事呢？王伯祥《史记选》解释说："东出蕲县略地，并不仅限于蕲的东方，观下铚县等地自明。"此说不足以弥缝。下文云陈涉入据陈，立为王，陈地正自蕲西北经铚县等地而至。又说"葛婴至东城"，东城正在离蕲较远的东南方。仔细阅读上下文，不难知道，起义军攻下蕲以后，就分兵两路，葛婴将兵"徇蕲以东"，至东城。陈涉率主力向西北进军，攻下铚县等地而至陈。原文"乃令"后不应作一句读，"以东"下应作句号。

二忌主观臆测。有的人读古书，不对文意作实事求是的考察，喜

---

① 《日知录》卷廿一。
② 钱大昕《廿二史考异》卷八引董教增说。

欢把自己的观点强加于古人，即前人所说的"强经以就我"。凭主观
臆测，乱加句读。例如《论语·泰伯》："民可使由之，不可使知
之。"有人认为孔子是圣人，圣人欲人人明道，必不至于不使民知。
因此，这两句应读作："民可，使由之；不可，使知之。"是说："对
于民，其可者，使其自由之；而所不可者，亦使知之。或曰舆论所可
者，则使其由之；其不可者，亦使其知之。"①这样，孔子就成了主张
开发民智的伟人，与原意恰恰相反。但这不过是借句读古书发表自己
的观点而已。又如：

　　《论语·乡党》："厩焚，子退朝，曰：'伤人乎？'不问马。"

　　据唐陆德明《经典释文》记载，古代有一种读法，把后一句读作
"'伤人乎不？'问马。"认为这里的"不"就是"否"字。这句话是
说，孔子先问伤人了没有，然后又问马的情况。为什么要这样断句
呢？据说是由于"圣人至仁。必不至贱畜而无所恤也，"圣人最讲仁
爱，怎么会"不问马"呢？真是极尽主观臆测之能事。对此，金人王
若虚曾提出尖锐批评，他说："义理是非姑置勿论，且道世之为文
者，有如此语法乎！故凡解经，其论虽高，而于文势语法不顺者，亦
未可遽从，况未高乎！"②

　　总之，"句读之事，视之若甚浅，而实则颇难"③。每下一逗，都
必须深思熟虑，作全面考察。要有严肃认真的科学态度。初接触古书
的人，往往想知道其中有什么诀窍，很快就能熟练掌握它。这是不现
实的。不过，古书不但没有标点，而且一篇之中通常连章节、段落也
不分，这种现象却能延续几千年，人们似乎并不感到迫切需要改变
它，这跟古文虚词运用频繁是有很大关系的。刘勰在《文心雕龙·章
句篇》中说："夫、惟、盖、故者，发端之首唱。""乎、哉、矣、
也，亦送末之常科。"可见，文言虚词能帮助读者辨识文句的"端"
与"末"。《说文》云："哉，言之间也"，"矣，语已词也"，"乎，语
之余也"，"兮，语所稽也"（段注：语于此少驻也）。都说明这些虚
词具有标明停顿的作用。所以，刘知几说："焉、哉、矣、兮，断句

---

①宦懋庸《论语稽》。

②《滹南遗老集》卷五。

③杨树达《古书句读释例·叙论》。

之助也。”[①]如本文开头提到的，鲁哀公对“夔一足”这句话不理解，孔子读作“夔一而足矣”，加了两个虚词，就等于加了标点，从而使哀公的疑问涣然冰释。此外，古人行文往往骈散结合，经常采用整齐对称的句式，也可以帮助正确句读古书。如《扬子法言·问神》有几句旧读作：“面相之辞，相适捈中心之所欲，通诸人之嚍嚍者，莫如言。”俞樾从词义和古人行文习惯考察，指出当读为“面相之，辞相适，捈中心之所欲，通诸人之嚍嚍者，莫如言。”“之”训“往”义与“适”同，“相之”“相适”，对文成义。前四句，两相对称。[②]甚是。可见文言虚词和句式，对正确句读古书确有一定参考价值。因此，郭绍虞先生说：“汉语的特点，一方面整齐，可以采用同样的句式，所以容易辨别哪儿应当停顿的地方；一方面又利用这些可以表达语气的虚词，所以也就容易断句，不觉得标点符号的需要了。”[③]这话确有道理。但是，虚词和句式，对正确句读古书，作用毕竟是很有限的，而且并不可靠。要提高句读古书的能力，除吸取前人的经验、掌握大量古文献知识外，非得反复实践，老老实实伏案点读几部古书不可。

[原载于《安徽师大学报》(哲学社会科学版)，1985年第2期；《新华文摘》，1985年第11期]

---

① 《史通·浮词》。

② 《诸子平议》卷三十四。

③ 《汉语语法修辞新探》第514页。

重文表示法与古籍校勘

整理古籍，特别是从事古籍校勘工作，必须熟悉古人的书写习惯。尤其值得注意的是古籍中的重文表示法。

古人在书写、抄录时，遇到有重叠的字，往往只在上一字的右下方加"="来表示。对重文号"="，前人有一些解释：唐代李贤认为"="就是数词"二"字，是用来表示"此字当两度言之。"①清人何琇也说："石鼓文于叠字皆作=，=即'二'字，言此字有二"②。而清人杭世骏则认为："篆书凡重叠字皆不复书，但作=，偏于字右。=乃古文'上'字，言同于上也。"③其实，认为这两短横就是"二"字或"上"字，均属臆测。古人约定俗成，采用两短横作重文符号，不过是取其简便易书而已。

重文号在周代金文里就已常见了，秦石鼓文、汉简则更为普遍，直到唐人抄本中还能见到。古人运用重文号的范围比较广，情况也较为复杂，大体上有如下一些用法：

1. 重字

古文中紧连着的两个字相同，则后一字有时就用"="表示。如：

《孙膑兵法·奇正》："故圣人以万物之胜=万物。"（应读为："故圣人以万物之胜胜万物。"）

这一类型的重文表示法，今人也经常采用。必须注意的是，古人书写、抄录文字，不加句读，因此，如果下句头一字与上句最后一字

---

① 《后汉书·邓骘传》注。
② 《樵香小记》卷下。
③ 《订讹类编》卷三。

相同，也可以用"="表示，这在现代是不行的。如：

《孙膑兵法·篡卒》："安忠=王。安信=赏。安敢=去不善。"（应读为"安忠？忠王。安信？信赏。安敢？敢去不善。"）

2. 重多音词或词组

古文中如果两个多音词或词组相重，也可用重文号表示，其方式一般是在各字后加上"="。如：

大克鼎铭文："辟天=子=明悊"。（应读为："辟天子，天子明悊"。）

六朝写本《左传·定公五年》："阳虎欲逐之，告公=山=不=狃=曰"。（应读为"阳虎欲逐之，告公山不狃，公山不狃曰。"）

唐写本《左传·僖公八年》："公命子=鱼=辞。"（应读为"公命子鱼，子鱼辞。"）

以上是重多音词，再看重词组的例子：

《孙膑兵法·官一》："陈少卒以合=杂=所以围裹也。"（应读为："陈少卒以合杂，合杂所以围裹也。"）

3. 重句

重叠一个句子，在古籍中经常也采用在每字下加"="来表示。如：

敦煌写本《诗·魏风·汾沮洳》："彼其之子美=如=玉=殊异乎公族。"（应读为："彼其之子，美如玉；美如玉，殊异乎公族。"）

4. 重段、重章

整段整章重叠，一般也是在每一字的右下方加"＝"表示，但读法与重句不同。如：

《宋书·乐志》载古词《西门行》：自＝非＝仙＝人＝王＝子＝乔＝，计＝会＝寿＝命＝难＝与＝期＝。人寿非金石，年命安可期。"

诗中前两句并不是每句各自重复一遍，而是两句连续重复一遍。

《宋书·乐志》载魏武帝《秋胡行》："晨＝上＝散＝关＝山＝，此＝道＝当＝何＝难＝，有＝何＝三＝老＝公＝，卒＝来＝在＝傍＝，我＝居＝我＝昆＝仑＝山，所＝谓＝真＝人＝，去＝不＝可＝追＝，长＝相＝牵＝攀＝。"

这里前后八句，从头到尾重复一遍，如音乐中的复奏。不是每字、每句一复。

5. 重字的一部分

古文中，如果相邻两个字的形体有一部分是重复的，有时也可以用加重文号的办法来表示。如：

《孙膑兵法·威王问》："此六者，皆善者所用，而子夫＝曰＝'非其急者也。'然则其急者何也？"

这里的"夫＝"应读为"大夫"。"夫"字内含有"大"字，故用重文号表示。这种书写习惯较为特殊。清人何琇《樵香小记》卷下云："秦刻石于'夫'字下作＝，云是'大夫'。钟繇帖于'祖'字下作＝，云重'且'字。其例虽古，似未可行用。印谱有文三娇作'努力加餐饭'一印，努字下左为＝点，云重'力'字。右为＝点，旁加'口'字，云重'力'字，合为'加'字。餐字下为＝点，旁加'反'字，云重'食'字，合为'饭'字。论者病其太巧，不知实祖奏刻石法。"杭世骏《订讹类编》卷三亦云："石鼓文'旭日杲杲'，'日'字但于'旭'之下作=，借'旭'之'日'为下'日'字也。又是'='之变例也。"大概是因为这种表示法极易被误读，所以在古籍中并不常见。杭氏目之为变例，也有人称这种用法的"="为合文号。

我国古代正规的书籍，从殷商晚期开始，至唐五代，其间二千余年，基本上是依靠手抄流传的。因此，古人书写、抄录的习惯，是应该引起古籍工作者足够重视的。对于古人的重文表示法，唐代注家李贤就已注意到了，他在《后汉书·邓骘传》"时遭元=之灾"下注云："元=，即'元元'也。古书字当再读者，即于上字之下为小=字，言此字当两度言之。今岐山石鼓铭，凡重言者皆为=字，明验也。"①由于重文号在辗转传抄过程中很容易脱落，或误为别字，加之古人使用重文号的方式及其读法并不完全统一，都给流传至今的古籍造成不少文字上的讹误。这方面的讹误，大体上有如下几种类型：

1.因误脱重文号而致误例

《左传·昭公二十七年》："夫鄅将师矫子之命，以灭三族。国之良也。"

按，据日本石山寺藏六朝写本，后两句作"以灭三=族=国之良也。"可知《左传》原文当作："以灭三族。三族，国之良也。"

《墨子·辞过》："是以其民饥寒并至，故为奸衺，多则刑罚深。"

王念孙据《群书治要》，认为下句"多"字前当重"奸衺"二字②。是古写本原作"故为奸=衺=多则刑罚深。"

《商君书·篡地》："故民生则计利，死则虑名，利之所出，

---

①南宋洪迈《容斋随笔》卷五、清王先谦《后汉书集解》均以为"元二"即"元年、二年"，与李注异。

②《读书杂志·墨子第一》。

不可不慎也。"

按，"死则虑名"，"名"字下当有重文号，传写误脱。后几句原本作："死则虑名，名利之所出，不可不慎也。"

> 《吕氏春秋·举难》："疏贱者知，亲习者不知，理无自然。自然而断相过。李克之对文侯也亦过。"

按，"自然而断相过"一句颇费解。清人俞樾云："'理无自然'下夺'理无'二字。盖言疏贱者知，而亲习者不知，此理之所无由然也，理之所无由然而以之断其孰为相，则过矣。今夺二字，文义未足。"[1]俞说极是。据此可知，古写本原作："理=无=自=然=而断相过。""理无"下重文号传抄误脱。

2.因误读重文号而致误例

古籍中的重文号可以表示重字、重词或词组，还可以表示重句、重段，它们的读法不尽相同，因此，后人往往误读。如：

> 《论衡·卜筮》："占之不审吉凶，吉凶变乱，变乱故太公黜之。"

按，此文本当作"占之不审吉=凶=变=乱=故太公黜之。"读为"占之不审，吉凶变乱。吉凶变乱故太公黜之"[2]。这里用重文号表示重"吉凶变乱"一句，后人误读为分别重"吉凶"和"变乱"两个词组，故误。

> 《韩诗外传》卷六："筑城而居之，别田而养之，立学以教人，使人知亲尊亲尊。"

按，"亲尊亲尊"应作"亲亲尊尊"，即"亲爱亲人，尊敬尊者"之意，由于古写本作"亲=尊="，表示重字，后人误读为重"亲尊"

---

① 《诸子平议》卷二十四。
② 参见《中国社会科学》1980年第5期裘锡圭《考古发现与古籍校读》一文。

这个词组①。

　　　《庄子·田子方》："于是旦而属之夫夫。"

　　按，《经典释文》云："'夫夫'古读为'大夫'"。可知古抄本原作"夫＝"，读为"大夫"，后人不知只重字的一部分，而误为重"夫"字。《礼记·檀弓》："夫夫也为习于礼者，如之何其裼衣而即也。"清人黄生云："'夫夫也'当作'夫人也'，古文尚简，恐古本止作'夫'下'＝'，'夫'中已具'人'字，而后人误以为重文耳②。"按，黄说是。这里的"夫人"是"彼人"、"这个人"的意思。"夫＝"在古代可表"大夫"二字，亦可表"夫人"二字。《史记·田敬仲完世家》："威王三十三年，杀其大夫牟亭。"《集解》引徐广云："大夫亦作夫人。"盖因古本只写作"夫＝"而出现不同的读法。

3.因不识重文号而致误例

　　荀悦《东观汉纪》在记述汉代每一位帝王时，开头都有这样的话，如惠帝"讳盈之字曰满"，文帝"讳恒之字曰常"，景帝"讳启之字曰开"，武帝"讳彻之字曰通"，等等。这些话，从语法角度看，可以说"甚为不辞"，因此，在《资治通鉴》引用时，就遭到明人焦竑的批评，说这样写"是以盈之、恒之、启之、彻之为名，而以曰满、曰常、曰开、曰通为字，盖徇荀悦之文，而昧其义者也"③。问题的关键在这个"之"字不好解释。南宋洪迈认为："汉高祖讳邦，荀悦云：'之字曰国。惠帝讳盈，之字曰满。'谓臣下所避以相代也。盖'之'字之义训'变'。"④其后，周密也说："盖当时避讳改为某字。之者，变也。如卦变驳曰'之'也。"按，"之"字训"变"，根据不足，很难令人接受。清人惠栋在《后汉书补注》里为他们辩解说："之犹适也，适则变矣。""之"训"适"是"往"的意思，不可能有"变"的意思。今按，这里的"之"当是重文号"＝"的讹误。《东观

---

① 参见《中国社会科学》1980年第5期裘锡圭《考古发现与古籍校读》一文。

② 《义府》卷上。

③ 《焦氏笔乘》卷三。

④ 《容斋三笔》卷十五。

汉纪》原文如不用重文号表示，应该是，惠帝"讳盈，盈字曰满"、文帝"讳恒，恒字曰常"，其余仿此。所谓"盈字曰满""恒字曰常"是指人们在要用"盈"这个字时，就说"满"；在要用"恒"这个字时，就说"常"。这是汉人的避讳规矩，统一用某一个字相代。后代则不规定统一的代用字。如唐人讳"虎"，遇"虎"字，可以说"兽"，可以说"豹"，也可以用"彪"或"武"字代替。

这种由于不识重文号，而误以为是"之"字的例子，在古籍中也并不是很罕见的。如：

《汉乐府·西门行》："游行去去如云除"、

一本作"游行去之如云除。"按，一本"之"即重文号"="之误。

《汉乐府·雉子斑》："黄鹄蜚之以千里。"

按，原文当为"黄鹄蜚蜚以千里"。李白《玉真仙人词》"玉真之仙人"，原文亦当作"玉真真仙人"。"之"字皆重文号之讹。

杜甫《观打鱼歌》："绵州江水之东津。"

"之"一本作"水"，当从。原文为"绵州江水水东津"，与"浣花溪水水西头"同一句法。

随着考古发掘工作的进展，简策、帛书出土越来越多，古写本不断被发现。如能更深入地对古人书写习惯加以研究，总结其规律，毫无疑问，古籍整理工作一定会有新的突破。

[原载于《安徽教育学院学报》，1990年第1期]

第 二 编

成语字义考十则

最近，由于教学工作的需要，翻阅了近几年出版的几种辞书，对其中某些成语的释义，有不同看法。随读随记，得十余则。略加考辨，分类条录如后。

成语中的古词古义

成语绝大多数是流传于后世的古语。其中保存了大量古词古义，有的则是古代某一方面的专门用语。要保证辞书释义的科学性，必须把它们放在古代汉语中加以考察。不能熔古今为一炉，更不宜以今律古。如：

触类旁通　有的辞书释此"旁"为"别的""其他的"。实误。"触类旁通"语本《易经》。《易·系辞上》"引而申之，触类而长之，天下之能事毕矣"。《易·乾》"六爻发挥，旁通情也"。这里的"旁通"系指卦爻的阴阳普遍相通。"旁"古义本作"遍""广"解。《说文》上部"旁，溥也"。水部"溥，大也"。《广雅·释诂》"旁，广也"。这是古文的常用义。如《易·系辞》"旁行而不流"，"旁行"即遍行。《汉书·地理志》"旁行天下"注："旁行，谓四出而行之。"《书·太甲》"旁求俊彦"，传曰"旁非一方"。孔融《荐祢衡表》："旁求四方，以招贤俊。""旁求"即广泛征求。成语"旁征博引"，"旁"与"博"对举成文，其为"广"义，更为明显。据此"触类旁通"，当谓"触其类则普遍贯通"。

开诚布公　"开诚"在辞书中常被释为"敞开胸怀，揭示诚意"，即视"开"为"开合"之"开"。恐误。"开"本义为开启，而开启则通达。故"开"在古代有"达"义、"通"义。《小尔雅·广诂》"开，达也"，《国语·晋语》"夫乐以开山川之风"，韦昭注：

"开，通也。"引申之，则又有"陈说""表达"之义。《汉书·邹阳传》"欲开忠于当世之君"，师古曰"开，陈说也"。《史记·曹相国世家》"终莫得开说"。裴骃《集解》引如淳曰"开谓有所启白"。"启"与"开"本转注字，"启"有表白、陈述义，"开"亦当有表白、陈述义。"开诚布公"语本《三国志·蜀书·诸葛亮传》"开诚心，布公道"，"开"与"布"互文，均表白、布陈之义。

顽廉懦立 语本《孟子·万章》"故闻伯夷之风者，顽夫廉，懦夫有立志"。毛奇龄《四书剩言》云"《孟子》'顽夫廉'，'顽'字古皆是'贪'字"。臧琳《经义札记》说同。钱大昕《十驾斋养新录》又云："'廉'与'贪'对，不与'顽'对。《论衡》率性篇、非韩篇，《后汉书》王畅传、丁鸿传，皆引作'贪夫廉'。"杨伯峻《孟子译注》亦主此说。则《孟子》文，"顽"当改为"贪"似成铁案。今按：钱氏"廉与贪对，不与顽对"之论，实以"廉"为廉洁不贪之义而下的断语。"廉"，从广，本义是堂之边。即"廉隅"之"廉"。故《广雅·释言》云："廉，棱也。"引申之，则指人之方正有节操。《孟子》上文"伯夷，目不视恶色，耳不听恶声。非其君不事，非其民不使。治则进，乱则退"云云，正是方正有操守之谓，非谓不贪。而"顽"则"顽钝""冥顽"之义。《广雅·释诂三》"顽，钝也"，《释诂一》"顽，愚也"，"顽夫"即冥顽不通德义之人。《左传·僖公二十四年》"心不则德义之经为顽"。《汉书·陈平传》"项王为人，恭敬爱人，士之廉节好礼者多归之，……士之顽顿耆利无耻者，亦多归汉"。如淳注："顽钝谓无廉隅也"。可见"顽"与"廉"正是一对反义词。黄生《义府》卷上亦云"盖山石之有棱角者，谓之廉，故人之风采凝峻者，以此为目。《孟子》云：'顽夫廉'，石之无棱角者，谓之顽石，二字正相反也"。可见《孟子》文本不误。"顽夫廉"不当释为"贪得无厌的，也都廉洁起来了"，而应解为"冥顽不通德义的，也变得方正而有节操"。

正襟危坐 辞书多释"危坐"为"端正地坐着"。从古代汉语的角度来考察，这样解释是值得商榷的。古人席地而坐，通常是两膝着地，臀部坐在脚跟上。这样即使姿势很端正，也不能称为"危坐"，而只能称"安坐"。以其安稳而舒适，故名。只有当臀部离开脚跟，腰部挺直，重心落在膝头上时，才称"危坐"。因为这样比较费劲，难以持久。"危"与"安"相对而言。郝懿行《尔雅义疏》释诂下云:"坐有二义。古有危坐,危坐者,跪也。故《释名》云:'跪,危也,两膝隐地,体危阢也。'安坐者,亦两膝隐地,而体不危阢。"《管子·弟子职》"如见宾客,危坐乡师"。《庄子》"峗(通'危')坐而进之"。皆是。"危坐"在古代是一种恭敬、严肃的表示,故段玉裁云:"人安坐则形弛,敬则小跪耸体"(《说文》足部"踞"字注)。古人又称之为"踞",《释名·释姿容》"踞,忌也。见所敬忌不敢自安也"。可见,"危坐"是古代习俗专用语。在释文中必须交代清楚。

文不加点 辞书释此为"写文章不加以点抹,形容文思敏捷,下笔成章"。有的还说"点,涂上一点,表示删去"。虽大意不差,但仍只能算望文生义而已。"点"是古代书写方面的专用语。《尔雅·释器》"灭谓之点",郭注"以笔灭字为点。"郝懿行《义疏》云:"古人书于简牍,误则用书刀灭除之,《说文》作'刮'为是。"按:刮、点本同源字。以书刀灭字曰刮,以墨笔灭字则曰点。不仅如此,这里的"加",也是古代书写方面的专用语。清阮葵生《茶余客话》云:"祢正平文不加点。点,涂也;加,乀也。"又说"乀音主,与黜同,文字遗落,从旁添之也。"桂馥《札朴》卷三也说:"史传言'文不加点',又言'文不治点'。案:'加'谓增字,'治'谓改字,'点'谓灭字。"由此可见,"加点"并非动宾结构,而是并列结构,不当作"加以点抹"解。"文不加点"的"文",指文章,张衡《文士传》"纯应声而成,文不加点"(引自《初学记》卷十七)。《后汉书·祢衡传》"文无加点,辞采甚丽",均就写成的文章而言。"不"就是"无",动词。"加""点"指增删之处,名词。整个成语的意思是说"写成的文章没有增删之处"。

诸如此类 这里的"诸"字,今人往往理解为"凡是"或"众多",用的是文言词"诸"的常用义。但在古文中词义也是有发展变化的。在一定的历史时期,还可能有它特殊的含义。此语出自《晋书·刘颂传》:"诸如此类,亦不得已已。"《晋书》系唐人房玄龄等撰。而"诸"在唐代常用来表示"别""其他"的意思。如李白《清溪行》"清溪清我心,水色黑诸水"。韩愈《咏雪赠张籍》"惟子能谙耳,诸人得语哉"。白居易《冬夜示敏巢》"他时诸处重相见,莫忘今朝灯下情"。"诸水"即其他的水,"诸人"即其他人,"诸处"即别处。唐代散文中也有相同用例。如范摅《云溪友议》卷十一"汝等能食此肉,方可食诸肉"。"诸肉"与"此肉"相对,即别的肉。李绰《尚书故实》"吾诸事不足法,唯书画可法"。"诸事"即其他事(参见蒋礼鸿《敦煌变文字义通释》)。据此,"诸如此类"的"诸",亦当如上例,解为"其他",于义为安。

成语中的文字通假

文字通假是古文中的常见现象。在成语中也有不少反映。我们并不主张一一寻根究底,指出它们的本字。如"衣冠楚楚","楚"本义是荆木。在这里用来形容色彩鲜明,当是"黼"之借。《说文》㣿部"黼,会五采鲜貌,从㣿,虘声。诗曰衣裳黼黼"。"黼"与"楚"古同音通用,但"黼"已不见经传。今本《诗·曹风·蜉蝣》就写作"衣裳楚楚"。又如"仆仆道途"的"仆"字,本义是仆从。在这里作行旅劳顿解,是"𠤏"的借字。《说文》夊部"𠤏,行𠤏𠤏也。从夊,读若仆"。而"𠤏"字亦早已消亡,"仆"的假借义已为人们所公认。辞书只释其义,不说假借,是正确的。但有一些成语中的通假现象,如不明本字,势必造成误解。辞书的释义也存在这方面的错误。

羊狠狼贪 语本《史记·项羽本纪》宋义"因下令军中曰'猛如虎,很如羊,贪如狼,强不可使者,皆斩之'"。"很"一本作"狠",乃字之借,羊绝非凶狠之物。当以作"很"为是。《说文》彳部"很,不听从也,一曰行难也,一曰盭也"。其实只是一义。"很"从彳,从彳之字多与走路有关。"很"的本义即指不按指定的路线走。也就强不听指挥的意思。宋义之令,句句针对项羽而发。"很如羊"即下文"强不可使"之意。古人对羊很熟悉。羊性虽不凶猛,却乖戾难以牵引。故徐锴《说文解字系传》云:"羊之性愈牵愈不进。"《易·夬》"牵羊悔亡"王弼注:"羊者,抵很难移之物。"因此"羊狠"当作"羊很",应解为像羊那样违戾不听指挥。辞书解为"凶狠""狠心",皆误。

难言之隐 辞书释此"隐"为"隐情,藏在内心深处的事",实由不明通假而误。按"隐"当为"㥯"之借字。《说文》心部"㥯,痛也"。段玉裁注"《柏舟》'耿耿不寐，如有隐忧'，传曰'隐，痛也'。此谓'隐'即'慇'之假借。'痛忧'犹重忧也。凡经传隐训痛者，皆《柏舟》诗之例"。"隐"训"痛"，在古文中是常用的假借义。如《礼记·檀弓下》"拜稽颡，哀戚之至隐也。稽颡，隐之甚也"。郑玄注："隐，犹痛也。"《国语·周语上》"是先王非务武也，勤恤民隐而除其害也"。韦昭注："隐，痛也。"故"难言之隐"当释为"难以说出口的痛苦"。

名列前茅　　"前茅"的"茅"，辞书大多释为"茅草做的旌旗"。根据就是《左传·宣公十二年》杜预注"或曰时楚以茅为旗识"一语。据《左传》文，"茅"是旗幡之属，这是可以肯定的。但用茅草做旌旗，实在叫人大惑不解。应该说是今人望文生训的误解。"茅"当是"旄"的借字。"旄"是牦牛尾做的旗子。段玉裁云"以旄牛尾注旗竿，故谓此旗为旄"（《说文》㫃部"旄"字注）。上古时期，人们常以旄牛尾整齐舞蹈动作。后来用于军事上，《书·牧誓》"王左杖黄钺，右秉白旄以麾"。执旄以指挥，故曰麾。"麾"字从毛，当即以用旄之故。其后，为便于远距离指挥，故又"注旄于竿首"，逐渐演变成后来的旗子。春秋时期，旄是楚国的特产，《国语·晋语》"羽旄齿革，则君地生焉"韦注："旄，旄牛尾；齿，象牙；革，犀兕皮，皆生于楚"。故当时楚仍以旄牛尾为旌旗。"茅"和"旄"在上古同属明母，韵部也比较接近。古书中毛声字与矛声字往往通用。如《诗·小雅·角弓》"如蛮如髦'的"髦"，《书·牧誓》作"髳"。《尔雅·释丘》"前高旄丘"。《文选·答宾戏》注应劭引《尔雅》作"堥丘"。"堥"从敄声，但敄亦从矛得声。郝懿行《义疏》云"今本作旄，假借字耳"。《尔雅·释木》"旄，冬桃"。《说文》木部"楙，冬桃。从木，敄声，读若髦"。段注"作旄者，字之假借，二部三部合韵最近也"。《公羊传·宣公十二年》"左执茅旌，右执鸾刀"。《新序·杂事》记此事，"茅旌"正写作"旄旌"，更是"茅"古通"旄"之证。清代考据家王引之对此曾发表过精辟的见解："茅为草名，旌则旗章之属，二者绝不相涉，何得称茅以旄乎？今案茅当读为旄。旄，正字也，茅，借字也。"（《经义述闻》卷二十四）由此可以得出结论："前茅"就是"前旄"，前军所持之旗，后借指先头部队。

切齿腐心 语出《史记·刺客列传》"此臣之日夜切齿腐心也。"唐司马贞《史记索隐》云："腐亦烂也。犹今人事不可忍云腐烂然。"现今流行的注本，多采其说。释为"恨得好像那颗心也熬得腐烂了"或"恨得连心都裂了"。都不过妄以臆度，甚为牵强。"切齿"与"腐心"均为人愤恨到极点时的动作，而心之腐烂、碎裂绝非人所能主动。"腐"当为"拊"的借字。"拊"，即拍、击的意思。《九歌·东皇太一》"扬枹兮拊鼓。""拊鼓"即击鼓；"拊心。"即槌胸。《战国策·燕策三》"此臣日夜切齿拊心也"，正写作"拊"。王念孙《读书杂志》卷三录王引之说云："腐当读为拊，《尔雅》曰：'辟，拊心也。'郭注：'谓椎胸也。'"

鹿死不择音 《左传·文公十七年》"古人有言曰：'畏首畏尾，身余其几。'又曰：'鹿死不择音。'"杜预注："音，所休荫之处。古字声同，皆相假借。"辞书多据此以"音"为"荫"之借字。实误。"鹿死不择音"本古代俗语。古人认为鹿性温和，其鸣声亦悦人之耳。《诗·小雅·鹿鸣》"呦呦鹿鸣，食野之苹"。朱注："呦呦，声之和也。"但在生死攸关的危急时刻，其鸣亦颇不"和"。孔颖达《左传正义》引服虔云："鹿得美草，呦呦相呼。至于困迫将死，不暇复择善音，急之至也。"《左传》载郑子家在给晋赵宣子信中用这句话，表示郑国虽弱小、驯良，但在无路可走之时，说话也会不很和善中听。文意本很明白。杜注实为多事。《庄子·人间世》："言者，风波也；……故忿设无由，巧言偏辞，兽死不择音，气息茀然。"郭象注："譬之野兽蹴之穷地，意急情尽，则和声不至。""兽死不择音"义与"鹿死不择音"同。《后汉书·皇甫规传》"臣虽污秽，廉洁无闻。今见覆没，耻痛实深。传称'鹿死不择音'，谨冒昧略上。"均明显以"音"为声音。此例是误从旧说，以不借为借，与上述诸例不同，姑附于此。

[原载于《安徽师大学报》(哲学社会科学版),1982年第2期]

一则历来未得确解的寓言

《淮南子·说山训》："越人学远射，参天而发，适在五步之内，不易仪也。世已变矣，而守其故，譬犹越人之射也。"[1]

寓言故事本身很短，但历来不得确解。汉末学者高诱注："越人习水便舟而不知射，射远反直仰向天而发，矢势尽而还，故近在五步之内。参犹望也。仪，射法也。言不晓射，故不知易去参天之法也。"清代训诂大师王念孙认为："参字可训为直，《淮南·说山篇》：'越人学远射，参天而发，适在五步之内'，谓直天而发也。"[2]虽然对"参"字的解释较高注贴切，但他把寓言前三句连起来读，说明他对这则寓言的理解与高诱基本上是一致的。今人的新译注本也采用高注，译为："越人学习远射技术，往往向高空目标发矢。正好落在五步距离之内，这是不知道要改变射箭方向的缘故。社会已经变化了，而还守住旧规矩，就像越人学习射箭技术一样。"[3]越人直仰向天发箭，箭落下来，正好在五步之内，险些伤了自己。这行为确实可笑，被作为讽刺对象，理所当然。但是，这样的故事与下文点明的寓意之间有什么联系呢？越人不知射，胡乱放箭，无方法规矩可言，根本不存在守旧、不知变通的问题，"世已变矣，而守其故"，又是从何说起的呢？

今按，寓言正文，应分两个层次，"越人学远射，参天而发"是一层意思，后面应标句号。这两句是说，越人原先是学习射远距离目标，远射的方法，箭头所指较高，像是对着远方的天空。（根据力学原理，抛射速度一定，而当抛物角45°时，水平射程最大。）后两句又是一层意思，"适在五步之内"的"适"是"敌"的通假字，是说敌

---

[1] 《淮南鸿烈集解》，中华书局1989年版，第524—525页。

[2] 《经义述闻·通说上》。

[3] 吉林文史出版社，第767页。

人在五步之内的近距离，而这位越人"不知易去参天之法"（仪，法也），仍然用射远距离的方法来射。故作者点明故事的寓意是"世已变矣，而守其故"。作者用"射远"与"射五步之内"的不同，比喻时代的变化。用不改"参天而发"的方法，比喻因循守旧、墨守成规。只有这样理解，寓言故事与寓意才能有机结合成一个整体。

这则短小的寓言，又见于《说苑·杂言》，文字稍有不同。可是也同样未得确诂。原文云："愚人有学远射者，参矢而发。已射五步之内，又复参矢而发。世已易矣，不更其仪，譬如愚人之学远射。"福建教育出版社《说苑选》译为："有个愚蠢人要学习远射，却用混杂的弓箭发射，结果箭射不到五步远，但他仍然用混杂的弓箭来发射。时代已经改变了，但他还不改变那规定，这就好比那个愚蠢的人学远射一样。"故事和寓意也联系不起来。"混杂的弓箭"，更令人费解。贵州人民出版社《说苑全译》依《淮南子》，认为"参矢"当作"参天"，但也把前四句译作："有个愚蠢的人学远射，对着天放箭，箭已掉到五步的范围之内，又重新对天放箭。"这样理解，愚人只是不知接受教训，与作者所要批评的因循守旧挂不上钩。

今按，"参矢"之"矢"本应作"天"，形近而误①。"已射五步之内"的"已"，不是"已经"之义，而是表示事情发生在前一事情过后不久，与"已而"用法相当，译为"随后""后来"。这种用法的"已"，古书中并不罕见。《说苑·杂言》"已射五步之内，又复参天而发"两句，是说愚人后来射五步之内的目标，又还是对着前方天空放箭。

昔人云，"读书未到康成处，安敢高谈议汉儒"，汉人的注释，去古未远，甚可宝贵，但绝不是没有可议之处。这则简短寓言被误解了一千七百多年，迷信汉人高诱注，不能说不是原因之一。

［原载于《古汉语研究》，2000年第3期］

---

① 向宗鲁《说苑校证》也指出"二'矢'字皆当作'天'"。

应严肃对待文言普及读本的译注

——《历代寓言选》误译举例

近十年来，古代作品的译注本以空前的速度大量涌现，对传播中华民族优秀传统文化起了很大的作用。其中，上乘之作固然不少，可是也有相当一部分译注本质量问题实在令人担忧。尤其是一些较为通俗的文言普及读本，粗制滥造现象突出。普及读本发行量大，读者面广，一般青年读者又缺乏辨别正误的能力，因此，更应注意科学性。诚然，前人云："著书难，注书更难"，但是，如果真能严肃认真对待普及读本的译注工作，有很多错误是可以避免的。下面不妨略举由两位名家选注、一家很有名气的出版社出版的《历代寓言选》（下册）译注中的部分失误，做一些分析，看一看问题的症结所在。

《齐王筑城》："今欲调丁壮，筑大城，自东海起连，即目经大行，接辕辕山，下武关，……"

注释："即目，就眼下。"
译文："现在我想抽调一批壮丁，修筑一座大城，从东海筑起连续下来，就眼下经太行山，接辕辕山，下武关，……"
按，古文中确有"即目"一词，义为"眼前所见"或"目前"，注云"就眼下"，似乎无大错。但"就眼下经太行山"这一句译文，却令人费解。问题在于所依据的本子文字和标点有误。这里后几句应读作"自东海起，连即目，经太行，接辕辕，下武关"，连用四个语法结构相同的三字句，写出这座拟议中的长城的走向和长度。"即目"之"目"，当做"墨"，声之误也。《丛书集成》本正作"墨"。即墨，战国时齐地，故城在今山东平度县东南。齐王计划造的这座长城，起自东海，连着山东境内的即墨城，经过河南境内的太行山，接通河南偃师东南的轘辕山，直达今陕西商南县西北的武关，自东向西，一条横线，走向很清楚。由此可见，提高译注质量，必须以精审的校勘和准确的句读为前提，切不可在文义不明的情况下，不顾句子通顺与否而"硬译"。

《岂非同院》："国子博士王某知扶风县，有李生以资拜官。"

注释："资，地位，资格。拜，以礼会见。"

译文："国子博士王某在扶风当知县，有一位李生以他的官位资格会见他。"

按，"以资拜官"指以交纳一定的金钱谷粟而被授予官职。西汉张释之、司马相如皆"以资为郎"。唐宋时期亦有入粟授官之法。"以资拜官"不是由科举入仕的，不能算是正途，故这位王知县不愿与李生同列。本篇下文李生自云"某以纳粟授官"，就是指"以资拜官"。拜官即授官，古文常见，指用一定的礼节授予官职。译注者如能认真研读全文，恐不至于出现这样的错误。

《亡赖附鬼》："有鬼降于楚，……乃益倚气势，骄齐民。凡不附鬼者，必谮使之祸，齐民由是重困。……楚祸遂息。"

注释："降于楚，这里指齐地的恶鬼降于楚地。因楚地古来多迷信鬼神。"

译文："有一个楚地的恶鬼降到齐地来，……于是，他们便依仗鬼势，加倍骄横于齐地的百姓。凡是不肯依附鬼势的人，他们必定要进谗陷害，使之遭祸。齐地的老百姓因此陷入了沉重的灾难之中。……从此楚地来的鬼祸便被平息了。"

按，注释和译文意思正相反，显然有误。楚地的恶鬼又为什么要降到齐地来呢？译注者认为"或以楚地隐指元代统治者"，楚鬼降于齐地，如同元人入侵中原。这样理解，未免过于牵强。造成注释、译文如此矛盾、混乱的原因，只是由于误解"齐民"一词。"齐民"在这里并非指齐地百姓。古常称平民百姓为"齐民"，《庄子·渔父》："上以忠于世主，下以化于齐民。"陆游《露坐》诗："齐民一饱勤如许，坐食官仓每惕然。"北魏贾思勰撰有《齐民要术》一书，"齐民"

皆谓平民。《汉书·食货志下》："乱齐民"，颜师古注引如淳曰："齐，等也。无有贵贱谓之齐民，若今言平民矣。"以此义译注，则通篇皆顺。

《夜光之珠》："若当袭以呵锡，褚（贮）以宝械。"

注释："呵，语助，无义。"

按，"呵锡"当作"阿锡"。《淮南子·修务训》："衣阿锡，曳齐纨"，高诱注："阿，细縠。锡，细布。"《广雅·释器》："绤，练也。"王念孙《疏证》："绤之言苛细也。字通作阿。"本文是宋濂《杂著》中的一则寓言。《四部备要》本《宋文宪公全集》卷三十八"呵"正作"阿"。这也是因为译注者所依据的版本有误。

《琴谕》："辄瞿然曰：'子习者筑也，非琴也！不然，何若是嘈杂淫哇也？'因出琴鼓一再行。"

注释："淫哇，过度哇叫吵闹。淫，过度，无节制。哇，小儿哭叫声，引申为叫喊声。鼓一再行，弹了一次又一次。"

按，哇，《说文》云"谄声也"，指迎合、取悦听众的靡靡之音。"淫哇"连用，在古代专指邪僻不正、不合正统的俗乐声。在上古时期，琴属雅乐。而筑被认为是不登大雅之堂的，所以这里用"嘈杂淫哇"来形容筑的声音。"一再行"的"再"，是"二"的意思。古代汉语中，"再"主要用作数词。可表动量，作"两次""第二次"讲。也可表名量，作"二"讲，如《汉书·食货志》："于是，弘羊赐爵左庶长，黄金再百焉"，"再百"即"二百"。"行"在这里指乐章、乐曲。"鼓一再行"即弹了一两支曲子。

《蜀贾三人》："其专取良者，肆日中如宵，旦食而昏不足。"

译文："只有那个专门选取良药的商人，把地摊摆在大太阳底下，也像夜间一样冷清。有时早晨吃过饭，晚上就没啥吃的了。"

按，这位商人为什么要"把地摊摆在大太阳底下"呢？青年读者也许会问：难道是气温高就会出现热销吗？这里是没有联系古代集市贸易特点来注释的缘故。《易·系辞》："日中为市，致天下之民，聚天下之货，交易而退，各得其所。"《唐书·百官志》："凡市，日中击鼓三百以会众，日入前七刻，击钲三百而散。""日中"，是古代记录时间的名称，指中午，

这是集市人数最多、交易最旺的时刻。"肆日中如宵"，是说那"专取良者"的药铺，在市场贸易最旺的中午，生意也像夜里一样清冷。

《灵丘丈人》："灵丘之丈人善养蜂，岁收蜜数百斛，蜡称之。"

注释："称之，扬名于世。"
译文："灵丘的一位老汉善于养蜂，每年能收获数千斗的蜂蜜，蜂蜡的质量也很著名。"
按，"称之"的"称"应读去声，是相称、相当、相应的意思。这种说法古文常见，如《南史·王琨传》："臣买宅百三十万，余物称之。""蜡称之"，是说蜂蜡的数量与蜂蜜相称。与蜡的质量无关。

《吾失足容》："一人足恭缓步如之。偶骤雨至，疾趋里许。"

注释："如之，走路。"
按，古文中的"如"和"之"可以用来表示"往""到某地去"的意思，与走路有些关系，但绝不能作"走路"讲。这里的"如之"应解为"像他一样"。"他"指谁呢？原来这则寓言与前一则《慕道学者》在《权子》原书中本属一篇，题为《志学》，都是罗先生所言。前面已说了一个"宾宾张拱，跬步不逾规矩"的慕道学者，故这里说有一人足恭缓步跟他一样。"足恭"即指"宾宾张拱"，"缓步"即指"跬步不逾绳矩"。可见，要做到译注准确，必须依据第一手资料。

《合本做酒》："到酒熟时，只逼还我这些水便了，其余都是你的！"

注释："逼，迫近，这里是'立时'的意思。"

按，这里的"逼"指挡住渣滓，榨出汁液。今徽州方言中仍有这个词。古代又写作"滗"。《广雅·释诂》："滗，盪也。"王念孙《疏证》云："滗之言逼，谓逼取其汁也。《玉篇》'滗，筕去汁也'。《众经音义》卷五引《通俗文》云'去汁曰滗'，又云'江南言逼，义同也'。今语犹云滗米汤矣。"这则寓言，文字十分通俗，属古白话。但古白话中常有一些方言俗语，是译注时不容忽视的。

《獭祭》："吾今辍业，濯手江边，宁枵其腹，勿丧其元。"

注释："元，善。"
译文："我现在要停止捕鱼，在江边洗净双手，宁愿饿着肚皮，也不可丧失善心。"

按，这几句是寓言中的獭祭奠鹬说的话。从寓言上文我们可以知道，獭要停止捕鱼，目的是要保住性命，不至于重蹈鹬因贪食而被射死的覆辙。本无"善心"可言。"丧其元"语出《孟子·滕文公下》："志士不忘在沟壑，勇士不忘丧其元。"元字的本义是人的头。《左传·僖公三十三年》："狄人归其元，面如生"，杜预注："元，首也。""宁枵其腹，勿丧其元"，是说宁可空着肚子，也不要丢了脑袋。

以上只是举例性质的，旨在说明，从事文言译注工作，必须要有严肃的科学态度，要做到言必有据。遇有疑难，切不可靠"想当然"来解决。对待普及读本，更不能因为原文较通俗，读者层次低，就率尔操觚，随意作解。希望能引起出版界的重视。

[原载于《中国图书评论》，1998年第1期]

《曹刿论战》注商

"衣食所安"

"公曰：'衣食所安，弗敢专也，必以分人。'"孔颖达疏："公意衣食二者，虽所以安身，然亦不敢专己有之，必以之分人。"目前流行的注本，多释"衣食所安"为"衣食这些用来养生的东西"，认为"安"有"养"的意思。中学课本所注亦同，似皆本孔疏。但均为肆意增字以解之，不可信。"衣食这些用来养生的东西"，绝非鲁庄公一人所能专，人亦非必待其分而后有之，此注之误甚明。故清人俞樾《群经平议》卷二十五云："传文但言所安，不言所以安，孔义非也。《晋语》：'孝敬忠贞，君父之所安也。'韦昭注：'安犹善也'。此谓虽己之所善，而必以分人。《说文》：'便，安也。'是'安'与'便'同义，犹言己之所便安耳。"此言甚是。《颜氏家训·后娶》引《后汉书》云："（薛包）器物取其朽败者，曰：'我素所服食，身口所安也。'""所安"之义与此同。"衣食所安"即"衣食之所安者"。"所安"可以看作"衣食"的后置定语。"安"训"善"。庄公这句话是说，自己感到好的衣食，不敢专享，必以之分人。正因为是衣食中的精美者，数量有限，所分之面必不能广。故曹刿说"小惠未徧，民弗从也"。如果是泛指"衣食这些用来养生的东西"，皆生活之必需品，则鲁国虽贫弱，亦当人人有之，只能说不丰足，不能说"未徧"，一人能专，分之不徧，必衣食之美善者。《战国策·赵策》："衣服之便于体，膳啗之嗛于口，未尝不分于叶阳、泾阳君。"前二句可以作为"衣食所安"一语的绝好注脚。

"弗敢加也"

"牺牲玉帛，弗敢加也，必以信。"对于这句话中的"加"字，古本多不加注。自选读本出现后，其初多以"增加"释之。后来又多解为"虚报"。近读《文史知识》一九六九年第一期，又有人认为："加者，变化。实指减少。"这一句看来很平常的话，竟然歧解迭出，愈说愈奇，孰是孰非，不可不辨。

认为"加"训"变"的同志否定"增加"说，理由有二：其一，"把'弗敢加'释为'不敢自行增加'等，忽视了春秋祭祀未必不敢增加的历史事实"。其二，"与《国语》所录抵牾"。先说第一点，认为当时"祭祀未必不敢增加"，"其祭祀也多有超过规定、自行增加的"，因而就不存在"不敢增加"的问题，这是不合逻辑的。恰恰相反，正因为有这种"礼崩乐坏"的"不正之风"存在，所以鲁庄公把"不敢自行增加"看作是事神有礼、不与时尚同流合污的举动，可以作为据以进行战争的重要条件。鲁国是周公的旧封，素有重礼的风气。"礼崩乐坏"的现象在鲁国出现也较晚。春秋时列国常到鲁"观礼"。所以，别国"敢"，而鲁庄公"不敢"，完全合乎情理。《左传·昭公二十年》记齐国事："梁丘据与裔款言于公曰：'吾事鬼神丰，于先君有加矣。'"这里说的"有加"，与庄公说的"弗敢加"，句意虽相反，但"加"字的意思无疑是相同的。

再说第二点，《国语·鲁语上》记曹刿问战："公曰：'余不爱衣食于民，不爱牲玉于神'。"后一句也是说祭品该供多少就供多少，决不吝惜。《孟子·梁惠王上》说齐宣王举行祭钟仪式，以羊易牛，致使"百姓皆以王为爱也"。此事虽发生在战国，但也可以看出，所谓"爱"就是不按规定供祀，"不爱"就是能按规定供祀，并不一定指毫不吝惜，尽量增加祭品。《左传》与《国语》记述虽有不同，却都是说按规定数量供祀，并不"抵牾"。虽然古人也认为"神唯多是求，贪得无厌"，为此，齐景公"事鬼神丰，于先君有加矣"，虢公也说"吾享丰洁，神必据我"（《左传·僖公五年》）。但用"礼"来衡量，祭品超过规定则是淫祀以媚神。用非礼的手段讨好鬼神，是对神灵的亵渎，故庄公守礼而"弗敢加"。而且，《国语》中曹刿所说的

"神求优裕于享者"，并不是说庄公应增加祭品使神优裕，而是说应使百姓"财用不匮，莫不能使共祀"，否则，只是庄公"独恭"，而"独恭不优"，"不优，神弗福也"。

释"加"为"虚报"，在前些年较为流行。中学语文课本亦采此说，注云："加，虚夸。这里是说以少报多。"此说有一定根据。《说文》力部："加，语相增加也。"段玉裁注："谮下曰加也，诬下曰加也。此云语相谮加也。知谮、诬、加三字同义矣。诬人曰谮，亦曰加，故加从力。"依此，则"弗敢加"即"弗敢诬"，也就是不敢扯谎虚报。然左氏之书，"加"字屡见，均无"虚报"之义，博学如桂馥、段玉裁亦不敢引此以为佳证。除此之外，古文中尚未发现有"加"字单用作"虚报"解之例。许慎拘泥于字形，以"加"从"口"，故释为"语相增加"。应该说，"加"的基本意义还是"增加"。朱骏声《说文通训定声》也说"许君谓语相增加，恐属傅会"。玄应《一切经音义》五引《说文》云："诬，加言也。"所谓"加言"就是凭空构架，或添枝加叶，言过其实。段注："引申之，凡据其上曰加，故加巢即架巢。"实际上"加"的本义正当如此。《汉书·五行志》："成帝即位，显伏辜，淮阳王上书冤博，辞语增加，家属徙者复得还。"颜师古注："言博本为石显所冤，增加其语故陷罪。"这里只能说"辞语增加"，不能单独用"加"来表达。

"虚报"说还有一条有力的佐证，那就是下文的"必以信"。前面说不敢虚报，下面接着说一定要诚信，一意相承，顺理成章。而且杜预注曰："祝辞不敢以小为大，以恶为美。"这不是说不敢虚报祭品吗？似乎很有道理，殊不知古人所谓事神以信，并不是指不虚报祭品多少。古人"祭神如神在"，祭品多少是明摆着的，不能当面扯谎。古代祭祀时，祝史要向鬼神报告的是国君的所作所为、功德的大小。《左传·桓公六年》："季梁曰：上思利民，忠也；祝史正辞，信也。令民馁而君逞欲，祝史矫举以祭，臣不知其可也。""必以信"的"信"，也就是这里所说的"祝史正辞"。所谓"正辞"，杜预注为"不虚称君美"。与之相反的"矫举以祭"，杜预注为"诈称功德以欺鬼神"。《左传·昭公二十年》："若有德之君，外内不废，上下无怨，动无建事，其祝史荐信，无愧心矣。是以鬼神用飨，国受其福。"反之，若国君不贤，而祝史"盖失数美"（掩盖过失，数举美善），则"鬼神不飨其国以祸之"。由此可见，"信"是指祝史如实向鬼神报告国君的功德。杜预在"信"字后作注云："祝辞不敢以小为大，以恶为美"，也是指国君功德的大小美恶，而不是指祭品。

综上所述，"牺牲玉帛，弗敢加也，必以信"是说"牺牲玉帛等祭品，我不敢擅自增加。一定要用诚信事奉神"。这句语有两层意思：一是说祭品不敢越礼擅自增加以媚神，一是说祝辞一定要诚信，决不"虚称君美"以欺神。"加"应解为"增加"，本常用义，故古人多不注。后人刻意求新，反而有悖左氏之初衷。

"小信未孚"

杜预注："孚，大信也。"此说纯属臆测，故洪亮吉《春秋左传诂》、刘文淇《春秋左氏传旧注疏证》皆认为："杜随文生训，未安。"但今人多据此立义，有的注为："对神不说谎话，这是小信，还不能算是大信。"有的注为："这是小信，还没有使神真正信任。"中学语文课本也注为："（这只是）小信用，未能（受到神灵充分）信任。"

古人认为"国之大事，在祀与戎"。这里所谓"小信"，不是说祭祀时对神恭敬诚信是件小事，据《左传·成公十三年》记载，成肃公在出兵伐秦之前祭社，不恭敬，受到刘康公的严厉谴责，并断定他将不久于人世。曹刿的意思是说，只是国君一人这样，范围小。《国语·鲁语上》记曹刿的话是这样说的："小赐不咸，独恭不优。不咸，民不归也；不优，神弗福也。""小信"与"独恭"意思相近。曹刿认为，庄公没有做到使百姓"财用不匮，莫不能使共祀"。仅行一己之诚信，而百姓财用匮乏，不能普遍供祀神，故"神弗福也"。由此可见，"孚"在这里当为"尃"或"敷"（《说文》段注云："二字音义同"）的借字。《说文》："尃，布也。"《小尔雅·广诂》："敷，布也。"《诗·周颂·赍》："敷时绎思"，郑玄笺："敷犹徧也。"孔疏："敷训为布，是广及之义。""孚"与"尃""敷"古音相近，可通用。《易·需卦》："有孚。"《经典释文》云："孚，又作旉。"

"孚"与"尃"同。因此,"小信未孚"当解为:"只是一己之诚信,还不普遍。"

"必以情"

"小大之狱,虽不能察,必以情。"杜预注:"必尽己情察审也。"《陈书·儒林传》:"周弘正议曰:'凡小大之狱,必应以情,正言依准五听,验其虚实,岂可全恣考掠,以判刑罪。'"刘文淇《春秋左氏传旧注疏证》据此以为:"旧说谓尽讼者之情也。杜注谓必尽己情,非。"其实,杜说在周弘正之前,未必就不是"旧说"。《礼记·王制》:"刑者侀也,侀者成也,一成而不可变,故君子尽心焉。"这就是杜说的依据。杜以"情"为"尽己情",指断狱者主观之情;刘说"尽讼者之情",指官司案件当事人客观之实。《古文观止》注:"情,实也。"中学课本注:"情,实情。"《辞源》修订本以此语为书证,解为"情况,实情"。都认为"情"指客观实际情况。但是,上文明说"虽不能察",既然承认对案情不能一一审察清楚,怎么能肯定依实情断案呢?古人说话亦不应如此自相矛盾。细玩文意,当以杜注为是。这里的"情"训"诚"。《淮南子·缪称》:"不戴其情。"高诱注:"情,诚也。""情""诚"叠韵,例可通假。《墨子·非攻》:"情欲誉之审,赏罚云当。"孙诒让《间诂》:"情亦与诚通。"《左传》全书不用"诚"字,凡"诚"义多借"情"为之,如《左传·僖公二十八年》:"民之情伪,尽知之矣。""情伪"即"诚伪",也就是"真假"。本来"情"作"实"解,也是借作"诚"。但是"诚"可解为"真实",也可解为"诚恳""诚心诚意"。"必以情"当译为:"一定要用诚心来处理。"正因为如此,所以曹刿接着说:"忠之属也,可以一战。"上古时期,"忠"指尽自己的力量做好分内的事,或尽力做好别人托付的事,对人负责。是办事人主观的态度。《国语·鲁语上》:"公曰:'余听狱虽不能察,必以情断之。'对曰:'是则可矣。知夫苟中心图民,智虽弗及,必将至焉。'""必以情断之"就是"中心图民"的具体表现。"中心图民"是说从内心里为百姓着想,对百姓负责,也就是"忠"。这与《左传·桓公六年》季梁所说的"上思利民,忠也"意思是一致的。这都说明"必以情"的"情"当解为

"诚"，是指断狱者的主观态度。

上古兵、刑无别（参顾颉刚《史林杂识》第八十二页）。甲兵为大刑，故古代用兵必先平狱。《诗·大雅·皇矣》郑玄笺："天语文王曰：女无如是跋扈者，妄出兵也；无如是贪羡者，侵人土地也；欲广大德美者，当先平狱讼，正曲直也。"庄公之所以把以诚断狱作为进行战争的条件提出，原因也在此。

[原载于《中学语文教学》,1990年第10期]

《岳阳楼记》注商

"忧谗畏讥"

课本注："担心（人家）说坏话，惧怕（人家）讥讽。"别本有注"讥"为"讥刺"或"讥笑"的。在现代汉语中，"讥讽"与"讥刺""讥笑"义近。大体上是指不负责任的挖苦、嘲弄。但古代汉语中的"讥"，含义与此却有较大的差距。试看以下例子：

> 《汉书·冯奉世传》："京兆尹王章讥凤专权不可任用。"
> 曹操《军策令》："孤先在襄邑，有起兵意，与工师共作卑手刀。时北海孙宾硕来候孤，讥孤曰：'当慕其大者，乃与工师共作刀邪？'"
> 《后汉书·杨终传》："鲁文公毁泉台，《春秋》讥之。"

从以上三例中所"讥"的内容看，"讥"应当指严肃、郑重的批评。《楚辞·大招》："诛讥罢只"，王逸注："讥，非也。""非"即责备、责难之意。《公羊隐公二年传》："外逆女不书，此何以书？讥。"何休注："讥犹谴也。"《广雅·释言》："讥，谴也。"《说文》："讥，诽也。诽，谤也。""谤"古义亦为谴责。如《国语·周语》："厉王虐，国人谤王。"新版《辞源》"讥"字第二条义项为"讥刺"。其书证是《汉书·梅福传》："而京兆尹王章素忠直，讥刺凤，为凤所诛。"事实上，这里所说的"讥刺凤"，不能以现代的眼光，理解为"讽刺王凤"。古代汉语中，"讥"与"刺"义近。"讥"是严肃的批评，"刺"是尖锐的指责，如《汉书·龚遂传》："面刺王过，王至掩耳起走。"这里的"刺"，本字当作"諫"，《说文》"諫，数谏也。"段注："谓数其失而谏之。凡讥刺字当用此。"可见，"讥刺凤"应释为"批评指责王凤"。《辞源》又释古语"讥讽"为"嘲笑讽刺",举韩愈《石鼎联句诗序》:"刘与侯皆已赋十余韵,弥明应之如响,皆颖脱含讥讽。"苏轼诗"作诗聊遣意,老大慵讥讽"。二例为书证,亦属误解。这里的"讥讽"都是批评、劝谏的意思。用诗歌来对某些不合理现象、不道德行为进行批评和劝谏,是我国古代诗歌创作的传统。《左传隐公元年》:"称郑伯,讥失教也",是"指责庄公有失教诲"。《辞海》以此为例,说明古代"讥"有"讥笑、讽刺"义,同样是错误的。因此,《岳阳楼记》"忧谗畏讥"一句中的"讥",也应该是指严肃的批评。这句是说那些受降职远调的迁客,登斯楼睹此景,联想到自己的遭遇,更担心会受到坏人的攻击诋毁和好人的批评指责,有此两层忧畏,故产生"满目萧然,感极而悲"的情绪。

"讥"这个词,在宋代是否已演变成为表示"讽刺""讥笑"的意思呢?我们可以读一读宋代欧阳修《上范司谏书》中的一段话:"然宰相、九卿而下失职者,受责于有司;谏官之失职也,取讥于君子。有司之法,行乎一时;君子之讥,著之简策而昭明,垂之百世而不泯,甚可惧也。""范司谏"即《岳阳楼记》的作者范仲淹。本文之"讥",皆"批评指责"之义。欧阳修说的"君子之讥……甚可惧也",正是范仲淹《岳阳楼记》中"畏讥"二字的绝好注脚。

"沙鸥翔集,锦鳞游泳"

"翔集"二字,有一本《古诗文译注》译为"时而飞翔,时而聚集",是不了解"集"的古义而造成的错误。"集"本义是"群鸟停在树上",古人在使用时,如侧重点落在"群"上,则表"聚合"义;如侧重点落在"停"字上,则表"栖止"义。因此,一只鸟停在树上也可叫"集",如《庄子·山木》:"睹一异鹊自南方来者,翼广七尺,目大运寸,感周之颡,而集于栗林。"引申之,"集"也可指其他动物的停栖,如《聊斋志异·促织》:"旋见鸡伸颈摆扑,临视,则虫集冠上,力叮不释。"因此,"翔集"指"飞翔"与"停栖",二字义相反对。与之相对应的"游泳"二字,课本无注,各家选本亦不加注。显然是看作一个双音词,认为其义与现代汉语同,无须加注。其实不然,"翔集"是两个词,义相反对。"游泳"在这里也是两个词,意义也正相反对。"游"古文作"汓",《说文》:"汓,浮行水上也。泳,潜行水中也。"《诗·邶风·谷风》"泳之游之","泳"与"游"分言,义别。《列子·黄帝篇》:"彼中有宝珠,泳可得也。"《水经注·江水》:"有潜客泳而观之,见水下有两石牛。""泳"皆谓潜行水中。新版《辞源》释"泳"为"浮游",实误。"泳"本义为"潜行水中",浑言之,凡游于水中皆可谓"泳"。《尔雅·释水》"潜行为泳",郝懿行义疏:"游与泳对文则别,散文亦通。"因而在具体语言环境中,"泳"亦可指"浮游"。但作为专收词语概括义的辞书,只列这个随文而释的使用义,是不妥当的。范文"沙鸥翔集,锦鳞游泳"二句对仗工整,是说"鸟儿时飞时停,鱼儿时浮时沉"。

《岳阳楼记》中这种工整的对句为数不少,我们可以充分利用这一特点,对比证义。如下文"浮光跃金,静影沉璧"二句,课本注前句云:"浮动的光闪着金色",不确切。"跃"是"跳跃"的"跃",不作"闪耀"解。"跃金"与"沉璧"相对,"璧"是实物,"金"不当解为"金色",应该就是指金子,黄金。两句皆比喻,浮光如跃金,静影似沉璧。是说:浮动的月光像跳跃的金子,静静的月影如沉下的玉璧。

"或异二者之为"

课本注:"或许不同于(以上)两种心情。或,近于'或许''也许'的意思。"当前流行的注本,几乎众口一词,都认为"或"表示揣测、估计和不肯定的语气。可是,文章前一句说"予尝求古仁人之心",既已探求,怎么又只是揣测?既是揣测,又怎么可以据以立论,表达"先天下之忧而忧,后天下之乐而乐"这个中心思想呢?可见,"或"绝不能理解为表揣测不定语气的副词,而应当作动词"有"解。"或"训"有",在古书中是常见的。《广雅·释诂》:"或,有也。"《淮南子·说林》"人之从事,或时相似",即"有时相似"。《书经·五子之歌》"未或不亡",即"未有不亡。"《后汉书·应劭传》"莫或兹酷",即"没有这样残酷"。"或"与"有",古音同属匣母,"或"属职部,"有"属之部,之职对转。"或""有"古代经常通用。在这一句中,"或"即"有"的通假字。"或异二者之为"

是说有异于上述两种人的所为，这是在经过一番探索之后，而语气肯定地指出古仁人之心与当时的迁客骚人有根本差别。从而为下文表达中心思想，打下稳固的基础。

"吾谁与归"

课本注："谁与归，就是'与谁归'。归，归依。"疑问代词"谁"作介词"与"的宾语，放在介词前，是古代汉语常见的句式。但在这里，如按照这个词序直译，就成了"我跟谁归依"，文句反而不顺。这个句子，应属于较特殊的倒装句。按古汉语通常的说法，应作"吾谁归与"，"与"读第二声，不是介词，而是疑问语气词，后来写作"欤"。把疑问语气词从句末倒置于句中，虽较特殊，但在古文中并非罕见。如：

《左传·僖公二十三年》："其人能靖者与有几？"邵宝《左觿》云："若曰'其有几人能靖者与？'"刘师培《古书疑义举例补》云："此当云'其能靖者几人与？'"皆以"与"为疑问语气词，本在句末，倒置句中。

《左传·襄公二十九年》："是盟也，其与几何？"杨伯峻注："即'其几何欤？'的变句。"

《国语·越语》："如寡人者，安与知耻？"《马氏文通》云："犹云'安知耻与'"。

"与"的这种用法，只出现在疑问句、反诘句中，它所表示的疑问或反诘语气是很明显的。有的学者认为属于"无义"的"句中助词"，不妥当。

《岳阳楼记》这句话，出自《礼记·檀弓》篇，原文是："赵文子与叔誉观乎九原。文子曰：'死者如可作也，吾谁与归？'"宋陈澔《礼记集说》云："言卿大夫之死而葬于此者多矣，假令可再生而起，吾于众大夫谁从乎？""谁从乎"即"谁与归"，意思是："归依谁呢？"王引之《经传释词》认为"吾谁与归"与《檀弓》篇的另一句"谁与哭者"文同一例，"与"都是"在句中助语者"。不确。这两句皆倒装，但仍非"一例"，"谁与哭者"即"哭者谁与"。是主谓倒装。而"吾谁与归"即"吾归谁与"，是句末语气词倒置句中，同时，按古汉语语法，"谁"作宾语，放在动词"归"前。

[原载于《中学语文教学》，1988年第9期]

"前茅"的"茅"

　　"前茅"一词,出自《左传·宣公十二年》。杜预注:"茅,明也。或曰时楚以茅为旌识。""茅,明也",引自《尔雅·释言》,是声训。不是说这里的"茅"可以用"明"来解释。杜所引或说,指出"茅"是用来做旌旗的,从《左传》的文义看,是正确的。可是这做旌旗的"茅"到底是什么东西呢?现出版的词典往往不作说明。《汉语成语小词典》和《汉语成语词典》"名列前茅"条中,则径释"茅"为"茅草"。用茅草做旌旗,于古无征,实在令人难以置信,当是今人望文生训。

　　"前茅"的"茅"应该是"旄"的借字。古人把牦牛尾绑在竹竿上作旌旗,故称旌旗为旄。旌旗在古代是用来指挥的。指挥,古代叫麾。"麾"字从毛,也就是因为用旄牛尾的缘故。最初是用以整齐舞蹈动作(见《周礼·春官》"旄人"郑注:"旄,旄牛尾,舞者所持以指麾。"),后用于军事(见《尚书·牧誓》"王左执黄钺,右秉白旄以麾")。又为了便于远距离指挥,故"注旄于竿首",逐渐演变成后代的旗子。今旗杆顶端的飘带当是古代"旄"的遗制。旄牛是春秋时楚国的特产(见《国语·晋语》韦昭注)。因此当时楚仍以旄牛尾为旌旗,完全合乎情理。

　　从音韵角度来考察,上古"茅"属幽部,"旄"属宵部,两字同属明母,是双声字。文字的通假,关键不在韵部而在声纽。王国维曾说"古人转注、假借多取双声。与其谓古韵明而后训诂明,毋宁谓古双声明而后训诂明"(《观堂集林·尔雅草木虫鱼鸟兽释例》)。古籍中,毛声字与矛声字是经常相通的。如《诗·小雅·角弓》"如蛮如髦"的"髦",《尚书·牧誓》作"髳"。《尔雅·释丘》"前高旄丘",《文选·班固〈答宾戏〉》注引应劭作"堥丘"。"堥"以孜为声，而"殺"亦从矛得声。郝懿行《尔雅义疏》云"今本作旄，假借字也"。《尔雅·释木》"旄，冬桃"。《说文》木部作"樧"。段玉裁注："作旄者，字之假借，二部三部合韵最近也。"《公羊传·宣公十二年》"左执茅旌"，《新序·杂事》写作"旄旌"。清代学者王引之对此曾发表过精辟的见解："茅为草名，旄则旗章之属，二者绝不相涉，何得称茅以旄乎? 今案，茅当读为旄。旄，正字也，茅，借字也。"（《经义述闻》卷廿四）

"前茅"就是"前旄"，前军所持之旗。引申之，则指先头部队。

［原载于《辞书研究》，1982 年第 3 期；《疑难字词辨析集》，上海辞书出版社，1986 年版］

释"丛祠"

《史记·陈涉世家》："又间令吴广之次所旁丛祠中"，这是"丛祠"一词的最早出处。何谓"丛祠"？《辞源》释为"乡野林间的神庙"。《辞海》释为"建在荒野丛林中的神庙"。均未深究"丛"为何物。

这里所说的"丛"，当指作为土神象征的树，也就是社。古代百姓聚居之处，均须立社以祭土神。其方式一般是选择邻近长势茂盛的树木，以土涂封其根部做标志，定以为社。《韩非子·外储说右下》云："君亦见夫为社者乎？树木而涂之。"涂即封土。《广雅·释室》："封，涂也。"封训涂，涂亦可训封。"封"甲骨文写作 ，上部为枝叶茂盛之木，下部像聚积的土层。后又加"寸"（"手"的变形），表示土层乃人手所培。而人给茂盛之木培土，正是立社的主要程序。清代学者惠士奇也说"是古树木为社主而加涂焉，所谓社用土者以此"（《礼说》），《公羊传·哀公四年》云："社者，封也"，何休注："封土为社。"曹植《赞社文》云："田则一州之膏腴，桑则天下之甲第，故封此桑以为田社。"据《说文解字》载，"社"的古文作"祏"，闻一多认为"祏即社字"（见《古典新义·诗经通义》），从古文字形看，社亦即植于土中供祭祀的树木。

古所谓社，实即被神化了的树木，在古书中可以找到很多例证。《论语·八佾》："哀公问社于宰我，宰我对曰：'夏后氏以松，殷人以柏，周人以栗。'"这就是说以松树、柏树、栗树为社。有人认为只是说用松木、柏木、栗木制的牌位，没有足够的证据。《朱子语类》卷二十五记了朱熹和叶贺孙的问答，也谈到这个问题："问：古者各树其所宣之木以为社，不知以木造主，还便以树为主？曰：看古人意思只以树为社主，使神依焉，如今人说神树之类。"朱熹的说法是有根据的。《淮南子·说林》："侮人之鬼者，过社而摇其枝。"社有枝，无疑是树。《晋书·慕容宝载记》"（慕容）兟之迁于龙城也，植松为社主。"《晋书·阮修传》："遂伐社树，或止之，修曰：'若社而为树，伐树则社移；树而为社，伐树则社亡矣。'"《邴原别传》："邴君行廉，路树成社。"晋张华《朽社赋》，即赋一株已枯朽的古槐树。清陈运溶辑《荆州图记》云："郑县东百步有县故城，县南里名伍伯村，有白榆连理树，异根各条，高四丈余，土民奉为社。"古人为什么要以树为社呢？惠士奇认为："盖木之茂者神所凭，故古之社稷恒依树木"（《礼说》）。大概在古人心目中，茂盛之树木就是土神的化身，能生育五谷。就像五行家所说的"木者，司农也"（《春秋繁露·五行相胜》），"木者，春生气之始，农之本也"（《南齐书·五行志》引《洪范五行传》）。

这种被奉为社的树，也称"丛社"。《墨子·明鬼》："必择木之修茂者，立以为丛社。"《墨子·耕柱》："季孙绍与孟伯常治鲁国之政，不能相信，而祝于丛社。"《吕氏春秋·怀宠》："问其丛社大祠，民之所不欲废者而复兴之。"《太玄·聚次四》："牵羊示于丛社。"这些都是其证。有时也称"社丛"，《六韬·略地》："冢树社丛勿伐。"孙诒让《墨子间诂》注："社丛即丛社也。"这种树是土神的象征，古人认为有鬼神依附其上，故又称"神丛"。《战国策·齐策》："亦闻恒思有神丛与？恒思有悍少年，请与丛博，曰：'吾胜丛，丛藉我神三日，不胜丛，丛困我。'乃左手为丛投，右手自为投。胜丛，丛藉其神。三日，丛往求之，遂弗归。五日而丛枯，八日而丛死。"这里说的"丛"即"丛社"，亦即"社"。清沈钦韩《两汉书疏证》云："古者二十五家为闾，闾各立社，即择木之茂者为社，故名树为社又为丛也。"可见，《史记·陈涉世家》所说的"丛"，即作为土神象征的社树，并不是一般荒野丛林。丛旁立祠以备祭祀，即谓之"丛祠"。

因此，丛祠就是社祠，是古人祭土神的庙。它在古代是作为一个专名用的，柳宗元《事使君黄溪祈雨见召从行至祠下口号》："谷口寒流净，丛祠古木疏。"丛祠均建于百姓聚居处的附近。宋费衮《梁溪漫志》云："江东村落间有丛祠，其始巫祝附托以兴妖。"村落即百姓聚居之所，不得谓之"荒野丛林"。但由于古代社木是严禁砍伐的，其周围相当于一小块自然保护区，狐鼠也就往往厕身期间，故古有"城狐社鼠"之说。《世说新语·排调》："谢幼舆谓周侯曰'卿类社树，远望之峨峨拂青天。就而视之，其根则群狐所托。'"唐元稹亦有诗云："古社基址在，人散社不神。惟有空心树，妖狐藏魅人。"在古人心目中，社是鬼神依附的区处，因而陈胜令吴广夜往丛祠中狐鸣呼，而使戍卒惊恐。自唐颜师古《汉书注》"丛谓草木岑蔚者。祠，神祠也"，后代辞书沿用其说，注家亦多据此释之为"丛林中的庙""树木荫蔽的神庙"，均未达一间。

［原载于《辞书研究》，1985 年第 3 期］

释　"军"①

　　关于"军"字的意义，《说文解字》车部云："军，圜（环）围也。从车从包省。车（各本作"军"，从段注改），兵车也。"《广雅·释言》："军，围也。"玄应《一切经音义》十八引《字林》也说："军，围也。包车为军。"但奇怪的是，二十世纪以来问世的、规模较大的字典辞书，如《辞源》《辞海》《中华大字典》《中文大字典》等，均不收这一义项。究其因，大概是认为，既然博学如桂馥（《说文解字义证》）、段玉裁（《说文解字注》）、王念孙（《广雅疏证》），以及以"旁罗博征"著称的《康熙字典》，都未能举出一个像样的书证，可见此义于古无征。然而，事实并非如此。

　　"军"字本应写作"軍"（见《正字通》），从车从勹会意，"勹"是包裹的意思。故"军"的本义应是用战车打包围圈，是动词。古代用战车作战，战车可以用来围攻敌人。所以"军"有"围攻""包围"义。在《左传》一书中，就可以找到不少例证。如：

　　　　《桓公十三年》："罗与卢戎两军之，大败之。"
　　　　《成公七年》："郑共仲、侯羽军楚师。"
　　　　《襄公六年》："王湫帅师及正舆子、棠人军齐师，齐师大败之。"
　　　　《襄公二十六年》："若多鼓钧声，以夜军之，楚师必遁。"
　　　　《定公二年》："冬十月，吴军楚师于豫章，败之。"
　　　　《定公七年》："阳虎御季桓子，公敛处父御孟懿子，将宵军齐师。"

　　以上六例中，"军"都应作动词"包围""围攻"解。《国语·越

---

　　①繁体字"軍"，今简化字作"军"。

语下》："居军三年，吴师自溃。"韦昭注："鲁哀二十年冬十一月，越围吴，二十二年冬十一月丁卯，灭吴。""居军三年"一句，《史记·越世家》写作"留围之三年"，是太史公亦以"围"释"军"。"军"的这种本义用法，虽然随战车的被淘汰而逐渐消失，但有时也见于秦以后的古文中，如《说苑·指武》："文王伐崇，军其城，三旬不降。"《后汉书·袁绍传》："曹操讨（袁）谭，军其门。""军其门"即围攻其城门。古人有时也用"围"字，如《左传·隐公四年》："宋公、陈侯、蔡人、卫人伐郑，围其东门。"

古代战车在作战中，不仅可以用来进攻，也可以围绕在四周作防御工事，阻挡敌人进攻。所以，"军"又有"用战车围成营垒"的意思。例如《左传·宣公十二年》："晋之余师不能军。""不能军"就是说晋师由于战车损失惨重，已不能围成防御的营垒，以阻挡楚师。杜预注："不能成营屯。"甚得文意。《左传·桓公五年》："王卒大败，祝聃射王中肩，王不（传本作"亦"，从王引之说校改）能军。"也是说王的余师不能围成防御的营垒。《辞源》（修订本）释此"军"为"指挥军队"，并为此单列一义项，似欠斟酌。

古代军队出征，临时驻扎于外，亦以战车围成营垒以防敌人袭击，故"军"又有"驻扎"义。例如：

《左传·僖公二十四年》："晋师军于庐柳。"
《左传·僖公三十年》："晋军函陵，秦军氾南。"

此例甚多，不胜枚举。"军"的"驻扎"义，是从本义引申而来的。现在流行的几部影响较大的《古代汉语》著作，皆认为"军"本义为"军队"，是名词，在这类句子中活用为动词，作"驻扎军队"解。这种说法，显然是以今律古之过。

"军"有"以战车围成营垒"的意思，所以，引申之，又可以用作名词，指营垒、壁垒。例如：

《左传·庄公四年》："令尹斗祁，莫敖屈重除道梁溠，营军临随，随人惧，行成。"

"营军"即营造壁垒。

《左传·文公十二年》："秦不能久，请深垒固军以待之。"

"垒"与"军"互文同义。

《左传·襄公二十七年》："曹、许之大夫皆至，以藩为军。"

"以藩为军"即用藩篱做营垒，表示互相信任，不戒备。

《左传·成公十六年》："宋、齐、卫皆失军。"

俞樾《群经平议》解"失军"为"失其营垒"，甚是。后人驳之，谓当解为"不复成军"，增字为训，非是。《韩诗外传》卷七"昔者，晋文公与楚战，大胜之，烧其军，火三日不息。""烧其军"即"烧其营垒"，今本"军"作"草"，乃后人不明字义而妄改。

综上所述，像《辞源》《辞海》这类规模较大、源流并重的辞书，对"军"的解释，应在开头补充三条：

①包围、围攻。《左传·成公七年》："郑共仲、侯羽军楚师。"

②围成营垒。《左传·成公十六年》："郑陈而不整，蛮军而不陈。"

③营垒。《左传·襄公二十七年》："曹、许之大夫皆至，以藩为军。"

[原载于《辞书研究》，1990年第2期]

释 "除"

　　《汉语大词典》和《汉语大字典》都认为"除"作名词，在古代的主要意义是指"宫殿的台阶"。其依据是《说文》"除，殿陛也"。所举上古时期的书证也相同，其一是《史记·魏公子列传》："赵王埽除自迎，执主人之礼。"把"埽除"理解为"打扫宫殿台阶"，并无根据。"埽除"又作"扫除"，在上古时期就是一个双音词，义为"清除尘秽"。如《周礼·夏官·隶仆》："隶仆掌五寝之埽除粪洒之事。"《风俗通·怪神》："亭卒上楼扫除，见死妇，大惊。"《汉语大词典》手部"扫"字下收"扫除"一词，义为"清除尘秽"，也引《史记·魏公子列传》为证。同一书证，用于不同释义，毫无疑问，当以"手"部之义例为是，而"除"字下的这一书证则显然不合。另一条早期书证是《汉书·王莽传下》："群臣扶掖莽，自前殿南下椒除。"唐颜师古注："除，殿陛之道也。"宫殿的台阶，秦汉以来都专称为"陛"，这是有大量文献资料证明的。为什么在这些地方又称为"除"呢？对此，自古至今，似乎还没有人提出质疑并加以考证。王力主编的《古代汉语》和郭锡良等编写的《古代汉语》，也认为"除"在上古的一个主要意义是"宫殿的台阶"，两部教材采用的书证也相同，即《汉书·李广苏建传》："从至雍棫阳宫，扶辇下除，触柱折辕。"这里的"除"既是辇车所行之路，那么，正如有的学者所指出的，"台阶上怎么能走车呢？车子从台阶上下来，这是违反生活逻辑的[①]。"古代有无轮之辇，由人扛举而行，可以上下台阶，《通典》卷66"隋制辇而不施轮，以人荷之"。无轮之辇出现的时代，也许还可以再往前推，但没有证据说明，在西汉时，宫中就已经使用了。《宋书·礼志五》："辇车，汉制乘舆御之，或使人挽，或驾果下马。"《汉书·霍光传》："召皇太后御小马车。"张晏注："皇太后所驾游宫

---

① 《〈古汉语简明读本〉注解订正》，《古汉语研究》，1992年第1期。

中辇车。汉厩有果下马，高三尺，以驾辇。"《霍光传》在叙霍光之妻的僭越行为时说："广治第室，作乘舆辇，加画绣絪冯，黄金涂，韦絮荐轮，侍婢以五采丝绦显，游戏第中。"这都说明汉代的辇皆有轮。《李广苏建传》云"扶辇下除，触柱折辕"，"辇"既有"辕"，无疑也是人所牵挽或小型马所拉的有轮之车。"扶辇"，又称"扶毂"，指扶翼车轮，在侧护卫。辇有轮，当然不可能从台阶上下。故颜师古弃《说文》之说而在《李广苏建传》中注云"除谓门屏之间"。《汉语大字典》《汉语大词典》《辞源》《辞海》也都据此为"除"另立一个义项："门屏之间的通道"或"门与屏风之间"。

颜注可以说是前无古人、后无来者，仅此孤证难以据信。古之宫室各个部分均有专名，不应混称。《尔雅·释宫》："门屏之间谓之宁。"《礼记·曲礼》："天子当宁而立。"郑玄注："宁，门屏之间。"字又作"著"，《诗·齐风·著》："俟我于著乎而。"毛传："门屏之间曰著。"《尔雅》孙炎注："门内屏外人君视朝所宁立处也。"《释名·释宫室》："宁，伫也。将见君所伫立定气之处也。"门屏之间之所以名"宁"，就是因为是古代君臣朝见时所伫立之处。"宁""除"古同音（均为澄母，鱼韵），很可能颜师古是以"扶辇下除"之"除"为"宁"之通借字，故释为"门屏之间"。但在注《王莽传》"自前殿南下椒除"时，又说"除，殿陛之道也"，看来，他自己对"除谓门屏之间"的准确性也缺乏信心。

《文选·西都赋》："辇路经营，脩除飞阁。"李善引司马彪《上林赋》注："除，楼陛也。"《汉语大词典》和《汉语大字典》据以立义项"阶梯，楼梯"。其实，这里的"脩除"，就是上句的"辇道"。曹植《妾薄命行》："携玉手，喜同车，北上云阁飞除。""飞除"与"脩除"同，都是供辇车上下台阁殿堂的通道，绝不可能是楼梯。近人高步瀛也认为"脩除"的"除""亦非阶除，而注以为楼陛，似失之。陛则不得言脩矣"①。

"除"，既然是供辇车上下殿堂台阁的道路，而汉代之辇又皆有轮。那么，依照常理，汉人之所谓"除"，只能是一条没台阶的斜坡道。汉服虔《汉书音义》释《王莽传》"自前殿南下椒除"云："邪行

① 《文选李注义疏》卷一。

阁道下者也。"《广雅·释宫》:"坁,除也。"《文选·上林赋》"下碛历之坁"李善注引张揖曰:"坁,下阪道。"《说文》:"坡者曰阪。"可见,"除"与"坁"同,坁就是下阪道,也就是斜坡路。又《广雅·释宫》:"羡、队、邪、除,道也。"王念孙《疏证》云:"邪与除古声相近,除亦邪也。《九章算术·商功章》:'今有羡除。'刘徽注:'羡除,隧道也。其所穿地,上平下邪。'《商功章》又云'负土往来七十步,其二十步上下棚除。棚除二当平道五',注云:'棚,阁也。除,邪道也。'《文选·西都赋》'辇路经营,修除飞阁',义与棚除同。"①晋人刘徽释"羡除"为"隧道",古代所谓"隧",与今地下通道不同,是指从地面通往帝王墓穴的斜坡路,上无覆土。《九章算术·商功章》"棚除二当平道五",是说担土走斜坡路花力气较多,上斜坡二十步抵走平路五十步。《文选·西都赋》的"修除""义与棚除同",而棚除是登阁的斜道,那么,"修除"也应该是指登高阁的修长的斜坡路。《汉语大字典》据《广雅》"邪、除,道也"以及王念孙《疏证》在邑部"邪"字下立"坡道"这一义项,甚有见地。只可惜没在"除"字下也立"坡道"这一义项。

从语源学角度来考察,"除"得声义于"余",《说文》:"余,语之舒也。"从"余"得声的字,大多有舒缓义。如《说文》"徐,安行也,缓也","俆,缓也"。《尔雅·释地》孙炎注:"畬,田舒缓也。"《广雅·释诂》:"捈,舒也。"倾斜的"斜",古书多作"邪",其实,"邪"是借字,"斜"才是本字。古从"余"得声之字多与"邪"通②。《说文》云"斜,抒也。从斗,余声",本指用斗把物舀出倾倒于别的容器中。章太炎《新方言·释言》云:"今浙江谓自壶中注酒抒之他器曰斜酒。"倒物时,斗必须倾斜,故引申之,有"倾斜"义。"除""斜"同源,声近义通。《汉书·李广苏建传》"扶辇下除"三国张晏注"主扶辇下除道也","除道"也就是"斜道"。"除",从阜,余声。文字造义是指坡度舒缓。柳宗元《游黄溪记》:"又南一里,至大冥之川,山舒水缓。""舒"形容山坡,是与"陡"相对的。用指上下宫殿的通道,是说像山坡一样倾斜度较小的坡路。

再从词汇发展的历史来看,"阶"字出现最早,"陛"字始见于

---

① 《广雅疏证》卷七上。

② 《诗·邶风·北风》:"其虚其邪。"

《战国策·秦策五》，王筠以为"盖秦语"①，"古名阶，后名陛"②。阶除的"除"，是汉代才有的词，故王筠认为"除亦汉名"③。但是，"陛""除"与"阶"，恐怕不只是同一概念由于时代不同而出现的不同名称，而应当与房屋建筑的发展有密切关系。太古时期，"堂高三尺，土阶三等"④。到了战国，随着殿堂台阁的增高，台阶也越来越高，人们为了区别，称阶之高者为"陛"，《说文》云："陛，升高阶也。""陛"得声义于"比"。"比"者，密也。故"陛陛"连言，可用来形容层次众多，韩愈《曹成王碑》"蹶蹶陛陛"，旧注："陛陛，犹比比，言众多层次也。"《晏子春秋·内篇谏第十八》："景公登路寝之台，不能终而息于陛。"正因为"陛"高于"阶"，而高阶不是普通建筑所具有的，故自秦以来，"陛"就成为帝王宫殿台阶的专称。秦汉时期，"高台榭，美宫室"之风日盛，宫殿台阁的建筑规模越来越大，帝王及后妃往来游观更须"恃辇而行"，否则，就会像齐景公一样，累得"不能终而息于陛"。可是有轮之辇车不便上下台阶，于是就特筑一条无阶级的斜坡路通往台阁宫殿之上，以其坡度舒缓而便于辇车徐徐安行，故名之曰"除"。《文选·西都赋》："于是左城右平，重轩三阶。"唐吕延济注："城，阶级也。右乘车上，故使平；左人上，故为级。"⑤《文选·西京赋》："右平左城，青琐丹墀。"三国薛综注："城，限也，谓阶齿也。天子殿高九尺，阶九齿，各为九级。其侧阶各中分左右，左有齿，右则澍沱平之，令辇得上。""城"与"平"皆指路面状况而言。城者，"城之言蹙也，为阶级若促蹙然也"⑥，也就是"陛"；平者，谓路面无凹凸阶齿，平如澍沱水流，也就是"除"。《文选·西都赋》李善注引《七略》云："王者宫中，必左城而右平。"由此可见，"左城右平"是汉代宫殿台阶的通常格局。张衡《东京赋》"乃羡公侯卿士，登自东除"，"东除"即所谓"右平"之斜坡道。"除"的雏形事实上在周代就出现了，陕西岐山凤雏甲组遗址，登堂之道有两种，左为五级阶齿的踏道，右为斜坡形漫

① 《说文句读》卷二十八。
② 《说文句读》卷二十八。
③ 《说文句读》卷二十八。
④ 《史记·太史公自序》引《墨子》。
⑤ 吕说又见《三辅黄图》卷上。
⑥ 胡绍煐《文选笺证》卷一。

道①。这与汉代"左城右平"的格局相似。大概当时帝王殿堂规模较小，斜坡形登堂道还不常见，故没有与"阶"分开，单称为"除"。

《说文》云"阶，陛也"，"除，殿陛也"，并不等于说，阶、陛、除是完全相同的概念，而是因为三者都是升堂之道。许书释义常采用浑言方式，如《说文·土部》："坟，墓也。"古代"坟"与"墓"形制不同。故段玉裁注云："此浑言之也，析言之，则墓为平处，坟为高处。"此例甚多，不胜枚举。《说文》释"除"为"殿陛"，也不是说"除"就是"陛"，以事实而论，应注明：此浑言之也，析言之，则有阶齿曰陛，无阶齿曰除。

魏晋以来，有轮之辇逐渐被淘汰。斜坡形的"除"在宫殿建筑中也随之逐步消失。但在文人笔下仍然习惯用"除"作为上下厅堂之道的雅称，并由宫廷延伸到民间。而一般厅堂的上下通道是阶，故在中古以后的文学作品中，也泛称台阶为"除"。

综上所述，《汉语大词典》为"除"列的前四个义项中，第三义"阶梯、楼梯"，第四义"门与屏之间的通道"，应当删去。第二义"泛指台阶"，应当保留。而第一义"宫殿的台阶"应当修改为：

> 古代指上下台阁殿堂的斜坡形通道。《汉书·王莽传下》："群臣扶掖莽，自前殿南下椒除。"服虔注："邪行阁道下者也。"《九章算术·商功章》："负土往来七十步，其二十步上下棚除。"刘徽注："棚，阁也。除，邪道也。"郑笺："邪读如徐。"《文选·西京赋》："邪赢优而足恃。"胡绍煐笺证："邪当读与徐同。"《汉书·司马相如传上》集注："邪读为斜。"

[原载于《辞书研究》，2002 年第 2 期]

---

① 《周原考古简讯》（9）。

"雁行"补说

  《古汉语研究》1992年第1期刊载的《说"雁行"》一文对提出的问题未能作出清晰的交代，其主要论点也值得商榷，有补充、订正的必要。

  在现存的古代文献资料中，"雁行"一词最早见于《诗经·郑风·大叔于田》，原文是："叔于田，乘乘黄，两服上襄，两骖雁行。"这里很明显是以大雁群飞的行列作比喻，形容驾车马匹排列的状态。先秦两汉时期，人们虽极少借"雁行"之景以抒情，但对雁群飞行行列的观察，却是相当仔细的。在雁群中，后者不是整个在后，而是部分相并，又略偏于旁，古代驾车一般用马四匹，两匹服马居前，两匹骖马次于后，其首约与服马之胸齐，而服马位居中，骖马则列于旁。故诗的作者以"雁行"为喻，是再贴切不过了，古文中以"雁行"来形容具体的行动行列，往往包含这两层意思。《礼记·玉藻》郑注："君入必中门，上介夹阘，大夫介、士介雁行于后，示不相沿也。"孔颖达疏："雁行，参差节级。"这里是说，入门时，国君居前居中，随从人员居后而依次逐步偏向两旁，居后者不沿前者之迹而行。《礼制·王制》："父之齿随行，兄之齿雁行。"陈澔《集说》："随行，随其后也。雁行，并行而稍后也。"稍居人后而又略偏一侧为雁行。故"雁行"又称"错"。《礼记·祭义》："不错则随"，郑注："错，雁行也。"陈澔云："不错则随，谓此长者若是兄之辈，则为雁行之差错，稍偏而后之；若是父之辈则当直随其后矣。"《庄子·天道》："士成绮雁行避影"，旧注大多以"雁行"为"斜步而行"或"侧身貌"，今人或云："像雁一样斜步而行避开自己的身影。"事实上，大雁并无斜步而行的行动特征，人也无法避开自己的身影。《庄子》这句话是说士成绮如飞雁行列那样随老子之后而稍偏于旁，避免践踩老子的身影。陈澧所说的"并行而稍后"与"稍偏而后之"是一个意思，都是对"雁行"这具体比喻义的最全面、最准确的注释。我们再来看看曹操《蒿里行》中"军力合不齐，踌躇而雁行"两句，很显然，这里的"雁行"也是喻指袁绍等各路诸侯的人马，一个比一个，"稍偏而后之"地排列着，既不敢超前，也不愿居中的态势，正是各怀鬼胎、"踌躇"观望的形象描写。正如《三国志·武帝纪》里说的"（董）卓兵强，（袁）绍等莫敢先进。"

古文中"雁行"的比喻用法，不只是用来形容人或动物群体的行列，也可以用来喻指人与人之间品行、才能、地位等方面的"并行而稍后"。这种比喻较为抽象一些，意在强调稍逊一筹而几乎并列。如《世说新语·品藻》："庾中郎与王平子雁行。"《资治通鉴·梁纪》："侯景果辞不入朝，遗丞相泰书曰：'吾耻与高澄雁行，安能比肩大弟。'"对于这种用法的"雁行"，注家往往解为"并列"，不分高低上下。这是不够确切的。《世说新语》例，今注或云："雁行，雁飞的行列，比喻并列齐一。"但据《晋书·王澄传》载："（王）衍有重名于世，时人许以人伦之鉴。尤重（王）澄及王敦、庾敳，尝为天下人士目曰：阿平第一，子嵩第二，处仲第三。""阿平"即王平子，也就是王澄。"子嵩"即庾中郎，也就是庾敳。王平子排第一，庾中郎排第二，紧随其后。相差无几，故曰"雁行"。胡三省注《资治通鉴》云："雁行，言如雁之并飞而进也。"亦属误解。侯景与高欢同乡，在北魏时共事尔朱荣，后高欢为大丞相，专国柄，侯景为司徒，地位略次于高欢，故《梁书·侯景传》云："丞相司徒，雁行而已。"高欢死，子高澄继位大丞相，"耻与高澄雁行"，正谓耻列位于高澄之后。《南史·庾杲之传》："庾乔忝为端右，不能与小人范兴话为雁行。"也是说出身寒贱的范兴话被选为荆州主簿，出身高贵的庾乔表示不愿次于其后。

"雁行"的比喻用法也还可以有其他意思。如成公绥《天地赋》："垣屏络绎而珠连，三台参差而雁行。"马融《围棋赋》："离离马目，连连雁行。"李商隐《昨日》诗："十三弦柱雁行斜"，这些例子中的"雁行"，喻指前后相连，排成斜行。《淮南子·本经训》："昔容成氏之时，道路雁行列处"，丘迟《与陈伯之书》："今功臣名将，雁行有序"，这里的"雁行"之喻，旨在说明整齐不乱，次序井然。

至于《南史·张缅传》："且雁行之首，宜详择其人"，则又是用来喻指侍从官员的行列。

雁为一种候鸟，春往北飞，秋向南飞，又有能传书的传说，随着社会的发展，人文色彩越来越浓，因此，在汉以后"雁行"常作为一种实景出现在古代文人的笔下，借以抒发某种思想感情。如卢伦《春夜对月》诗："露如春雨月如霜，不见星河见雁行。"马戴《灞上秋居》诗："灞原风雨定，晚见雁行频。"

以上所举各例，"雁行"之"雁"均当指鸿雁。这种用法，在古诗文中，不能说很少。方以智《通雅·释诂》发挥《汉书·严助传》文颖注的说法，提出"雁行犹颜行"，并举四例以明之。其说亦不无根据。"颜"本义为前额，引申有"前"义，"颜行"即前列，先锋队。如《管子·轻重甲》："士争前战为颜行"，《汉书·严助传》："以逆执事之颜行"，柳宗元《代裴中丞谢讨黄少卿贼表》："微臣忝司戎律，亲列颜行"，均其用例。古文中的"雁行"有时的确可理解为"颜行"，其原因正如王先谦《汉书补注》所说的"颜、雁一声之转。颜之为雁，犹岸之为颜，皆以声转通用"。也就是说"雁"是"颜"的通假字。古文中"颜行"之"颜"不仅可以借用"雁"，也可以借用"应"，如《韩诗外传卷七》："五兴师攻楚，有人常为应行，五合战，五陷阵却敌。"还可以借用"严"，如《三国志·袁绍传》裴注载刘表遗袁谭书："困兽必斗，以干严行。"这都是据音用字。"颜行"义为"前列""前锋"，故又可以写作"前行"，如上述《韩诗外传》例，在《说苑·复恩》篇中就作"前行"。有时又写作"锋行"，如《淮南子·人间训》："居为隐蔽，而战为锋行。"

"雁行"作"颜行"解，多见于战国至西汉时期的古文中，除方氏《通雅》所举《战国策》两例、《韩非子》一例之外，如《韩非子·外储说左上》："是则将令人主耕以为食，服战雁行也，民乃肯耕战。"《战国策·韩策一》："韩必德王也，必不为雁行以来。"《史记·魏世家》："投质于赵，请为天下雁行顿刃。"《史记·建元以来侯者年表》："以校尉三从大将军青击匈奴，至右贤王庭，数为雁行，上石山先登功侯。"这些例子中的"雁行"，皆指前列，先锋部队。而曹操《蒿里行》"踟蹰而雁行"的"雁行"，是绝不能如此理解的。《说"雁行"》一文，认为此处当作"颜行"解，即"前行"，似把

"颜行"理解为"向前行进",那是误解。

"雁行犹颜行"并不是在任何语言环境中都能成立,方氏之说有以偏概全之嫌。如方氏认为《晋书·王羲之传》:"我书比锺繇当抗行,比张芝草犹当雁行"中的"雁行"也作"颜行"解,那么王羲之这句话就是自诩草书造诣已在张芝之前,张芝在三国时就被誉为"草圣",孙过庭在《书谱》中引此语,并解释说"此乃推张迈锺之意也。"指出王羲之意在推崇张芝。同时,王羲之还曾说:"张芝临池学书,池水尽黑,使人耽之若是,未必后之也。"显然是为自己草书不及张芝做解释。所以,这里的"雁行"仍是以大雁飞行的行列作比喻,说明自己的草书还略次于张芝。

但必须指出,方以智重申文颖的说法,并举例进一步落实"雁行"这一假借意义,对古书的训诂,应该说是一个贡献,可以启发和帮助我们去发现并纠正前人注释中的错误,正确理解古书。如《墨子·明鬼下》:"天乃使汤至明罚。汤以车九两,鸟阵雁行。"孙诒让《间诂》云:"古者兵车一两,率二十五人,九两止二百二十五人,于数太少,殆非也。此九两疑当作九十两。"孙氏之疑是由于误把"九两"当作汤伐桀的全部兵力,而此误又来源于不明此"雁行"犹"颜行",即先锋队。这里只是说汤用九辆兵车之众排成鸟云之阵作先锋。又如《韩非子·存韩》:"韩反与诸侯先为雁行,以向秦军于关下矣。"日人太田方《韩非子翼毳》释"雁行"云:"为同心旅进之义。"《史记·魏世家》:"(韩)投质于赵,请为天下雁行顿刃。"《史记会注考证》云:"雁行,言以次进。"《史记·韩世家》:"韩必德王,必不为雁行以来。"《史记索隐》:"言韩以楚必救己,己虽随秦来战,犹德于王,故不为雁行而来,言不同心旅进也。"日人中井积德云:"不为雁行以来,言虽讲于秦,亦以德楚,不必偕来伐楚也。"(见《史记会注考证》)按,诸家之说皆误。翻开历史地图,我们可以清楚地看到,在战国时期,韩国处在秦与其他诸侯国的中间,这一地理位置,决定了诸侯国联合攻秦则韩军在前,秦韩联合攻诸侯国也是韩在前列。正如《战国策·韩策二》所说:"韩之与秦也,居则隐蔽(作屏障),出为雁行(当先锋)。"所以,以上三例中的"雁行",都是指"前列""先锋队"。可见,对方氏"雁行犹颜行"之说,做一些说明,表而出之,也是很有必要的。

[原载于《古汉语研究》,1993年第4期]

"张楚"非国号辨

《史记·陈涉世家》云："陈涉乃立为王,号为张楚。"《史记·高祖本纪》也有"号为张楚"一语。有的读物据此把陈涉起义所建立的政权称之为"张楚政权",或"张楚国",相应地把陈涉称为"张楚王"。似可值得商榷。

应当看到,《史记》对陈涉起义所建立的政权,有时只称"楚"。如《陈涉世家》叙及陈涉认可武臣王赵时说:"赵王将相相与谋曰:'王王赵,非楚意也。'"很明显,这里所说的"楚",指的就是陈涉所建立的政权。关于陈涉为王的名号,史书上也有明确的记载。《史记·秦始皇本纪》:"胜自立为楚王,居陈。"《史记·张耳陈余列传》:"且夫监临天下诸将,不为王不可。愿将军立为楚王也。"《汉书·高帝纪》:"秦二世元年秋七月,陈涉起蕲,至陈,自立为楚王。"又《陈涉世家》:"葛婴至东城,立襄强为楚王。婴后闻陈王已立,因杀襄强,还报。"可见,陈涉起义为王,在当时称"楚王",或因其王于陈地,又称"陈王",并无"张楚王"之称。

那么所谓"号为张楚"是什么意思呢?是否就是指"国号叫张楚"呢?《史记·秦始皇本纪》载:"二世元年,七月,戍卒陈胜等反故荆地,为张楚;胜自立为楚王,居陈。"《淮南子·兵略训》:"戍卒陈胜兴于大泽,攘臂袒右,称为大楚,而天下响应。"关于"张楚"二字的意义,实际上前人已讲得十分明白。李奇曰:"张大楚国也。"刘德曰:"若云张大楚国也。"张晏曰:"先是楚为秦灭,已弛,今立楚为张也。"都没有把"张楚"看作一个名号。显然,"张楚"是个动宾词组,应径直解为"张大楚国"。

所谓"为张楚""号为张楚""称为大楚",用词不一,其义则同。"号"与"称"同义,"为张楚"的"为"通"谓",亦"称"之意。"大楚"即"张楚","大"与"张"皆用作动词。"号为张楚",直译即"声称是张大楚国"。当时天下苦秦久矣。陈胜又是在故荆地首先造反,以张大楚国为号召,正是势在必行之势。正如武臣北略赵地时所说:"……陈王奋臂为天下倡始,王楚之地,方二千里,莫不响应。……今已张大楚,王陈……"这段话是在给陈胜起义称王作宣传;同时,对"号为张楚"一语也是一条很好的脚注。

[原载于《文史哲》,1979年第5期]

也谈"许慎说"之"说"

　　《简报》第233期发表了《〈诗三家义集疏〉正误四则》一文，指出《诗三家义集疏》点校本第441页第12行"许慎说：'著丝于荸车'为'绲'。荸车者，纺车也。"标点有误。因为这里的"'许慎说'之'说'系指《说文》，非说话之'说'"，"此处之'说'应加书名号作《说》，方为妥切"。

　　认为"许慎说"之"说"非说话之"说"，极是。但不能据此标点就断定《诗三家义集疏》的点校者把它误解为说话之"说"了。而认为一"说"字，就可以指称《说文解字》这部书，更实在令人难以置信。

　　《正误四则》的作者提出两条理由。一是"引文所引乃系段注"。今查《说文段注》，在"绲"字下有"箸丝于筳谓之绲"一句，与这里所引文字也不相同。再说，王夫之死于公元1692年，而段注的作者段玉裁到1735年才出生，王氏的著作怎么可能引用段注？二是"王氏《诗经稗疏》中凡提到许慎，其后均用一'说'字，而提及他人，则往往用'曰''云''谓'等字。"这一点的确发人深省，可是也只说明"说"与"曰""云""谓"等词意义有别。古代"曰""云"等词，意思与现代的"说"相当，而古代的"说"的本义则是解说、解释。《说文》："说，说释也。""释，解也。"王氏所谓"许慎说"也就是指许慎的解释。《说文》："绲，著丝于荸车也。"王氏所述"'著丝于荸车'为'绲'"，正是许慎对"绲"字的解说，所以在前面标以"许慎说"三字。古代的"说"常用指说解文字的意义，王氏引许慎，又多为对字义的解释，故"其后均用一'说'字"。王氏这种用法，大概也取自许慎的《说文》。许氏博采通人对字形字义的说解一百余条，一般都在姓名后加一"说"字。例如：

一下"艸"部："薉，艸乱也。从艸，薉声。杜林说：艸莘薉貌。"

二下"辵"部："造，就也。从辵，告声。谭长说：造，上士也。"

二下"足"部："蹢，住足也。从足，适省声。或曰蹢躅。贾侍中说：足垢也。"

显然，这些"说"字，都是解释、解说的意思。王氏《诗经稗疏》中的"许慎说"之"说"，当与此同。我们可以说，这里的"说"与《说文解字》书名中的"说"同义，但绝不能认为就是指《说文》这部书，而加上书名号。

[原载于《古籍整理出版情况简报》，1991年总第246期]

第 三 编

《水经注》词语札记

重源

①今济水重源出轵县西北平地。水有二源。东源出原城东北，……俗以济水重源所发，因复谓之济原城。(卷七《济水注》)

②又东南，潜入地下，博水又东南循渎，重源涌发，东南经三梁亭南。(卷十一《滱水注》)

③其水又伏流循渎，屈清梁亭西北，重源又发。(同上)

④水盛则长津宏注，水耗则通波潜伏，重源显于遒县，则旧川矣。(卷十二《巨马水注》)

⑤湿余水故渎东迳军都县故城南，又东，重源潜发，积而为潭，谓之湿余潭。又东流，易荆水注之。(卷十四《湿余水注》)

⑥漾水出昆仑西北隅，至氐道重源显发而为漾水。(卷二十《漾水注》)

按：郦注之"重源"，是指河流潜伏后重现的源头。所谓河流潜伏，是古人的一种看法。如例⑥，熊会贞云："此阚骃说，以昆仑西北之水与氐道不相接，因变为重源显发之说。"有时则是在枯水期，水流中断，而下游一些河道仍有水流，古人就认为是河流潜伏地下重新显露地面所造成的。如例④。而例②③之"循渎"亦指水循着干枯的河道潜行。《汉语大词典》释"重源"为"不止一个的源头"，其主要依据是上例①，因为文中点明"水有二源"。实属误解，错在没有联系《水经注》上下文认真考察。上文云：济水出河东垣县东王屋山，"潜行地下，至共山南，复出于东丘。今原城东北有东丘城"。东丘城即例①所说济源城，由济水重源所发而得名，所以济水重源只有东源这一源，并不包括东西二源。

佳饶

①水上承陆浑县东禅渚，渚在原上，陂方十里，佳饶鱼苇。（卷十五《伊水注》）

②水至清深，常不耗竭，佳饶鱼笋。（卷二十一《汝水注》）

③小东有一湖，佳饶鲜笋，匪直芳齐芍药，实亦洁并飞鳞。（卷二十六《巨洋水注》）

④于中黄壤沃衍，而桑麻列植，佳饶水田。（卷二十七《沔水注》）

按："佳饶"，犹云甚多。"佳"，副词，表程度深。《广雅·释诂》"佳，大也"。《助字辨略》卷四"大，盛也，甚也"。"大"可作副词，表程度深，故"佳"亦可作副词，表程度深。卷三十六《若水注》云"水自永昌县西北迳其郡西，水左、右甚饶犀、象。""佳饶"即"甚饶"。卷十一《滱水注》："渚水潆涨，方广数里，匪直蒲笋是丰，实亦偏饶菱藕。""偏"亦可作副词，表程度深，魏晋以来尤为常见。《世说·文学》"殷中军思虑通长，然于才性偏精"，"偏精"犹言甚精、最精。卷四《河水注》"有巨灵胡者，偏得坤元之道"。"偏得"即"甚得"，语本《庄子·庚桑楚》"老聃之役有庚桑楚者，偏得老聃之道"。成玄英疏："庚桑楚最胜，故称'偏得'也。"戴震改"偏"为"徧"，并云："近刻'徧'讹作'偏'。"实为不明词义之误校。《永乐大典》本、朱谋㙔校本皆作"偏"。

又，"饶"《说文》云"饱也"，古常用义为"丰裕"、"富足"。魏晋时期始常用来表形容词"多"。"汉末晚出，至晋始行"（四库总目提要）的《小尔雅·广诂》云"饶，多也"。《水经注·汶水》"水隍多行石涧中，出药草，饶松柏"。《山海经·中山经》"其北有林焉，名曰桃林，是广员三百里，其中多马"。郭璞注："桃林，今宏农湖县闵乡南谷中是也，饶野马、山羊、山牛也"。郭以"饶野马"释"多马"，说明魏晋人谓多为饶。

江膂

昔县人有隗叔通者，性至孝，为母给江膂水，天为出平石至江膂中，今犹谓之孝子石。（卷三十六《若水注》）

按：方以智《通雅》卷十七《地舆》云："江膂，犹言江心也。"并引《水经注》此文为书证。方说甚是。郦注本《华阳国志·蜀志》。流传本《华阳国志》皆作"江裔水"，实不明词义而误。旧时养生家有饮江心水却病之说[1]，江裔，乃江边，于文义相违。膂，本义为脊柱骨。脊柱在背的中间部位，故称河道中间离岸较远的深水流为膂。古人认为胸的中心部位为心，背的中心部位为膂，故常"心膂"连用为一双音词。

脉

①至欲访地脉川，不与《经》符，验程准远，故自无会。（卷一《河水注》）

②山西枕河，河水南流，脉水寻《经》，殊乖川去之次，似非关究也。（卷三《河水注》）

③济水当王莽之世，川渎枯竭。其后水流迳通，津渠势改，寻梁脉水，不与昔同。（卷七《济水注》）

④应劭曰：在渔水之阳也。考诸地说则无闻，脉水寻川则有自。（卷十四《沽河注》）

⑤脉其川流所会，诊其水土津注，宜是藻水。（卷二十九《比水注》）

---

① 任乃强.华阳国志校补图注［M］.上海：上海古籍出版社，1987:179.

按：上数例中"脉"当为"考查"、"查访"之义。例①"脉"与"访"，例④"脉"与"考"，例⑤"脉"与"诊"，皆同义互文。脉，本义为血脉，引申指脉息、脉象，又引申指切脉、按脉。切脉是调查了解人的病情，故又有考查、查访之义，这是《水经注》中的常用词义，而《汉语大词典》《汉语大字典》均未收。

幂历　羃羅

①今西县嶓冢山，西汉水所导也。然微涓细注，若通幂历，津注而已。（卷二十《漾水注》）

②其崖小水羃羅，常吐飞溜。（卷二十六《温水注》）

《汉语大词典》"幂历"下，列有两个义项：一为"分布覆被貌"，一为"弥漫笼罩貌"，但二义均不能解释例①中的"幂历"，今按，"幂历"当为"幂"之缓言。"幂"是古代覆物用的粗纱巾。《周礼·天官》"幂人掌共巾幂。祭礼，以疏布巾八尊"，孙诒让《正义》云："幂，以布及葛为之，亦通谓之巾"。例①"若通幂历"，即描写水流微小之状，如同透过粗纱巾流出来一样细。水流从幂中透出，其状细而密，故又用以形容水流的细密。如例②。至于"羃羅"则不过是"幂历"的又一写法。

如

①《中山记》所言中人者，城东望都故城十余里，二十里则减，但苦其不东。观夫异说，咸为爽矣。今此城于卢奴城北如西六十里。（卷十一《滱水注》）

②又于是城之南如东十余里，有一城，俗谓之高昌县城，或望都之故城也。（卷十一《滱水注》）

③京相璠曰：今荥阳苑陵县有故林乡，在新郑北，故曰北林也。余按林乡故城在新郑东如北七十许里。（卷二十二《渠水注》）

④太胡山在比阳北如东三十余里，广圆五六十里。（卷二十九《比水注》）

⑤陂北十余步有金台，台上东西八十许步，南北如减，高十余丈。（卷十一《易水注》）

⑥墟有漏泽，方十五里，渌水澄渟，三丈如减。（卷二十五《泗水注》）

按，如：稍微、略微。例①"北如西"即北面稍偏西。例⑥"三丈如减"，即三丈稍不足一点。当是南北朝时期的一个俗语词。不见于先秦两汉著作，故常被误解。明代著名文人谭元春释为"往"（见钟惺、谭元春评点本《水经注》，转引杨守敬《水经注疏》第1053页），清代学者沈钦韩认为是"而"的通假字[①]。卷十九《渭水注》"陵之西如北一里，即李夫人冢"，大典本、明抄本皆作"如"，与郦注词例合，本不误，朱谋㙔笺云："如当作而"，戴震竟径改为"而"。卷二十四《睢水注》"蠡台如西，又有一台，俗谓之女郎台"，"蠡台如西"，意谓蠡台稍偏西。方向不明确，文字有可疑之处。依郦注词例，应当说"蠡台南如西"或"蠡台北如西"。查《永乐大典》本及明抄本，果然皆作"蠡南如西"，由此可见，原文当作"蠡台南如西"只是"蠡"下夺一"台"字。而"南"字不误。赵一清、戴震、杨守敬校本皆作"蠡台如西"，均因于郦注词义、词例未加深究而误。

势

①（汾水）又西南，夹岸连山，联峰接势。（卷五《汾水注》）

②路出北巘，势多悬绝，来去者咸援萝腾鉴，寻葛降深。（卷六《涑水注》）

③城北百二十里有兴势坂。诸葛亮出洛谷，戍兴势。（卷二十七《沔水注》）

---

①杨守敬，熊会贞.水经注疏［M］.南京：江苏古籍出版社，1999:2010.

④汉水又东，右得大势。势阻急溪，故亦曰急势也。（同上）

⑤江水又东迳赤岬城西，是公孙述所造，因山据势，周回七里一百四十步，东高二百丈，西北高千丈。（卷三十三《江水注》）

按：势，陡峭的山峰。《华阳国志·蜀志》"山有大小石城势"，任乃强注："汉东人呼山爪为势（例如通关势、兴势、急势）。盖濮人古语，故巴地亦有此称"①。《一统志》引《方舆胜览》云："天城山在万县西五里，四面削立如堵，惟西北一径可登。一名天生城。即《华阳国志》所云小石城山也"。任氏所谓"山爪"，当指尖削的山峰。例①云"联峰接势"，例⑤云"因山据势"，势与峰、势与山，皆互文同义。小石城势"四面削立如堵"，据势而建的赤岬城高二百丈、千丈。都具体说"势"的陡峭。此义《汉语大字典》《汉语大词典》亦皆失收。

实中

①又东北，迳白马县之凉城北，耆旧传云：东郡白马县之神马亭。实中，层峙，南北二百步，东西五十许步，状丘斩城也。（卷五《河水注》）

②京相璠曰："河内修武县北有故隤城，实中"。今世俗谓之皮垣，方四百步，实中，高八丈。……西十里，又有一丘际坡，世谓之勑丘，方五百步，形状相类，疑即古攒茅也。（卷九《清水注》）

③《十三州记》曰："杨氏县北四十里有敬武亭，故县也。"今其城实中，小邑耳，故俗名之曰敬武垒，即古邑也。（卷十《浊漳水注》）

④洨水又屈东，迳相县故城南，其城卑小，实中。（卷二十三《阴沟水注》）

---

① 任乃强.华阳国志校补图注［M］.上海：上海古籍出版社，1987:38.

⑤余按小成阳在成阳西北半里许，实中，俗谚以为囚尧城，士安盖以是为尧冢也。（卷二十四《瓠子河注》）

按，实中：谓其中堆塞满实。卷三十七《夷水注》"其石大者如釜，小者如刁斗，形色乱真，惟实中耳"。这里是说，石头的外部形色如煮饭锅，但中间是实的。"实中"是郦注常用词语，主要用来描述古代一些小城邑的遗址废墟的现状。古代的城郭、亭台、房屋是用土石堆筑而成，废弃日久则坍塌成一大土堆。故例②郦氏怀疑勑丘可能就是古攒茅城；例⑤小成阳城的废墟被皇甫士安看作是尧冢。卷二十五《泗水注》"西南迳垇城东"，熊会贞疏引《元和志》云："兖州人谓实中城曰垇。"[1]而"垇"的本义就是土丘。城邑变成废墟后，其状如丘，是古代的客观现实。《楚辞·哀郢》"曾不知夏之为丘兮"，朱熹注："丘，荒墟也"。唐元结《闵荒》"不知新都城，已为征战丘"。《说文》"城，以盛民也"。可以盛民，则必须空中，故"实中"则为废城。有的译注本释"实中"为"建筑坚固""很坚固"[2]。实属误解。

云

稽诸传记，无闻此处，世代云远，异说之来，于是乎在矣。（卷十一《滱水注》）

"云远"之"云"，朱谋㙔校本作"又"，全祖望、赵一清从之。宋本作"云"，戴震从之。明人谢兆申以为"疑作久"（见朱谋㙔笺引）。今按，戴校是也。云远，遥远。云亦远也。《广雅·释诂一》"云，远也"，王念孙《疏证》："《尔雅》'仍孙之子为雲孙'，谓远孙也。雲，云古同字。说者以为'轻远如浮云'，则于义迂矣。"王氏所谓"说者"，乃指晋人郭璞。其实在郭氏以前已有此说。汉末刘熙《释名·释亲属》"仍孙之子曰云孙，言去已远如浮云也"。王念孙斥之为"迂"，郝懿行（《尔雅义疏·释亲》）又以此说为"望文生

①杨守敬，熊会贞.水经注疏［M］.南京：江苏古籍出版社，1999:2143.

②郦道元，陈桥驿.水经注全译［M］.贵阳：贵州人民出版社，1996:182,338.

义"，值得商榷。汉语词义的发展变化是复杂多样的，事物具有某种明显特性，人们在使用时往往就用它来表示某种特性，如，冰具有清白纯洁的特点，故可用来表示纯洁，所谓"冰操""冰誉"皆是。玉有晶莹润泽之美，故有美好之义，"玉貌""玉食"皆是。"河汉"（银河）离人遥远，故也可用来表示遥远（《世说新语·言语》"若郗超闻此语，必不至河汉"）。"云"由于有轻远的特点而产生"远"义。应该是合理的、可信的。

[原载于《古汉语研究》,2003 年第 2 期]

《水经注》词语柬释

侧　侧临　临侧

①细水东流，注于崌谷，侧溪山南有石室。（卷四《河水注》）

②西即大明寺，寺东北两面侧湖，……湖水引渎东入西郭，东至历城西而侧城北注陂。（卷八《济水注》）

③其一水东出，注金台陂。陂东西六七里，南北五里，侧陂西北有钓台。（卷十一《易水注》）

④河水又东北流，迳四渎津，津西，侧岸临河有四渎祠。（卷五《河水注》）

⑤汾水之右，有左部城，侧临汾水，盖刘渊为晋都尉所筑也。（卷六《汾水注》）

⑥济水又北，迳须朐城西，城临侧济水，故须朐国也。（卷八《济水注》）

按：侧，靠近。动词。乃郦注中常用词义。而《汉语大词典》《汉语大字典》均未收。故有的注释者也认为例①"侧溪"即"溪侧"。《水经注》中多用此构词法，例③"侧陂"亦同（中国社会科学出版社《〈水经注〉选注》第20页）。实为误解。"侧临""临侧"皆同义连文，亦为靠近义。

成著

①山石之上，自然有文，尽若虎马之状，灿然成著，类似

图焉。(卷三《河水注》)

②山石之上，有鹿蹄，自然成著，非人功所刊。(卷四《河水注》)

③穴内石上，有车辙，牛迹，耆旧传云：自然成著，非人功所就也。(卷九《沁水注》)

按，成著，形成。著亦成也。同义连文。《礼记·郊特牲》郑玄注："著犹成也"，《广韵·御韵》："著，成也"。"成著"并列复词，《汉语大词典》失收。例①"自然"与"灿然"疑互讹。原文上句当作"灿然有文"，下句当作"自然成著"。

固

①其山石崖绝险，壁立天固，崖半有一石室，去地可五十余丈，爰有层松饰岩，列柏绮望，惟西侧一处得历级升陟。(卷六《文水注》)

②其水西北出城，北迳黄巾固，盖贼所屯，故固得名焉。(卷八《济水注》)

③济水又东北，迳狼牙固西而东北流也。(同上)

④次东得焦泉，泉发于天门之左，天井固右。(卷九《清水注》)

⑤其城凭岭作固，二百一十步，夹溪临谷，据山枕江，东西两面悉临绝涧，西带亭下溪，南枕大江，险峭壁立，信天固也。(卷三十四《江水注》)

按，固：指周围有悬崖深堑阻隔的要塞。名词。《说文》"固，四塞也"，就是说：固是四周阻隔的地方。大多是人们依据天然的地势构筑而成的。例①"壁立天固"即周围耸立如壁的天然固塞。与例⑤的"天固"义同。杨守敬认为"不可通"又说"窃谓'固'为'表'之讹"(《水经注疏》第595页)。实为不明词义而误校。贾谊《过秦论》"秦孝公据殽函之固，拥雍州之地"，"固"义与郦注上例同。

《荀子·议兵》"城郭不辨，沟池不拑，固塞不树"，"固塞"与"城郭""沟池"结构同，皆同义名词连用。《汉语大词典》失收"固"的名词义，而释"固塞"为"坚固的要塞"，实不可取。

合舍　共舍

①黑水西出山，三源合舍，同归一川。（卷六《洞过水注》）

②水有三源，各导一溪，并出山南合舍，故世有三交之名也。（卷十五《伊水注》）

③新兴川水出西南鸟鼠山，二源合舍，东北流，与漳川合。（卷十七《渭水注》）

④水出祀山，其水殊源共舍，注于婴侯之水。（卷六《汾水注》）

按：舍，《玉篇》云"处也"。《周礼·天官·叙官》"掌舍"郑玄注："舍，行所解止之处。"故星宿运行所到之处曰舍，水流运行所到之处亦曰舍。"合舍"即合流一处。

论

①淄水出县西南山下，世谓之原泉。《地理志》曰：原山，淄水所出。故《经》有原山之论矣。（卷二十六《淄水注》）

②阳水又北屈，迳汉城阳景王刘章庙东，东注于巨洋。后人竭断，令北注浊水，时人谓浊水为阳水，故有南阳、北阳水之论。（卷二十六《淄水注》）

按：前一例是郦氏为《水经》"淄水出泰山莱芜县原山"一句所作的注。"论"在这里义同称谓之"谓"，指《水经》对县西南山有原山之称呼。后一例也是说当时有南阳水、北阳水的称呼。"论"的这一义项，《汉语大词典》与《汉语大字典》均未收，故表而出之。

密

①今汲县城亦言有吕望隐居处。起自东海，迄于酆雍，缘其迳趣，赵、魏为密，厝之谯宋，事为疏矣。（卷五《河水注》）

②今所谓辗流者，惟漯水耳。郭或以为济注之。即实，非也。寻经脉水，不如《山经》之为密矣。（卷八《济水注》）

③余谓京论疏远，未足以证，无如虔说之指密矣。（卷十五《伊水注》）

④《山海经》曰：白石之山，……涧水出于其阴，北流注于穀。……《地理志》曰：涧水在新安县，东南入洛，是为密矣。（卷十五《涧水注》）

⑤考京、服之说，并为疏矣，……盖以南有林乡亭，故杜预据是为北林，最为密矣。（卷二十二《渠水注》）

按："密"与"疏"相反对。疏，指距事理远，不切合实际。密，则指近于事理，切合实际。古今论事多用"疏"，而罕用其反义词"密"，故此义《汉语大词典》《汉语大字典》皆失收。

目

①凤林，山名也，五峦俱峙。耆彦云：昔有凤鸟飞游五峰，故山有斯目矣。（卷二《河水注》）

②赫连之世，有骏马死此，取马色以为邑号，故目城为白口骝。（卷三《河水注》）

③三穿既决，水流疏分，指状表目，亦谓之三门矣。（卷四《河水注》）

④汜水又北流，注于河。《征艰赋》所谓步汜口之芳草，吊周襄之鄙馆者也。余按昔儒之论，周襄所居在颍川襄城县，是乃城名，非为水目。（卷五《河水注》）

⑤盖济水枝渎条分，所在布称，亦兼丹水之目矣。（卷九《沁水注》）

按：目，名。在郦注多指地名、城名、山名、水名。《篇海类编·身体类·目部》"目，名号也，名目也"。又可用作动词，指命名、取名，如上例②，"目"与"名"同义，《水经注》一书中极为常见，而古今辞书大多语焉不详。

奇[1]

①沁水又南五十余里，沿流上下，步径裁通，小竹细笋，被于山渚，蒙茏茂密，奇为翳荟也。（卷九《沁水注》）

②庙侧有攒柏数百根，对郭临川，负冈荫渚，青青弥望，奇可玩也。（卷九《沁水注》）

③其山上合下开，开处高六尺，飞水历其间南出，乘崖倾涧，泄注七丈有余，漭荡之音，奇为壮猛。（卷十一《滱水注》）

④魏太和中，皇都迁洛阳，经构宫极，修理街渠，务穷隐，发石视之，曾无毁坏。非今知所拟，亦奇为精至也。（卷十六《榖水注》）

⑤平南王肃起高台于小城，建层楼于隅阿，下际水湄，降眺粟渚，左右列榭，四周参差竞跱，奇为佳观也。（卷二十一《汝水注》）

⑥其水导源东流，以源出青山，故以清溪为名，寻源浮溪，奇为深峭。（卷三十二《沮水注》）

按，奇，副词，表程度之高。杨树达《词诠》云"奇，极也，甚也"。非常正确。卷三十七《沅水注》"沅水又东历三石涧，鼎足均跱，秀若削成，其侧茂竹便娟，致可玩也"。"致可玩"与例②"奇可玩"义同。《荀子·荣辱》"志意致修，德行致厚，智虑致明"。杨倞注："致，极也"。明代学者杨慎云："王右军帖'致足乐耶'，《水经》'茂竹便娟，致可玩也'。致，极也。晋人语例如此"（《丹铅续录》卷七）。实则古已有之。例①，宋本作"最"。例⑤，《寰宇记》《名胜志》引作"殊"，皆因不明郦注词例而以文意改之。"奇"本有"奇异""异常"义，引申虚化则可作副词"极""甚"用，多见于魏晋南北朝时期。

奇²

①其水三泉奇发，西北流，总成一川，西迳尧城南，又西流入汾。（卷六《汾水注》）

②入穴里许，渡一水，潜流通注，其深可涉。于中众穴奇分，令入者疑迷，不知所趣。（卷十三《易水注》）

③水有三源，出黑土城西北，奇源合注，总为一川。（卷十三《㶟水注》）

④今颍水有三源奇发，右水出阳乾山之颍谷，……中水导源少室通阜，……左水出少室南溪，东合颍水。（卷二十二《颍水注》）

⑤其水又西流注长直沟，沟水奇分为二：一水西迳须昌城南入济，一水南流注于汶。（卷二十四《汶水注》）

⑥东南流迳胡城北，三城奇对，隔谷罗布。深沟固垒，高台相距。（卷二十七《沔水注》）

按，奇：叉开，分开。疑为"歧"之借字。"奇"与"歧"，中古为同音字。卷二十九《沔水注》"松江自湖东北流，迳七十里，江水歧分，谓之三江口"。戴震校云："近刻'歧'讹作'奇'"，实沿袭明人朱谋㙔之说。朱氏所据之本作"奇分"，朱笺云："奇分当作岐分。《尔雅》'水岐为渚'。""岐"与"歧"通。朱、戴所校，乃不明郦注词例之误。然而，字虽非而义是。赵一清认为："奇，异也。言水出异道也。"义亦近之。

塗便

巴人伐楚，楚子御之，大败于津。……郭仲产云：寻楚御巴人，枝江是其塗便。此津乡殆即其地也。（卷三十四《江水注》）

按，塗便，即便塗，近便之途。有的标点本读作"枝江是其塗，便此津乡，殆即其地也"（上海古籍出版社《水经注》第651页），乃不明词义之误。

羊虎

①碑东又有一碑，碑北有石柱、石牛，羊虎俱碎，沦毁莫记。（卷九《清水注》）

②碑字沦碎，不可复识，羊虎倾低，殆存而已。（卷二十二《颍水注》）

③城之东北，悉诸袁旧墓，碑字倾底，羊虎碎折。（卷二十三《阴沟水注》）

④冢西有石庙，羊虎倾低，破碎略尽。（卷二十四《瓠子河注》）

按：羊虎，泛指古人墓前石刻群。《封氏闻见记》卷六"羊虎"条："秦汉以来，帝王陵前有石麒麟、石辟邪、石象、石马之属，皆所以表饰坟垄，如生前之仪卫耳。"今之标点本常读例①为"碑北有石柱、石牛、羊、虎，俱碎"。实属误解。《汉语大词典》失收。

整顿

①庙前有二碑，在南门外，……碑北有双石阙，甚整顿。（卷二十三《阴沟水注》）

②（刘表墓）太康中，为人所发，……墓中香气远闻，三

四里中，经月不歇。今坟冢及祠堂，犹高显整顿。（卷二十八《沔水注》）

　　③山甚高峻，上合下空，空窍东西广二丈许，中有石床，甚整顿。（卷三十七《夷水注》）

按，整顿：齐整。齐正、完备。陆机《吴趋行》"矫手顿世罗"，李善注："顿，整也"，"整顿"当为同义连文。

［原载于《古籍研究》，2002 年第 4 期］

《水经注》"乱流"考释

郦道元在《水经注》中叙述河流走向时，常用"乱流"这一词语。出现的频率非常高，初步统计，在90次以上。这一词语的运用，曾受到郦学研究者的尖锐批评，清代学者丁谦在他的《水经注正误举例》一书中就这样说："其更无理者，莫如绝某水某水及乱流会某水等语。考《禹贡》'梁州'曰'乱于河'，注云：'绝流而渡曰乱。''绝'字、'乱'字皆本此。不知《禹贡》之'乱于河'，谓入贡之人绝流而渡。人能绝流而渡，水岂能绝流而渡？"

丁谦这一问，的确令人瞠目结舌。《尚书·禹贡》"浮于潜，逾于沔，入于渭，乱于河"。伪孔传"正绝流曰乱"。《诗·大雅·公刘》"涉渭为乱"毛传同。孔颖达疏："孙炎曰：'直横渡也'，然则水以流为顺，横渡则绝其流，故为乱。""乱流"这一词语在郦氏以前都作"绝流而渡"即"横渡"解，如《后汉书·方术传》："（赵）炳乃张盖坐其中，长啸呼风，乱流而济。"但是否可以断定郦道元"不知《禹贡》之'乱于河'谓入贡之人绝流而渡"呢？恐怕不能这样说，郦氏在《水经注》卷三六中谈夷人入贡路线时曾说："此乃水陆之相关，川流之所经，复不乖《禹贡》'入渭'之宗，实符《尚书》'乱河'之义也"，在卷四〇中又引用了《后汉书》赵炳"乱流而济"的故事。应该说，郦氏对《禹贡》"乱于河"的正确含义是知道的，那么，郦氏笔下的"乱流"是不是就是说水流"绝流而渡"呢？当然不是。究竟如何理解呢？《汉语大词典》编者知"横渡"说在此之不可通，而以《水经注·淮水》"泉流下注，沿波三丈，入于油水。乱流南屈，又东北注于淮"为书证。释句中的"乱流"为"水流不循常道"。有常道而不循，是水流的特殊情况，作为一部记叙河流水文的著作，《水经注》中"乱流"的路线，一般都是古代水流的常道。《大词典》所作的新解，显然是不能成立的。要想探求《水经注》"乱流"的确诂，必须从分析具体语境入手，先看如下例句：

1. 洮水又北，翼带三水，乱流北入河。（卷二）

2. 崤水又北，左合西水，乱流注于河。（卷四）

3.（清水）自东浦西流，与东关水合，而乱流注于汜。（卷五）

4. 蒋溪又西合涂水，乱流西北入洞过泽也。（卷六）

5.（泫水）而东会绝水，乱流东南入高都县。（卷九）

6. 鲍丘水又西南历狐奴城东，又西南流注于沽河，乱流而南。（卷十四）

7.（杜阳涧水）东与盘古水合，乱流东南入洛。（卷十五）

8.（禺水）水出英山，北流与招水相得，乱流西北注于灌。（卷十九）

9. 鸡水右会夏肥水而乱流东注，俱入于淮。（卷三〇）

10. 深水，一名邃水，导源卢溪，西入营水，乱流营波，同注湘津。（卷三九）

从上列例句中，不难看出，某水"乱流"前都与别的水流会合，而会合后并不是一水横渡另一水，然后各走各的路，而是方向一致，归宿相同。也不是"不循常道"的横流，"乱流"的路线是固定的、经常的。甲水与乙水"乱流"实际上就合成了一条水道。如：

11.（龙鱼水）又东历泽（即汧水形成的弦蒲薮），乱流为一。（卷十七）

12.（洛谷水）其水南流，右则浇水注之，水发西溪，东南流，合为一水，乱流南出，际其城西，南注汉水。（卷二七）

13.（淭水）与夷水乱流东出，谓之淇水。（卷二八）

由此可见，《水经注》中的所谓"乱流"，不过是说两条（或两条以上）水流混合并流。丁谦所指责的"乱流会某水"，具体指《水经注》卷十四"乱流南会新河"一句，其实这一句是接上文龙鲜水"东流注封大水"而言的，说的是龙鲜水注于封大水，二水混合并流，又向南与新河会合。《汉语大词典》所引的书证，也是说泉水与油水混合并流。这正是这两水流的"常道"。因为《水经注》是一部河流水文的专著，对所收录的水流的来龙去脉必须作详细交代。甲水注入乙水，与乙水会合，并不等于甲水或乙水不复存在。准确的提法应是两水混合并流，故郦氏用"乱流"这一词语来表述。甲水与乙水"乱流"，可以有一个新的水名，如上例13。也可以称之为甲水，同时又称之为乙水，如：

14.《地理志》曰："桥水东至中留入潭（水）"，又云领方县又有桥水。余诊其川流，更无殊津，正是桥、温乱流，故兼通称。（卷三六）

据戴震考证。桥水在毋棳县入温水，与温水合流经领方县（在今广西）至中留县入郁水，郁水下游与潭水会合。《地理志》又把郁水与潭水会合前的上游也称为潭水。故云："桥水东至中留入潭。"因为温水上游与桥水合，其合流后的水，也被人称为桥水。"正是桥、温乱流，故兼通称"，就是说桥水、温水混合并流，所以两水的名称兼通。"乱流"是一个词组，"乱"谓混合，"流"谓水流，故"乱"又可单用。如：

15. 济与泗乱，故济纳互称矣。（卷八）

按，济水过湖陆县东，东入泗水，济与泗混合并流，故云"济与泗乱"，卷廿五"泗、济合流，故《地记》或言济入泗，泗亦言入济，互受通称，故有入济之文"。"济与泗乱"与"泗济合流"义同。贵州人民出版社《水经注全译》第307页译为"济水与泗水互相横穿而过"，恐有悖于事理。

16. 绛水发源屯留，下乱漳津，是乃与漳俱得通称。（卷十）

按，绛水在经屯留县以后，与漳水合流，故云"下乱漳津"。

17. 祖水又东南，乱于沂而注于沭。（卷二六）

这里的"乱于沂"与《禹贡》的"乱于河"句子形式相同，但意思大不相同，"乱于河"谓从黄河上横渡过去，"乱于沂"是说与沂水混合并流。《水经注》卷三〇"浍水又东南，与涣水乱流而入于淮"，"与涣水乱流"也可以说成"乱于涣"。

两水混合并流，有时因水色不同，在较短的河段内可以形成一种奇特的景观。

18. 盟津河别流十里与清水合，乱流而东，迳洛当城北，黑白异流，泾渭殊别，而东南流注也。（卷八）

正如段熙仲先生所说，"大凡专门巨著，其作者必自有其体例，遣词琢句，通贯全书，实自有其内在规律，名之曰文例或辞例"（《〈水经注〉六论》）。"乱流"，可以说就是通贯郦注全书的重要辞例之一。其作用主要是解释水流的互受通称。清代郦学家杨守敬对此深有体会。他说："古书言水，名称错出，郦氏以互受通称说之，遂觉涣然冰释。此例实发之于《禹贡》。《禹贡》'江汉朝宗于海'，盖以二水并大，非一水所得专其名，故并称之。班孟坚识此例，故湖汉水、豫章水同流，而各言入江。西汉水、潜水同流，而各言入江。前人引而不发，至郦氏始明言之，真所谓好学深思，心知其意者矣。"（《水经注疏》凡例）"乱流"就是合流，是水流"互受通称"的前提，这一点杨守敬氏也是清楚的。如：

19. 清、漳乱流，而东注于海。（卷十）

杨守敬按："盖以清河、漳水合流，故称'清、漳乱流'。"（江苏古籍出版社《水经注疏》第1001页）

20.（涧水）旧与谷水乱流，南入于洛，今谷水东入千金渠，涧水与之俱东入洛矣。（卷十五）

杨守敬按："涧水与谷水合流，……谷水之道即涧水之道也。《注》特提明合流以豁目。"（同上第1358页）但作为杨氏高足弟子的熊会贞却囿于经史故训，对郦注中的"乱"和"乱流"的含义似乎不甚了了。如：

21.（漯水）又东北为马常坑，坑东西八十里，南北三十里，乱河枝流而入于海。……河盛则通津委海，水耗则微涓绝流。（卷五）

这里是说漯水下流的马常坑在洪水季节与黄河支流混合并流入海。熊会贞却认为："《尔雅·释水》：'正绝流曰乱'注：'直横流也。'此谓漯水绝河枝流而入海也，是漯至马常坑，绝河枝津而过矣。"（《水经注疏》第492页）贵州人民出版社《全译》本，译此句为"漯水由此穿过河水支流注入大海"，恐怕也是受了熊氏的误导。

22.（敦薨之水）又南流注于河。《山海经》曰："敦薨之水，西流注于泑泽"，盖乱河流，自西南注也。……河水又东，注于泑泽。（卷二）

敦薨之水注于黄河，黄河注于泑泽。但《山海经》却说敦薨之水注于泑泽。怎么回事呢？郦道元认为是敦薨之水与黄河混合并流的缘故。"乱河流"指与黄河水流混合。《全译》本译为"这条水是穿过河水从西南注入泽中的"亦欠妥。上例"乱河枝流"，即与黄河枝流混合，两例句子结构相同。

"乱流"义为混合并流，故可写作"浑流"，乱、浑义近。如：

23.今见有二水，异源同归，浑流西注入于河。（卷四）

24.（阳水）东注于巨洋，后人堨断，令北注浊水。时人通谓浊水为阳水，故有南阳、北阳水论。二水浑流，世谓之为长沙水也。（卷二六）

水流亦可称"波"（例10"乱流萦波"即与萦水水流混合并流），故又作"浑波"，如：

25.其水东流，有惄水南会，浑波同注，俗谓之为電河。（卷十一）

又作"浑涛",波、涛义近。如:

26.济水与泗水浑涛东南流,至角城,同入淮。(卷八)

"济水与泗水浑涛"即例15所说的"济与泗乱"。
又作"混涛","混"与"浑"通。如:

27.(次水)水出县西百二十里如州泉,东北流,右入东水,乱流左会三川,参差相得,东北同为一川,混涛历峡。(卷二)

又作"混波"。如:

28.(定阳溪水)其水分纳众流,混波东逝,迳定阳县。(卷四)

《汉语大字典》以例27为书证,释"混涛"为"水势盛大"。《汉语大词典》也以例28为书证,释"混波"为"水势盛大"。均值得商榷。上两例所说的次水和定阳溪水都是小水流,与其他小水流会合后,水势也不见得有多么盛大。没有必要特地用这两词语来表述。司马相如《上林赋》"汩乎混流,顺阿而下"。《汉书》颜师古注:"混流,丰流也。"今人多从之。颜注本诸《说文》"混,丰流"之说。从字形上分析,"混"得声义于"昆",《说文》"昆,同也","同,会合也"。《集韵》"混,杂流",《说文》"杂,五采相会"。故水合会曰混,火光合会曰焜,线缕合会曰绲,车毂整齐合会曰辊,草木束合曰棍。同出一源。《文选》李善注引郭璞曰"混,并也"。吕延济注:"混,同也。"《上林赋》的"混流",本指灞、浐、泾、渭、酆、镐、潦、潏八川并流同入渭。王先谦《汉书补注》亦云"八川合流故曰混"。

充分认识《水经注》中"乱流"这一辞例,对于准确校订这部古籍,也是很有必要的。清代学者对此应该说是有所觉察的。如《卷十》:"清漳乱流,而东注于海。"全祖望、赵一清二氏校此书皆在"清漳"前增一"与"字。他们想必就是认为"清漳"是一条水,而

一条水不能说"乱流",加一"与"字,则是说上文的涉水与清漳水
"乱流",则与全书通例合(只不过据杨守敬考证"清漳"在这里应指
清河和衡漳两条水)。可是,有时也有疏漏。如:

　　29.《法显传》曰:"恒水东南流,迳拘夷那竭国南。城北
　　双树间,有希连禅河,……其水乱流注于恒。"(卷一)

依例,后一句意谓希连禅河与另一水混合并流注于恒水。但细绎
上文,这与希连禅水合流的另一条水并不存在。(上文引支僧载《外
国事》提到一小水,名醯兰那,实即希连禅河,希、醯同音,连、兰
音近,禅、那皆梵语"禅那"之略。)那么这里又怎么能用"乱流"
二字呢?原来这里原文本作"其水乱流于恒",《永乐大典》本,明人
朱谋㙔《水经注笺》本,皆无"注"字。赵一清《水经注释》增
"注"字,戴震也认为是"近刻脱'注'字"。其实都是在没有完全理
解原文的情况下的臆测。"其水乱流于恒",就是说希连禅河与恒水合
流。前面所举的例10"乱流营波"(卷三九),也可以说"乱流于
营"。例17"乱于沂"(卷二六),也可以说"乱流于沂"。句式皆
同。又如:

　　30."水发注城东坂下,东南流注三里水,三里水又乱流入
　　于汝。"(卷二一)

朱谋㙔、赵一清、戴震、王先谦、杨守敬、王国维等所校之本皆
重"三里水"三字,那么,"乱流"的主语只是三里水一条水了。依
郦注文例,"三里水"三字不当重。这里是说,另一条水流注三里
水,二水"乱流"注于汝水。查《永乐大典》本卷九,"三里水"三
字不重。应该说是保留了郦注原貌。大典本之可贵,也由此可见
一斑。

[原载于《古汉语研究》,2001年第3期]

《水经注·淇水》"不异毛興"续探①

　　《古汉语研究》1999年第3期刊载了《〈水经注·淇水〉"不异毛興"探微》一文（以下简称《探微》），作者断言《淇水注》中的"不异毛興"只可能是"不异毛與"（歟）之误。理由是，考虑到《水经注》"自明以来绝无善本"，朱校本亦有"舛谬"。并且"细心体味"到郦氏当日的"复杂心境"：郦道元主张《诗·淇奥》"瞻彼淇奥，绿竹猗猗"中的"绿竹"就是"绿色的竹子"，不同意毛公所说的"绿，王刍也；竹，萹竹也"，而又不直陈，故用语气词"與"表达。《探微》作者一再声称此结论是经过"仔细推敲"之后得出的，但读后，反使人顿生疑窦。

　　明朱谋㙔的校本《水经注笺》，虽曾被顾炎武誉为"三百年来一部书"，而"舛谬亦复相仍"，的确是不争的事实，但并不能作为认定"興"是"與"之误的依据。当然，问题的关键还在于对郦氏"心境"的"体味"，郦氏是否既"不能说毛公之释无据"，却又"只是不同意"；既不同意，却又"不必直陈"？如此"微妙心绪"，未免令人难以捉摸。综览《水经注》全书，不难发现，郦氏于前人的说法、文献的记载，不论其权威与否，都尽可能通过实地考察加以检验，绝不轻信盲从。这就是历代评论家所公认并充分肯定的"重目验"的治学方法。《水经注》一书之所以取得巨大的科学成就，也得力于此方法的运用。故郦《注》中常罗列众说，然后以实地考察的结果，相与对照，或肯定，或否定，或提出质疑。这一类例子，在全书中可以说不胜枚举。与《探微》一文所引相连的《水经注·淇水》篇中就有一佳例：

---

　　①繁体字"興"，今简化字为"兴"。为研究的需要，特使用繁体字。

其水东迳朝歌城北，又东南流注马沟水，又东南注淇水，为肥泉也。故《卫诗》曰："我思肥泉，兹之永叹。"《毛注》云："同出异归为肥泉。"《尔雅》曰："归异出同曰肥。"《释名》曰："本同出时，所浸润水少，所归枝散而多，似肥者也。"犍为舍人曰："水异出，流行合同曰肥。"今是水异出同归矣。①

这里郦氏引了《毛传》《尔雅》《释名》以及犍为舍人诸家对"肥泉"的解释，然后以自己实地考察的结果为据，肯定犍为舍人之说，后来又在第二十三卷叙述北肥水时，再次指出是"数源异出同归"②。

紧接下来就是关于"绿竹"的考察。先引用毛公的说法以及《史记》《后汉书》的记述（这是后来出现的"筍竹"说的主要依据）。最后也是让本人所见的事实来说话："今通望淇川，无复此物，惟王刍、编草，不异毛兴。"③语气肯定，如斩钉截铁，毫不含糊。因为眼见的事实毕竟胜于雄辩。郦道元同意毛公的说法，是不容置疑的。清代学者郝懿行在《尔雅义疏》里也引用了《水经注》这几句话，并指出"是郦据目验以申毛，与《尔雅》合矣"④《毛诗后笺》的作者胡承珙也说："宋儒乃专指'绿竹'为竹箭。然郦注《水经》云：'今通望淇川，无复此物，惟王刍、编草，不异毛兴'，此得诸目验者。况扬贡篠荡，荆贡箘簵，而豫州未闻贡竹材。"⑤

淇水流域古代产竹，可能也是事实。因为《史记·河渠书》《后汉书·寇恂传》以及左思《魏都赋》、谢庄《竹赞》均如是说。但即使如此，正如宋人罗愿所说："淇奥自出竹箭，不妨兼有菉、竹二草。"⑥淇水产竹的事实，并不能据以断定《诗经》之"绿竹"就是"绿色的竹子"。汉代著作虽多次提到淇川之竹，但对《诗经》之"绿

---

①郦道元.水经注［M］.上海：上海古籍出版社，1990:193.

②郦道元.水经注［M］.上海：上海古籍出版社，1990:450.

③郦道元.水经注［M］.上海：上海古籍出版社，1990:193.

④郝懿行.尔雅义疏［M］.上海：上海古籍出版社，1983:961.

⑤胡承珙.毛诗后笺［M］.合肥：黄山书社，1999：279.

⑥罗愿.尔雅翼［M］.合肥：黄山书社，1991：23.

竹"，"汉儒并无异说"①。东汉班彪《游居赋》："瞻淇奥之园林，善绿竹之猗猗。"《全后汉文》卷二十三，题为《冀州赋》只是直接袭用《诗·淇奥》的词句，并没说"绿竹"就是"绿色的竹子"。明确把淇川的竹子与《诗经》"绿竹"合为一谈，大概是晋代的事。《淮南子·原道》"弯棋卫之箭"，汉人高诱只说："棋，美箭所出地名也"。晋戴凯之《竹谱》引《淮南子·原道》此语则释云："淇园，卫地。毛诗所谓'瞻彼淇奥，绿竹猗猗'是也。"与郦道元同时代而知名较早的南朝文人任昉在他的《述异记》中也说："卫有淇园，出竹，在淇水之上。《诗》云：'瞻彼淇奥，绿竹猗猗。'"郦氏去世晚于任昉近20年，很可能读过任昉的《述异记》，而于此以目验驳之。

《诗经》"绿竹"之"绿"，《尔雅》及《大学》《说文》所引皆作"菉"。《诗·小雅·采绿》："终朝采绿"，《楚辞·离骚》王逸注引《诗》亦作"菉"。《说文》："菉，王刍也。"该草叶似竹而细薄，茎亦圆小，生平泽溪涧之侧。郑玄谓为"易得之菜"。"《楚辞·招魂》云'菉蘋齐叶'，以'菉'与'蘋'连言，自是水草，故生于淇旁。"②"绿竹"之"竹"，《经典释文》引《韩诗》写作"薄"，《汉石经》亦作"薄"。《说文》："薄，水萹茿也"。此草生于水旁，叶细绿如竹，可食，亦可药用。可见《诗经》原文本作"菉薄"，而书记者以"绿竹"两个常见的读音相近的字代之，故而引起后人的误解。

《水经注》这段文字，总的来说，并不难理解。郦氏在此叙"斩淇园之竹木""伐竹淇川"，揭示"箇竹"说的依据，亦是罗列众说，提出问题。如上文关于"肥泉"的解释，引了《毛传》《尔雅》《释名》及犍为舍人各家之说一样，并非"冗笔"，也没有"暗示"什么。郦道元如果不同意毛公之说，完全可以直陈，没有必要以曲笔为之。上引关于"肥泉"的解释，郦氏就以目验结果，公然与毛公唱反调。郦注的意思很明确，不过，"不异毛兴"一句，确实有些费解。袁英光、刘寅生整理标点的《水经注校》在"不异"下加句号③，陈桥驿校点的《水经注》更以"毛兴"为人名④，显然是错误的。这里

① 胡承珙.毛诗后笺 [M].合肥：黄山书社，1999：279.

② 胡承珙.毛诗后笺 [M].合肥：黄山书社，1999：280.

③ 王国维.水经注校 [M].上海：上海人民出版社，1984：322.

④ 郦道元.水经注 [M].上海：上海古籍出版社，1990：193.

是否有误字呢？查各家版本及前人所引，皆同①。惟朱谋㙔《水经注笺》云："谢云：'宋本作不异毛注。'"朱氏校《水经注》也曾亲自用宋本对勘。这里，他的友人谢兆申所说的宋本，乃是谢氏所见另一版本。改"兴"为"注"，缺乏根据，故朱谋㙔仅录以备考。但从文意看，并没有什么大错。当是古代读郦注者以意校改的。那么"不异毛兴"应如何解释呢？不妨看看《毛传》原文。《诗•淇奥》："瞻彼淇奥，绿竹猗猗。"《毛传》："兴也。奥，隈也。绿，王刍也。竹，萹竹也。猗猗，美盛貌。"陈奂《诗毛氏传疏》云："凡托鸟兽草木以成言者皆兴也。"②所谓"不异毛兴"，意即与毛公所言之兴不异也。

[原载于《古汉语研究》，2002 年第 3 期]

---

①赵一清《水经注释》云："按《诗地考》（宋代王应麟著）引此是'兴'字。"熊会贞《水经注疏》："按《大典》本、明抄本并作'兴'。"

②陈奂.诗毛氏传疏 [M].北京：中国书店，1984：13.

《水经注校》标点商榷

不久前，上海人民出版社整理出版了王国维的《水经注校》，这是古籍整理工作的一项新成果。王氏此校，版本甚精，正如该书"前言"所说的，"置此一书，便齐备了明清以来近十种的主要版本，为读者开展研究工作提供了有利条件"。读后，感到美中不足的，是整理者所加的标点可商榷之处甚多。今举其要，分类摘录如下，以供读者和编者参考。

一、属于训诂方面的

[1] 又自前堰上分穿羊摩江灌江西，于玉女房下白沙邮作三石人立三水中，与江神要水，竭不至足，盛不及肩。（第1038页笺引）

按：作石人立水中，非因缺水，故不当云"与江神要水"。"要"在这里当通"约"。后面几句应读为："与江神要：水竭不及足，盛不及肩。"

[2] 菩萨于瓶沙随楼那果园中住一日，日暮便去，半达钵愁宿。半达，晋言白也。钵愁，晋言山也。（第13页）

按："日暮便去"后逗号当删。"日暮便去半达钵愁宿"当作一句读。"去"在南北朝时已有"到某地去"之义。如下文（第14页）云"今去何时可到"。

[3] 然诸水注泗者，多不止此，可以终归泗水，便得擅通称也。或更有泗水亦可是水之兼，其目所未详也。（第288页）

按："多不止此"，"多"字当属上读。后两句依原标点则不可解。当读为"或更有泗水亦可。是水之兼其目，所未详也"。"是水"指上面经文中所说的"其一水东流者"，"兼其目"谓兼有泗水之称。"目"作"名称"讲，是当时的常用义。下文（第430页）云："故俗以汤井为目井，东有火井祠，以时祀祭焉。""目井"不辞。"井"当属下读，"目"亦作"名称"解。

[4] 是其基构可得而寻，意欲图还上京，阻于行旅，造次不获，遂心访诸耆旧，咸言昭王礼宾，广延方士，……（第381页）

按："遂心访诸耆旧"，"心访"不可解，依文意，"遂心"二字当属上读。"遂"在这里不作副词用。"造次不获遂心"，"遂"训"顺"，"遂心"谓顺遂心愿。

[5] 苏茂杀淮阳太守，得其郡营，广乐大司马吴汉围茂，……（第293页）

按：《后汉书·刘永传》云："茂遂反，杀淮阳太守，掠得数县，据广乐而臣于永。"则此文当读为"得其郡，营广乐。大司马吴汉围茂"，"营"即军垒，这里用作动词，义为筑军垒据守。

[6] 山生牧靡，可以解毒，百卉方盛，鸟多误食，乌喙口中毒，必急飞往牧靡山，啄牧靡以解毒也。（第1117页）

按：乌喙即乌头，有毒植物，这里不能释为乌鸟之喙。故"乌喙"二字当属上读，为"食"的宾语。

二、属于语法方面的

[7] 昔赵杀鸣犊，仲尼临河而叹，自是而返曰：丘之不济，命也。夫琴操以为孔子临狄水而歌云，狄水衍兮风扬波，船楫颠倒更相加，……（第181页）

按："夫琴操"句，"夫"非句首发语词，当属上，读作："命也夫！""也夫"为语气词连用，表感叹。古文常见。《琴操》是书名，当加书名号。最后当改用句号，引《琴操》文止此。

又，第312页："并言仲尼临河而叹曰：丘之不济，命也。夫是非太行回辕之言也。"误与上同。

[8] 今女有力于王室，吾是以举女行乎？敬之哉。（第203页笺语）

按：后两句当读为："吾是以举女。行乎！敬之哉！"语气词"乎"在此不表疑问，而是表祈使语气。

[9] 六合之内，水泽之藏，大非为巨，小非为细，存非为有，隐非为无，其所苞者，广矣于中；同名异域，称谓相乱，亦不为寡。（第23-24页）

按："广矣于中"古无此文法。后几句当读为："其所苞者广矣。于中同名异域，称谓相乱，亦不为寡。"盖谓六合所苞者广，故于其中多有名同而地异的现象。

[10] 闻其上有仙士石室也，乃往观，见一道人，独处休休，然不谈不对，顾非已及也。（第980页）

按："然"字当属上读，《尚书·泰誓》"其心休休焉，其如有容"。"休休"是宽容、安闲之貌。"休休然"即"休休焉"，"然"与"焉"皆形容词词尾。

[11] 拜邓训为谒者，监护水功，训隐括知其难，立具言肃宗，肃宗从之，全活数千人。（第199页）

按：中间两句当读为"训隐括，知其难立，具言肃宗"，"其"指代上文所说的"水功"，故当与"难立"相配搭。《后汉书·邓训传》云："训考量隐括，知大功难立，具以上言。"可证此标点之误。

[12] 昔帝尧修坛河洛，择良议沈，率舜等升于首山，而导河渚，有五老游焉，相谓河图将来告帝，以期知我者，重瞳也。（第147页）

按："河图将来告帝"，河图能言，于古无闻。且"以期知我者"亦不辞。"告帝"的主语当是"五老"，故后几句应读为："相谓河图将来，告帝以期。知我者，重瞳也。"

[13]《公羊》曰：成周者，何东周也。何休曰：名为成周者，周道始成王所都也。（第527页）

按："何东周也"，费解。"何"作疑问代词，当属上，读作："成周者何？东周也。"《公羊》一书，多用此句式。最后一句当读为："周道始成，王所都也。"

[14] 水发火山东溪，东北流出山，山有石炭，火之热，同樵炭也。（第431页）

按：后两句当读为："火之，热同樵炭也。""火"字在这里作动词用，谓以火烧之。

三、属于文体方面的

[15] 徐水屈东北径郎山，又屈径其山南，岑山岑竞举，若竖鸟翅立，石嶄岩亦如剑杪，极地崄之崇峭。（第403页）

按：郦注写景，常用整齐对称句式。中间数句应读作："又屈径其山南岑，山岑竞举，若竖鸟翅；立石嶄岩，亦如剑杪。""岑"在这里指小而高的山。

[16] 南流西南屈瀑布，垂岩悬河，注壑二十余丈，雷扑之声震动山谷，左右〔石〕壁层深，兽迹不交，隍中散水雾合，视不见底，南峰北岭，多结禅栖之士，东岩西谷，又是刹灵之

图，竹柏之怀，与神心妙达仁智之性，共山水效深，更为胜处也。（第297—298页）

按：这段文字，多用骈句，原标点未能标示出来。开头几句应读作："南流西南屈，瀑布垂岩，悬河注壑，二十余丈，雷扑之声，震动山谷。""与神心妙达"后面应加分号。"竹柏之怀，与神心妙达；仁智之性，共山水效深"，是又一对偶句。原标点一逗到底，亦欠醒目。"视不见底"及"又是刹灵之图"后均应改用句号。"多结禅栖之士"后应改用分号。

[17] 其泉从广十数步，东出城注协阳关水，雨盛则通注阳，旱则不流，唯洴泉而已。（第437页）

按：中间两句是对偶句，当读作："雨盛则通注，阳旱则不流"，"阳"不是指上面所说的协阳关水。阳气盛则旱，故谓之阳旱。

[18] 山川暴戾，则乘遄东下平流守常则自门北入灌田岁二千顷，……（第460页）

按：应读为："山川暴戾，则乘遄（竭）东下；平流守常，则自门北入。灌田岁二千顷。"前面是两句对称的复句。

[19] 沅水又东径平山，西南临沅水寒松，上荫清泉，下注栖托者，不能自绝于其侧。（第1174页）

按：后面几句应读作："西南临沅水，寒松上荫，清泉下注，栖托者不能自绝于其侧。"中间也是一工整对句。

[20] 水出林虑县之仓石溪，东北径鲁班门西，阙昂藏，石壁霞举，左右结石修坊，崇基仍存，……（第346页）

按："阙昂藏"不成文字。中间几句当读为："东北径鲁班门西阙，昂藏石壁，霞举左右。"

[21] 时禽异羽，翔集间关，兼比翼鸟，不比不飞，鸟名归

飞，鸣声自呼，此恋乡之思，孔悲桑梓之敬，成俗也。（第1143页）

按：后两句亦是对句，当读作："此恋乡之思孔悲，桑梓之敬成俗也。"

[22] 案其表云：……愿陛下特出臣表，勑大司农府给人工，勿使稽延以赞时要。臣孚言：诏书听许……（第310页）

按："臣孚言"三字是司马孚表文的结语。用"臣某言"作结，是古代表文的习惯格式。故后两句应读为："臣孚言。诏书听许。"

四、属于史实方面的

[23] 袁本初自往征，瓒合战于界桥南二十里，绍将鞠义破瓒于界城桥，斩瓒。冀州刺史严纲又破瓒殿兵于桥上，即此梁也，……（第327-328页）

按：依原标点，则公孙瓒在界桥之战中已兵败被杀无疑。但据史书记载，界桥之战发生在初平三年（192年），而公孙瓒死于建安四年（199年）。故这里说"斩瓒"，有悖史实。当读作"斩瓒冀州刺史严纲"，被斩的是公孙瓒所置的冀州刺史严纲。《后汉书·公孙瓒传》云："瓒乃自署其将帅为青、冀、兖三州刺史。"严纲即其所署之一。
又，首句应读作"袁本初自往征瓒，""瓒"字不当属下。

[24] 昔慕容廆有骏马，赭白有奇相，逸力至隽，光寿元年，四十九矣，而骏逸不亏，隽奇之，比鲍氏骢命，铸铜以图其像，亲为铭赞，镌颂其旁，像成而马死矣。（第448页）

按：据《晋书》记载，"赭白"乃马名。"光寿"是慕容廆之孙、前燕慕容儁的年号，故开头几句当读作"昔慕容廆有骏马赭白，有奇相逸力。至隽光寿元年……"下文"命"字当属下，读作"命铸铜以图其像"。

[25] 襄公二年，王子城父获长狄侨如，弟荣如，埋其首于周首之北门，即是邑也。（第273页）

按：依此句读，则是说长狄侨如为王子城父所获。与史实不符。据《左传》，获长狄侨如的是叔孙得臣，王子城父获其弟荣如，故"长狄侨如"后不当逗。

[26] 潭深不测而水周多，莲藕生焉。……又径昌平郡，东魏太和中置，西南去故城六十里，又北，连水入焉，……（第435页）

按：郦道元生前尚未出现"东魏"，而且东魏亦无"太和"年号。"东"字当属上读。又，首句"多"非指水多，而是说莲藕多，故当读作："潭深不测，而水周多莲藕生焉。"

[27] 汉高帝元年，为殷国二年，为河内，王莽之后队，县曰平野矣，魏怀州刺史治。（第312页）

按：汉高帝元年二月，项羽封赵将司马卬为殷王。二年三月，刘邦攻下河内，虏殷王卬，置河内郡。故此文"为殷国"后当逗断。

[28] 郦氏居于高阳，沛公攻陈留县，郦食其有功，封高阳侯。有郦峻，字文山，官至公府掾大将军，商有功，食邑于涿，……（第764页）

按："公府掾大将军"，古无此称。"大将军"三字当属下。"大将军商有功"，商即郦商，《汉书·郦商传》载："汉王即帝位，燕王臧荼反，商以将军从击荼……迁为右丞相，赐爵列侯，食邑涿郡五千户。"郦商为汉高帝左右大臣，故郦道元称之为大将军。

[29] 高祖二年，曹参假左丞相，别与韩信东攻，魏将孙邀军东张，大破之。（第226页）

按：依原标点，可理解为魏将驻兵东张，大破曹韩。但史实与此相反，故"东攻"后不应加逗号，"别与韩信东攻魏将孙林遬（邀）军东张"当作一句读。

[30] 北海相孔融，为黄巾贼管亥所围于都昌也，太史慈为融求救，刘备持的突围其处也。（第871页）

按：持的突围的是太史慈，不是刘备，故"刘备"二字当属上读。

[31] 齐灵公废太子光而立公子牙，以夙沙卫为少傅，齐侯卒，崔杼逆光，光立杀公子牙于句渎之丘，卫奔高唐以叛。（第191页）

按："立杀"是说立即诛杀。但据《左传·襄公十九年》所记："齐灵公卒，庄公（即公子光）即位。执公子牙于句渎之丘。"可知"立"并非"杀"的修饰语，"光立"后当逗断。

五、属于制度方面的

[32] 酸枣以棘名邦，故曰酸枣也。《汉官仪》曰：旧河堤，谒者居之，城西有韩王望气台，……（第263页）

按："河堤谒者"是汉代官名，汉哀帝始置，掌河堤。故"旧河堤谒者居之"当作一句读，中间不应逗开。后面当改用句号。

[33] 浭水又东径朱龟墓北，东南流冢南冢南枕道；有碑，碑题云：汉故幽州刺史朱君之碑，龟字伯灵，光和六年卒，官故吏别驾，从事史右北平无终年（牟）化，中平二年造；……（第744页）

按："冢南枕道"四字当属下，读为"冢南枕道有碑"。"官"字当属上读，古代官吏死于住所称"卒官"。"别驾从事史"亦称"别驾"，官名，州刺史的佐吏。中间不应逗断。此句谓：朱龟的故吏、别驾从事史、右北平无终人年（牟）化，于中平二年建造。

[34] 文曰：君国者，不跻高堙下，先时或断山冈以通平道，民多病守，长冠军张仲瑜，乃与邦人筑断故山道，于（作）此铭。（第937页）

按：古无"长冠军"之称，"长"字当属上读。"守长"指郡守和县令。"冠军"即"冠军将军"，官名。

[35] 遣司空王梁北守濗关、天井关，击赤眉，别校皆降之，献帝自陕北渡安邑，东出濗关，即是关也。（第141页）

按：中间两句当读作："击赤眉别校，皆降之。"古称军之一部为"校"。"赤眉别校"指赤眉军的另一部。《汉书·王梁传》标点本读作："北守箕关，击赤眉别校，降之。"不误。

[36]《吕氏春秋》云：纣名受德。《孟子》《墨子》《尸子》皆称纣谥法残义，损善，曰：纣盖死后人谥之也。（第320页笺语）

按："谥法残义"不可解。"谥法"是古为帝王定谥号之法。后几句当读作："《孟子》《墨子》《尸子》皆称纣。谥法：残义损善曰纣。盖死后人谥之也。"

[37]《小尔雅》云：二丈为两倍，两为匹是四丈，为一匹也。（第386页笺引）

按："两"是古代长度单位，这里不作数词用，故当读作："二丈为两，倍两为匹。是四丈为一匹也。"

六、属于文化常识方面的

[38]《元命苞》曰：五行始焉，万物之所由，生元气之滕

液也。（第3页）

按："生"字当属上读。这里是说，水、火、木、金、土五行，水为始。万物由水而生。这是古代五行家的说法。

[39] 紫微有钩陈之宿主，斗讼兵阵，故遁甲攻取之，法以所攻神，与勾陈并气下制，所临之辰，则秩禽敌，是以垒资其名矣。（第146页）

按：原标点讹误甚多。首句当读作"紫微有钩陈之宿"，"宿"即星宿之宿，"钩陈"，又作"勾陈"，共六星，在紫微垣内。第二句读作"主斗讼兵阵"，据《星经》，勾陈主天子六军将军，故有此说。第三句读作"故遁甲攻取之法"，"遁甲"乃古方士术数之法，亦用于军事。

[40] 晋侯伐齐，将济河中行，献子以朱丝系玉二毂而祷焉，沈玉而济，……（第274页笺引）

按："中行"二字当属下。"中行（音杭）"复姓。晋荀林父将晋军中行，后遂以"中行"为氏。中行献子，即荀偃，又称中行偃。

[41] 周官太宰以正月悬治法于象，魏《广雅》曰：阙谓之象，魏《风俗通》曰：鲁昭公设两观于门，是谓之阙，……（第541页）

按：《风俗通》乃汉代应劭所著，不得称之为"魏《风俗通》"。此文中两"魏"字均应属上读。古称宫廷外阙门为象魏。又，"周官太宰"四字应加书名号，写作《周官·太宰》。

[42] 水上承东城，历祀（祠）下泉，源竞发，其水北流，径历城东，又北引水为流，枉池州僚，宾燕公私，多萃其上，……（第278页）

按："枉池州僚"不可解，后数句当读为"又北引水为流枉池，州僚宾燕公私，多萃其上"。"柸"即"杯"字，流杯池即所谓"流觞曲水"，为古人宴饮取乐之用。又，"源竞发"不成文字，二三句当读作"历祀下，泉源竞发"，"泉源"连续，上文屡见。

[43] 延陵季子去郑适卫，说蘧伯玉、史狗、史鳝公子、荆公子、发公子朝曰：卫多君子，未有患也。（第267页笺引）

按：春秋时无"某某公子"之称。当读为"史鳝、公子荆、公子发、公子朝，曰"。

七、属于引文方面的

[44]《吕氏春秋》云：狄人杀卫懿公食之，遗其肝弘演，使返报命，肝下，自剖其腹，纳懿公之肝。（第250页笺引）

按：前人引用旧文，往往在文字上有所删节，如不查对出处，很容易造成误读。弘演剖腹纳肝，出自《吕氏春秋·忠廉篇》，原文云："翟人至，及卫懿公于荥泽，杀之，尽食其肉，独舍其肝。弘演至，报使于肝。"可证此文前几句当读作："狄人杀卫懿公，食之，遗其肝。弘演使，返，报命肝下。"

[45]《汉书·沟洫志》曰：自塞宣防河，复北决于馆陶县，分为屯氏河，广深与大河等，……（第167页）

按：《汉书·沟洫志》原文云："自塞宣房后，河复北决于馆陶。"又云："于是卒塞瓠子，筑宫其上，名曰宣防"。可知"宣防"是宫名，非河名。"河"字当属下读。

[46] 垿按张仲事出桓谭《新论》，而《汉书·沟洫志》议河浊不宜溉田者，乃大司马史长安。张戎字仲功，今称大司马张仲疑有脱误。（第4页）

按：《汉书·沟洫志》作"大司马史长安张戎"，可知中间两句当读为："乃大司马史长安张戎，字仲功。"张戎，王莽时长安人。

[47]《春秋》成公二年，齐侯围龙，龙囚，顷公嬖人卢蒲，就杀而膊诸城上，齐侯亲鼓取龙者也。（第791页）

按：前两句，《左传·成公二年》作"顷公之嬖人卢蒲就魁门焉。龙人囚之。"可知"龙囚顷公嬖人卢蒲"当作一句读。

[48]《论衡》曰：武王伐纣，升舟阳侯，波起疾风逆流，武王操黄钺而麾之，风波毕除。（第146页）

按：《论衡·感虚篇》云："武王伐纣，渡孟津，阳侯之波，逆流而击。"古代传说以阳侯为波神，故称波为阳侯之波。可知这里前几句当读为："武王伐纣，升舟，阳侯波起，疾风逆流。"

又，第156页"昔澹台子羽，赍千金之璧，渡河阳侯，波起两蛟夹舟"，标点失误与上同。

八、属于文义方面的

第一，当断而未断者。

[49]天魔波旬，化作雕鹫，恐阿难佛以神力隔石舒手，摩阿难肩，怖即得止，鸟迹手孔悉存，故曰雕鹫窟也。（第16页）

按："恐阿难"后当逗断。阿难为佛释迦的弟子，从佛出家修行。天魔波旬则以憎恨佛法、断人慧命为事。故于阿难坐禅时，化作雕鹫来使阿难惧恐。而佛则隔石舒手摩阿难肩，使阿难怖惧之情得止。

[50]又有墉城，金台玉楼相似如一渊精之阙。光碧之堂，琼华之室，紫翠丹房，锦云烛日，……（第24页）

按：这里是说，此墉城上之金台玉楼，与上文所说的"金台五所，玉楼十二"相似如一。"渊清之厥"则与下文"光碧之堂""琼华之室"并列。故当读为："金台玉楼，相似如一。"而"渊精之阙"后，当改用逗号。

[51] 后作石柱，柱上作师子像，外道少信师子为吼，怖惧心伏。（第11页）

按：依原标点，会被理解为，外道很少相信师子能为吼。实误。"外道少信"后当逗断。

[52]《续述征记》曰：汴沙到浚仪而分也。汴东注沙南流。（第726页）

按："汴东注沙南流"，会被理解为汴水东注于沙水而向南流。联系上文，不应如此解，当读为"汴东注，沙南流"。
第二，不当断而断者。

[53] 穴有渚，谓之鲔渚。成公子安《大河赋》曰：鳣鲤生鲔，暮来游。《周礼》春荐鲔，然非时及，他处则无。故河自鲔穴以上，又兼鲔称。（第148页）

按："然非时及他处则无"当作一句读。这句话是说，若不在一定的季节（春季）以及不在此处（鲔渚）而是在别的地方，则没有鲔鱼。又"春荐鲔"后当改用句号。

[54]《魏土地记》曰：秀容，胡人，徙居之，立秀容护军治，……（第199页）

按："秀容"，地名，非胡人。"胡人徙居之"，中间不应逗断。北魏时，秀容为东胡契丹人聚居之地。

[55] 洛阳，故宫名，有朱雀阙、白虎阙、苍龙阙、北阙、南宫阙也。《东观汉记》曰：更始发洛阳，李松奉引车马，奔触北阙铁柱门，三马皆死，即斯阙也。（第541页）

按：洛阳非宫名，"洛阳故宫名"当作一句读。后面几句当读为："李松奉引车，马奔，触北阙铁柱门，三马皆死，即斯阙也。"

[56] 径一故城，以为河连城，疑是临渝县之故城，王莽曰：凭德者矣。（第480页）

按："凭德者矣"，并不是王莽说的话，"曰"，在这里是"称"、"谓"的意思。故"曰"字后不当加冒号。

[57]《释名》：湄，眉也，临水如眉，临，目也。（第275页）

按：后一句当读作"临水如眉临目也"。谓湄本岸边，湄之临水如眉之临目。

第三，当属上而误属下者。

[58] 魏太祖平荆州，汉吏部尚书安定梁孟皇，善师宜官八分体，求以赎死，太祖善其法，常仰系帐中爱玩之，以为胜，宜官北宫榜题，咸是鹄笔。（第540页）

按：依此读，则后二句意为：宜官所居北宫之榜题，均梁鹄（字孟皇）所书。这显与事实不符。师宜官本人也是当时著名书法家。"宜官"二字当属上读。晋卫恒《四体书势》云："魏武帝悬著帐中，及以钉壁玩之，以为胜宜官。今宫殿题署多是鹄篆。"可证此读之误。

[59] 遵躬率吏民，投沈白马，祈水神，河伯亲执圭璧，请身填隄，庐居其上，……（第175页）

按：河伯即传说中的水神，"水神"在句中是"河伯"的同位语。"河伯"二字当属上读。

[60] 彼日浮图坏尽，条王弥更修治，一浮图私诃条王逬（送）物助成，今有十二道人住其中。（第12页）

按："一浮图"三字当属上，读为："条王弥更修治一浮图，私诃条王送物助成。"

[61] 成都王使吴人陆机为前锋都督，伐京师轻进，为治军所处，大败于鹿苑，人相登，蹑死于堑中及七里涧，涧为之满，即是涧也。（第552页）

按："蹑"字当属上读，"人相登蹑"是说战败的士兵互相挤压践踩。又，上文"伐京师"后当逗。

[62]《竹书纪年》魏襄王十二年，秦公孙爰率师伐我，围皮氏，翟章率师救皮氏，围疾西风，十三年城皮氏者也。（第214页）

按："围疾西风"不可解，"围"字当属上读。"疾西风"，即疾猛的西风。《竹书纪年》文，于记叙史实时，亦常纪录自然现象。

[63] 又皇甫谧《帝王世纪》云：王室定，遂徙居成周，小不受，王都故坏翟泉而广之，……（第544页）

按："王都"二字当属上读，"小不受王都"，言成周范围小，容纳不了周天子之都城。又，"小"字可单独逗开。

[64] 布弯弓曰：观布射戟，小支中者，当各解兵，不中可留决斗，一发中之，遂解，此即布射戟支处也。（第819页）

按：三国时使用的戟，在锋刺一侧，有一横出而向前弧曲的旁刺，称为小支。吕布所射即戟之小支，故"小支"二字当属上读。又，"不中"后当逗断。"决斗"和"遂解"后当改用句号。
第四，当属下而误属上者。

[65] 遣恭军吏范羌，将兵二千人迎恭，遭大雪丈余，仅能至城中，夜闻兵马大恐。羌径呼曰：我范羌也。（第39页）

按：依原标点，"夜闻兵马大恐"的主语当是范羌，然则此"兵马"又从何处来？下文云："城中皆称万岁，开门相持涕泣，尚有二十六人。"可知范羌所带人马并未至城中。"城中"二字当属下读，指陷于危城中的耿恭等人。

[66] 城北，韩之市地也。聂政为濮阳严仲子刺韩相侠累，遂披面而死，其姊哭之于此城内，有后汉酸枣令刘孟阳碑。（第263-264页）

按：聂政姊所哭之处乃韩之市，"城内"二字当属下读。"其姊哭之于此"，"此"即指代上文所说的"城北，韩之市地也"。

[67]《释名》曰：屏，自障屏也。罘思在门外，罘，复也，臣将入言事于此，复重思之也。（第541页）

按："罘思"，又写作"罘罳"，乃门外之屏，非言事之地。"于此"二字当属下读。谓臣将入宫言事，于此屏前复重思之。

[68] 段元章善风角，弟子归元章，封筒药授之，曰：路有急难开之，（第655页）

按："弟子归元章"，"元章"二字当属下读。这里不是说弟子回到元章这里来，而是离开元章回去。又，最后一句当改用句号，元章之言止此。

[69] 开阳门始成，未有名宿，昔有一柱，来在楼上。（第548页）

按："未有名宿"不可解，"宿"字当属下读。"宿昔"谓一夜之间，"昔"通"夕"。这种用法，魏晋南北朝时期常见。如《搜神记》卷六"右校别作中，有两樗树，皆高四丈所，其一枝宿昔暴长，长一丈余，粗大一围"。

[70] 瓒《注汉书》云：案韩非书秦昭王越长平，西伐修武时，秦未兼天下，修武之名久矣。（第298页）

按：依原标点，则韩非书所云当至"秦未兼天下"一句，但韩非生前未及见秦兼天下，不得有此语。"时"字当属下读。韩非文止于"西伐修武"，后面当用句号。又，首句当作"瓒注《汉书》云"。

第五，数误兼有者。

[71] 问郑客（容）安之，答曰：之咸阳。过镐池［车上人］曰：吾华山君使愿托书致镐池，君子之咸阳过镐池，见大梓下有文石，……谒者出受书，入又见顷，闻语声，言祖龙死。（第601页）

按：原标点多处失误。"之咸阳"后当改用逗号，"过镐池"后当加句号。"吾华山君使"后当逗断。"君子之咸阳过镐池"，"君"字当属上读，"之咸阳"后当逗断。"谒者出"后当逗。"入又见顷"，"入"当属上读。

[72] 陈协数进阮步兵酒后，晋文王欲修九龙堰，阮举协文王用之，……以其年十月二十三日起，作功重人，少到八年四月二十日，毕代龙渠，即九龙渠也。（第529页）

按：首句"后"字当属下读。"阮举协"后当逗断。"作功重人"不可解，"作"字当属上读，此句当作"功重人少"。后二句中"毕"字亦当属上读。

[73] 垍按皇甫谧《帝王世纪》曰：尧封唐，尧山在北唐水西，入河南，有望都山，即尧母庆都所居，相去五十里，都山一名豆山。（第393页笺语）

按：中间数句当读为"尧山在北，唐水西入河，南有望都山"。依原标点，方位不明。

[74] 世祖之少数归外氏，及之长安，受业赍送，甚至世祖即位，追爵敬侯。（第950页）

按：这几句原标点多处失误，当读为"世祖之少，数归外氏，及之长安受业，赍送甚至，世祖即位，追爵敬侯"，东汉樊重是刘秀的外祖母，故称"外氏"。

[75] 其中悉生兰草，绿叶紫茎，芳风藻川，兰馨远馥，俗谓兰为都梁山，因以号县受名焉。（第1184页）

按："兰"缓言之则为"都梁"，后两句当读为："俗谓兰为都梁，山因以号，县受名焉。"

[76] 虽男女裸露，不以为羞。暑衰薄日，自使人黑积习成，常以黑为美，《离骚》所谓玄国矣。（第1145页）

按：中间几句当读为"自使人黑，积习成常，以黑为美"。

[原载于《古籍研究》1987年第4期；《古籍点校疑误汇录（五）》，中华书局1990年版]

新版戴本《水经注》标点献疑

陈桥驿先生点校的戴震校本《水经注》，1990年由上海古籍出版社出版以来，受到郦学界及广大读者的好评。可以说，是迄今为止质量最高的一个《水经注》标点本。但正如陈先生在"前言"中指出的，"因为郦注牵涉广泛"，"绝非一人的知识水平可逮"。从《水经注》整理的历史来看，标点问题就一直没有得到圆满解决。为了使这一善本更臻完善，笔者不揣谫陋，特将在阅读中发现的标点方面的疑误之处，择其要，分类录出，以供再版时参考。

一、与地名有关的

（1）故渎出于二利之间，间关女阳之县，世名之死汝县，取水名，故曰女阳也。（第420页）

按，依此句读，则此文是说女阳县又名死汝县，实非。从本书前文（第418页）所引阚骃说可知，女阳县在死汝水（汝水的支流，即所谓"故渎"）之北，古以水之北为阳，故称汝阳，又以死汝水枯竭无水，故去"汝"字水旁，称女阳县。原文后几句当读为"世名之死汝，县取水名，故曰女阳也。""名之"的"之"，指代"故渎"，非谓女阳县。

（2）应劭曰：涿郡，故燕，汉高帝六年置，其南有涿水郡，盖氏焉。（第250页）

按，汉代有涿郡，无涿水郡。后两句当读为"其南有涿水，郡盖氏焉"，是说涿郡南有涿水，郡大概就因而以"涿"为名。"氏"在郦注中有"命名"义。

（3）楚成得臣帅师伐陈，遂取谯城、顿而还是也。（第448页）

按，春秋时，谯（今本《左传》作"焦"）为陈邑，而顿为诸侯国，鲁定公十四年（前496年）为楚所灭。成得臣伐陈在鲁僖公二十三年（前637年），当时楚并未取顿国。原文"城"字当属下，"谯"字后当用逗号。"城顿"即筑城于顿。顿国国君为陈所胁迫出奔于楚，楚城顿，是为僖公二十五年"纳顿子于顿"做准备。

（4）水北即阳邑县故城也。竹书纪年曰：梁惠成王九年，与邯郸、榆次、阳邑者也。（第137页）

按，依此句读，则邯郸、榆次、阳邑为并列三地名，皆梁国割与别国者。但在战国时，邯郸不属梁国所有，显然有误。这里的邯郸系为赵国别称，因赵建都于邯郸，故称之。古有此习惯，如魏都大梁，则称魏为梁。韩在灭郑后，迁都于郑（河南新郑），故《竹书纪年》又称韩为郑。这里是说梁国割榆次、阳邑两地给赵国。故"邯郸"后顿号当删。

（5）梁惠成王十一年，郑釐侯使许息来致地，平丘、户牖、首垣诸邑，及郑驰道，我取枳道与郑鹿，即是城也。（第95页）

按，依此标点，梁所取者为枳道与郑鹿二地。枳道当为郑驰道中一部分，而"郑鹿"之地，则于古无征。"取枳道"和"与郑鹿"当为两回事，一取一与，中间应加逗号。"与郑鹿"，谓给郑国以鹿邑（即鹿鸣城）。这里所说的是梁（即魏国）和郑（即韩国）为调整疆域而交换土地。"郑鹿"之"郑"为国名，"鹿"为地名，其专名号应分开。

（6）徐广史记音义曰：泗水，国名，汉武帝元鼎四年，初置都凌，封常山宪王子思王商为国。（第590页）

按，汉有凌县，故城在今江苏宿迁县东南50里。无都凌县。所谓"初置"，是指首次设置泗水国。"都凌"指建国都于凌县。故"初置"二字当属上，"都"字下专名号当删。

(7) 帝即位，母丁太后建平二年崩，上曰：宜起陵于恭皇之园，送葬定陶贵震山东。（第155页）

按，此以"贵震山"为山名，大误。"山东"指河南崤山以东地区。"贵震山东"是说丁太后享受的贵宠震动山东一带。原文"定陶"后应加逗号，"贵震山"旁专名号应移至"山东"二字旁。又"宜起陵于恭皇之园"一句是哀帝说的话，后面的逗号应改为句号。

(8) 昭帝元凤六年，封右将军张安世为富平侯，薨，子延寿嗣国，在陈留别邑，在魏郡。（第113页）

按，别邑，在这里是指另外的封邑，非专有的地名，其专名号当删。后几句当读为："子延寿嗣，国在陈留，别邑在魏郡。"

(9) 方知应、阚二说，非实证也。盖夏水暴长，施合于肥，故曰合肥也，非谓夏水。

按，"夏水暴长"的"夏水"，当指夏季的水。该书第543页云"夏水急盛，川多湍狭，行旅苦之"，"夏水"与此义同。郦氏认为合肥得名，是由于夏季水涨时施水与肥水合，不如应劭、阚骃所说的，由于夏水（在今湖北省），与肥水合。故前一"夏水"旁的专名号当删。

(10) 武帝元光中，河决濮阳、汜郡十六，发卒十万人塞决河，起龙渊宫。（第104页）

按，汉代郡国无名"汜郡"者。"汜"当作"汜"，古书中"汜"与"汜"常混用，《汉书·武帝纪》正作"汜"，汜，义为水涨溢延漫。《汉书》颜师古注"汜郡十六"云："水所汜及，凡十六郡界也。"故"汜郡"旁专名号当删，"濮阳"后顿号应改为逗号。

（11）俗说高祖与项羽战于京、索，遁于薄中。羽追求之，时鸠止鸣其上，追之者以为必无人，遂得脱。（第149页）

按，"薄中"非地名，其专名号当删。薄即丛薄。古人称"聚本曰丛，深草曰薄"，丛薄，草木丛生之处，故能有"鸠止鸣其上"。《太平御览》卷921引此即作"遁丛薄中"。

二、与人名有关的

（12）咸熙二年，襄武上言，大人见，身长三丈余，迹长三尺二寸，白发，著黄单衣巾，拄杖呼民王，始语云：今当太平，十二月天禄永终，历数在晋。（第342页）

按，"拄杖呼民王"，甚费解。标点本《三国志·魏书·三少帝纪》记此事，读作"柱杖，呼民王始语云：'今当太平。'"甚是。"王始"乃人名，当加专名号，姓名之间逗号应删。"今当太平"后逗号应改为句号，大人之语止此四字。

（13）应劭曰：左传，宗败狄于长丘，获长狄，缘斯是也。（第154页）

按，据《左传·文公十一年》记载，长狄，是狄之一种，缘斯乃其酋长之名，故史称"长狄缘斯"，四字当加专名号，"长狄"后逗号应删。

（14）晋太始初，以封安平献王孚长子望本，治在石城山上，因梁希侵逼，徙治此城。（第577页）

按，据《晋书·宗室列传》，晋安平献王司马孚有子单名"望"，无名"望本"之子。"本"字当属下。"本治在石城山上"是说义阳郡郡治原本在石城山上。

（15）更始发洛阳，李松奉引车马奔触北阙铁柱门，三马皆

死，即斯阙也。（第329页）

按，据《后汉书·刘玄传》，为更始帝导引车驾而发生撞铁柱门事故的，名叫李松。"奉引"连读，义为导引。汉代专职导引皇帝车舆者，官名奉车。又，中间几句当读为"李松奉引车，马奔，触北阙铁柱门"。若依原句读，则车触铁柱门似是李松故意制造的事故，与事实不符，故《后汉书》作"马惊奔"。

（16）春秋经书夏叔仲彭生会晋郤缺于承匡。（第447页）

按，依此标点，"夏叔仲""彭生"似为两人名。检《春秋·文公十一年》文，"夏"原指季节。叔仲彭生，鲁之宗族，叔仲为氏，彭生为名。故"夏"字后当逗断，其专名号当删。另外，"春秋经书"后亦应加冒号。

（17）昔慕容廆有骏马，赭白有奇相，逸力至俊，光寿元年，齿四十九矣，而骏逸不亏。（第273页）

按，在郦注这一段话的前后，都谈到慕容廆之孙慕容俊，"光寿"是慕容俊任前燕王时的年号。故此文中"俊"字是人名，当加专名号。据《晋书·慕容俊载记》，"赭白"是马名。前几句应读为："昔慕容廆有骏马赭白，有奇相逸力，至俊光寿元年，……"

（18）郎至鱼所，见是两石，信之而去。文始异之。石有铁文，入山就石冶铁，锻作两刀。（第684页）

按，仅有铁文，不堪冶炼。"铁文"之"文"，当是人名，即前面所说的夷帅范椎的家奴范文。"文"字当加专名号，属下读。

（19）南二里有汉太傅掾桥载墓，碑载字元宾，梁国睢阳人也，睢阳公子熹平五年立。（第454页）

按，"墓碑"可言"立"，"墓"不可言"立"，"墓"字后逗号当移至"碑"字后。"载字元宾"之"载"是人名，即桥载，当加专名号。

（20）齐、郑会于石门、郑车偾济即于此也。（第164页）

按，"郑车偾"三字加专名号，似以为人名。《左传·隐公三年》："郑伯之车偾于济"，偾，仆也。济，水名。杜预以为郑伯之车倾复于济水，乃遇大风之故。原文"车偾"旁专名号当删，而"济"字旁当加专名号。

（21）华元杀羊食士，不及其御，将战，羊斟曰：畴昔之羊子为政，今日之事，我为政。（第446页）

按，"羊子"二字加专名号，似以为人名。实误。此句当读为"畴昔之羊，子为政"，"羊"即"杀羊食士"之"羊"，"子"谓华元。"羊子"旁专名号当删。

（22）诗至孝，母好饮江水，嗜鱼脍，尝以鸡鸣遡流汲江，子坐，取水溺死。（第634页）

按，此以"子坐"为句，并在"坐"字旁加专名号，似以"坐"为姜诗之子名。《后汉书·列女传·姜诗妻》及《东汉观记·姜诗传》皆未言及其子之名。《后汉书》之"其子后因远汲溺死"，这里的"坐"亦当作"因"解。"子坐取水溺死"作一句读，"坐"字旁专名号当删。

三、与书名有关的

（23）［赵高］偷窃很鄙，有辱天官，易讯负乘，诚高之谓。（第198页）

按，负乘，谓小人而居君子之位，典出《易经·解卦》。上文"易讯负乘"的"易"当加书名号。

（24）禹著<u>山经</u>，淇出沮洳。<u>淇澳卫诗</u>，列目又远，当非改绛，革为今号。（第218页）

按，《诗经·卫风》有《淇奥》篇。上文"淇澳卫诗"是说《淇澳》乃卫国的诗篇。故"淇澳"二字应改用书名号。又《山海经·北山经》："东三百里，曰沮洳之山，无草木，有金玉。瀁水出焉，南流注于河。"故"淇出沮洳"的"沮洳"二字当加专名号。

（25）或云：即古仙人<u>王乔</u>也，是以<u>干氏</u>书之于神化。（第408页）

傍有一<u>吏</u>立曰：吾<u>庐君</u>主簿，敬君之义，悉还二女。故<u>干宝</u>书之于感应焉。（第744页）

按，据《晋书·干宝传》，干宝作《搜神记》30卷。原书至宋代已散佚，今人所见20卷本乃明人所辑录，已非原貌。《搜神记》原书按类成篇，王乔事收入《神化》篇中；张公直不愿以亡兄女代己女嫁庐山神事收入《感应》篇中。故"神化""感应"当加书名号。

（26）<u>太学赞</u>别<u>赞贡</u>一碑，在讲堂西，下列石龟碑，载<u>蔡邕</u>、<u>韩说</u>、<u>堂谿典</u>等名。<u>太学弟子赞</u>复一碑，在外门中。今二碑并无。（第334页）

按，结语云"二碑并无"，指上文太学赞与太学弟子赞二碑，不得更有"石龟碑"。此文当在"龟"字后读断，"碑"字属下读。"下列石龟"，谓太学滉碑下有龟形碑座，古称"龟趺"。"石龟碑"旁书名号当删。

四、与官名有关的

（27）<u>楚左司马</u>使谓<u>阴地之命</u>，大夫<u>士蔑</u>曰：<u>晋</u>、<u>楚</u>有盟，好恶同之，不然将通于<u>少习</u>以听命者也。（第397页）

按，"命"字后逗号当删。《左传·哀公四年》杨伯峻注之："命大夫者，曾经周王或晋侯所亲命之大夫。命即一命、二命、三命之命，与一般守县邑之大夫不同。"又，阴地，古地名，在今河南卢氏县东北，为晋国南面要道。故"阴地"二字应加专名号。

（28）庙宇东向，门有两石人对倚，北石人胸前铭云：门亭长石人。西有二石阙，虽经颓毁，犹高丈余。（第335-336页）

按，门亭长，官名，州郡县佐吏，掌州郡县门及通报纠仪诸事。铭文止此三字，其后当用句号。"石人西有二石阙"作一句读。

（29）昔秦始皇遭风于此，而问其故博士。曰：湘君出入则多风。（第722页）

按，秦时，博士为掌议论政事及礼仪的官员，他们博古通今，备皇帝顾问。"故博士"之称费解。"其故"后当加逗号。"博士"后句号当删。

（30）郦食其有功，封高阳侯。有郦峻，字文山，官至公府掾、大将军，商有功，食邑于涿，故自陈留徙涿。（第461页）

按，古文云"官至"，其后所言之官职即此人一生中的最高职位。如官至大将军，则不必再提品位甚低的公府掾。郦峻官仅至公府掾，其后顿号当改句号。大将军在汉初乃将军中地位最高者之称。郦商在汉高祖时任将军，又迁右丞相，因此可称大将军。该书第217页亦云："大将军郦商以高祖六年封曲周县为侯国。"故上文"大将军"后逗号当删。

（31）春秋昭公十七年，郯子朝鲁公与之宴，昭子叔孙婼问曰：少昊鸟名，官何也？（第503页）

按，后一句当读作："少昊鸟名官，何也？"是问少昊用鸟名作官名的原因。少昊名挚，相传为黄帝之子，在位时，曾用鸟名作官名，如司徒称祝鸠氏，司马称睢鸠氏等。又，这几句是记叙郯国国君赴鲁朝会，鲁昭公设宴接待之事，首句应读为"郯子朝鲁，公与之宴"。

五、与史实有关的

(32) 高祖二年，曹参假左丞相，别与韩信东攻，魏将孙遨军东张，大破之。(第134页)

按，依此句读，则曹参、韩信在东攻时，为魏将所破，但据《汉书·曹参传》，史实与此恰恰相反，"东攻"后逗号当删。

(33) 绍将麴义破瓒于界城桥，斩瓒。冀州刺史严纲又破瓒殿兵于桥上，即此梁也。(第197页)

按，据《后汉书》《三国志》等史书记载，公孙瓒是在建安四年(199年)兵败自杀的，这里说在初平三年(192年)的界桥之战中被斩，与史实不符。麴义所斩的应是公孙瓒任命的冀州刺史严纲。故"斩瓒冀州刺史严纲"当作一句读。

(34) 光武使邓禹发房子兵二千人，以铫期为偏将军，别攻真定宋子，余贼拔乐阳禀肥垒者也。(第221页)

按，《后汉书·铫期传》云："使期别徇真定宋子，攻拔乐阳、槀肥累。"可见攻拔乐阳等地的是铫期，不是余贼。"余贼"二字当属上。又，郦注"禀"字似当依《后汉书》作"槀"，槀城县与肥累县当时并属真定国。"乐阳、槀、肥垒"三地名之间当加顿号。

(35) 汲冢竹书纪年曰：晋武公元年，尚一军芮人乘京，荀人、董伯皆叛。(第73页)

按，"尚一军芮人乘京"，颇费解。"尚一军"后当加句号读断。春秋时，"王六军，大国三军，次国二军，小国一军"，武公当时仅据有曲沃，尚未兼并晋国，只能比之小国，还只有一军，故云"尚一军"。

(36) 甲午火桥，乙未立春之日也，予以神明圣祖。黄虞遗统受命，至于地皇四年，为十五年，正以三年终冬，绝灭霜驳之桥，欲以兴成新室，统一长存之道，其名霸桥为长存桥。（第372页）

按，这是王莽所下的诏书，王莽自称"托于皇初祖考黄帝之后，皇始祖考虞帝之苗裔"（《汉书·王莽传》），尊黄帝虞舜为"神明圣祖"，故"圣祖"后句号当删。又，"欲以兴成新室统一长存之道"当作一句读。

（37）魏明帝景初元年徙长安，金狄重不致，因留霸城南。（第373页）

按，依此句读，则将被理解为魏明帝迁都长安，与史实不符。魏明帝所迁者乃长安城内的金狄（铜人），故"金狄"二字当属上。

（38）建武二年，世祖遣征虏将军祭遵攻蛮中山贼张满、时厌新、柏华余贼合攻，得霍阳聚即此。（第402页）

按，《后汉书·祭遵传》云："而厌新、柏华余贼复与满合，遂攻得霍阳聚"，"合"与"攻"是先后发生的两件事，"攻"字当属下。又"张满"后顿号当改为逗号。

（39）［迷唐］复叛，居河曲，与羌为仇，种人与官兵击之。允川去迷唐数十里，营止，遣轻兵挑战，因引还，迷唐追之。至营因战，迷唐败走。（第28页）

按，允川，古地区名，范围较广，相当今青海青海湖东南、贵德县西北的黄河以北地区。当时羌人迷唐部亦在此地区内，故不能说"允川去迷唐数十里"。"允川"二字当属上。"去迷唐数十里营止"连读，主语是"种人与官兵"，承上省略。

六、与古代文化有关的

（40）渠水又西历庙社之间，南注南渠。庙社各以物色辨。方周礼，庙及路寝，皆如明堂，而有燕寝焉。（第330页）

按，庙社，指宗庙社稷。古代社稷坛，常铺以五色土，用以表方位，黄土表中央，青土表东方，赤土表南方，白土表西方，黑土表北方。至今在北京中山公园内还能看到。由此可知，这里当以"庙社各以物色辨方"为句。"物色"指颜色，郦注常用词。"方"指方位，该书第526页云"县有五色土，王者封建诸侯，随方受之"，"方"字义与此同。又，"周礼"，在这里是指周代制度，非书名，书名号当删。

（41）河南有钩陈垒，……紫薇有钩陈之宿主，斗讼兵阵，故遁甲攻取之，法以所攻神，与钩陈并气下制，所临之辰，则决禽敌，是以垒资其名矣。（第88页）

按，中间数句，标点讹误甚多。当读为："紫薇有钩陈之宿，主斗讼兵阵。故遁甲攻取之法，以所攻神与钩陈并气，下制所临之辰。""宿"谓星宿，《星经》云："钩陈六星，主天子六军将军。"扬雄《甘泉赋》："伏钩陈使当兵"，李善注："当，主也。主谓典领也。"

（42）庙前有碑，晋惠帝永康元年八月十四日壬寅，发诏锡君父子，法祠其碑。刘曜光初七年，前顿丘太守郎宣、北平太守阳平邑振等，共修旧碑，刻石树颂焉。（第246页）

按，"法祠其碑"。甚为不辞。"法祠"二字当属上为句。古代对天子御用设备常加"法"字称之，如法驾、法宫、法座、法仗等。"法祠"谓天子规格的祠庙。因文中所说的"父子"，是汉武帝的后代，故晋惠帝赐之法祠。"其碑"后，句号当改为逗号。

（43）孙畅之尝见青州刺史傅弘仁说临淄人发古冢，得桐棺

前和外稳起为隶字，言<u>齐太公六世孙</u>，<u>胡公</u>之棺也。（第334页）

按，古称棺材两头的木板曰和，前和，即棺前额。"得桐棺"后当加逗号。又，"齐太公六世孙"即"胡公"的同位语，中间的逗号当删。

（44）水西有<u>桓公冢</u>，甚高大，……余一墓方七丈。二坟，<u>晏谟</u>曰：依陵记非葬礼，如承世故，与其母同墓而异坟。<u>伏琛</u>所未详也。（第519页）

按，依此标点，"二坟"当指上述"桓公冢"与"余一墓"，实误。古代"坟"与"墓"有别，葬而垒土隆起曰坟，不垒土堆曰墓。这里的"二坟"，是说桓公冢以外的另一墓，墓上垒有两座坟堆。故"方七丈"后句号当改为逗号，"二坟"后逗号当改为句号。

（45）<u>渠水自铜驼街东迳司马门南</u>，<u>魏明帝</u>始筑，阙崩，压杀数百人，遂不复筑，故无阙门。南屏中旧有置铜翁仲处。（第330页）

按，魏都洛阳城司马门（皇宫外门），早已有之，曹植就曾因私开司马门而失去曹操宠爱。故魏明帝始筑者非门，而是门前之阙（宫门两侧的高台），应以"魏明帝始筑阙"为句。"故无阙"后当加句号，"门"字当属下。阙无，门尚在。

（46）城中有石柱，亦高三丈余，上有师子柱，有铭记，作<u>泥犁城</u>因缘，及年数日月。（第10页）

按，三丈石柱上复有一柱，如此建筑物，令人费解。当以"上有师子"为句。佛教认为佛陀是"人中狮子"，故常于石柱上雕作狮子形象。"柱有铭"为句，"记"字属下读，谓铭文所记的内容。

（47）<u>释名</u>曰：屏，自障屏也；萧思在门外，萧复也。臣将入请事于此，复重思之也。（第329页）

按，罿思是门外之屏，非臣向君请事之所，"于此"二字当属下，谓请事之前于罿思处复重思之。又，"罿复也"，"复"字前当加逗号。

七、与引文有关的

（48）竹书纪年，梁惠成王五年，公子景贾帅师伐郑，韩明战于阳，我师败逋泽。北有壇陵亭，亦或谓之大陵城，非所究也。（第159页）

按，所引《竹书纪年》文当至"逋"字为止，"泽"字属下读。"败逋"即"败逃"，《竹书纪年》常用词语。《水经注》下文所引亦云"战于桂阳，我师败逋"。"逋泽"二字旁专名号当删。

（49）故豫章以树氏郡，酸枣以棘名邦，故曰酸枣也。汉官仪曰：旧河堤渴者居之城西，有韩王望气台。（第158页）

按，所引只有"旧河堤渴者居之"七字是《汉官仪》的原文。"城西"二字当属下为句。

（50）昔赵杀鸣犊，仲尼临河而叹。自是而返曰：丘之不济，命也。夫琴操以为孔子临狄水而歌矣。（第107页）
余按诸子书及史籍之文，并言仲尼临河而叹曰：丘之不济，命也。夫是非太行回辕之言也。（第187页）

按，所引孔子的话见《史记·孔子世家》，原作："丘之不济此，命也夫！""夫"字当属上读。"也夫"，语气词连用，表感叹。

（51）山海经曰：蔓渠之山，伊水出焉。淮南子曰：伊水出上魏山。地理志曰：出熊耳山即麓大同，陵峦互别耳。（第308页）

按，上文仅"出熊耳山"四字引自《汉书·地理志》，其后应加句号。后两句是郦氏语，说明三座山互别，但其山麓却相同。亦即同属一个山脉。

（52）涑水又西南迳左邑县故城南，故曲沃也。……春秋传曰：下国有宗庙，谓之国。在绛曰下国矣，即新城也。（第131页）

按，《春秋》三传皆无此语。中间两句当读为"《春秋传》曰下国。有宗庙谓之国"，是说曲沃在《春秋传》中被称之为"下国"。《左传·僖公十年》："狐突适下国"，杜预注："下国，曲沃新城也。"曲沃武公兼并晋国，迁居晋都城绛，其原先的都城曲沃虽有祖先宗庙，但对绛来说，只能称下国。《左传》服虔注云："曲沃，有宗庙，故谓之国。在绛下，故曰下国也。"（《史记·晋世家》裴骃《集解》引）

八、与读音有关的

（53）南城即被阳县之故城也，北枕济水。地理志曰：侯国也。如淳曰：一作疲，音罢，军之罢也。（第169页）

按，"音罢军之罢也"当作一句读。"罢军"谓疲惫的军队。"疲"，古多借用"罢"。如淳在这里是为"被阳县"的"被"字注音。古人为避免一字多音带来的麻烦，常用这样的方式注音，如该书第683页："阚骃曰：比，读荫庇之庇。"

（54）浇水又东南流迳浇县故城北，……应劭曰：浇水所出，音绞，经之绞也。（第587页）

按，标点误与上同。"音绞经之绞也"当作一句读。"绞经"同义连文，皆绞缢之义。应劭认为浇县之浇读jiǎo，不读浇的另一音xiáo。

（55）近所谓降水也。降当读如郕，降于齐师之降，盖周时

国于此地者，恶言降，故改云共耳。（第217页）

按，"郕降于齐师"（郕今本作成）是《春秋公羊传·庄公八年》经文中的一句话。"郕"是春秋时的诸侯国，鲁庄公八年投降齐国。这里是说"降水"之"降"，本应读投降的"降"，周代建国于此地的人，改读"共"。故"郕"字后逗号当删，其旁应依例加专名号。

（56）薄骨律镇城在河渚上，……访诸耆旧，咸言故老宿彦云：赫连之世，有骏马死此，取马色以为邑号，故目城为白口骝韵之谬，遂仍今称，所未详也。（第45页）

按，"故目城为白口骝"后当加逗号。白口骝，指马身为枣红色，鬣、尾黑色，口部白色。这里是说，此城本以骏马毛色命名，称为白口骝城。"韵之谬"，谓俗音讹谬。明代朱谋㙔笺云"韵下当有转字，谓白口骝转读作薄骨律耳"，"转"字虽不必有，但他的理解是完全正确的。

九、与词义有关的

（57）又东有汤井，广轮与火井相状，热势又同，以草内之，则不燃，皆沾濡露结，故俗以汤井为目井。东有火井祠，以时祭祀焉。（第262页）

按，"以汤井为目井"，义不可解。"井"字当属下读。"以汤井为目"，谓以汤井为名称。"目"为称呼、名称之义。郦注常用词。"目井"非井名，专名号当删。

（58）更始使谒者韩鸿北徇承制，拜吴汉为安乐令，即此城也。（第276页）

按，"承制"，义为秉承皇帝旨意而便宜行事。二字当属下为句。《后汉书·吴汉传》："更始立，使使者徇河北，……鸿召见汉，甚悦之，遂承制拜为安乐令。"可以参看。

（59）郡人王次仲，少有异志，年及弱冠，变苍颉旧文为今隶书。秦始皇时官务烦，多以次仲所易文简便，于事要奇而召之，三征而辄不至。（第271页）

按，事要，重要的事物，在这里泛指各项政务。中间几句标点讹误较多，应读为"秦始皇时官务烦多，以次仲所易文简便于事要，奇而召之"。

（60）于是百役繁，帝躬自掘土，率群臣三公已下，莫不展力。（第324页）

按，"率"在此句中义为"表率"，"率群臣"指为群臣表率。"臣"字后当加句号。一《水经注》选本，译后两句为"率领三公以下的大臣们，没有不用力的。"句子有明显语病，皆因误解此"率"字之义。

（61）开阳门始成，未有名宿，昔有一柱来，在楼上。琅琊开阳县上言，县南城门一柱飞去。（第333页）

按，"未有名宿"，义不可解。中间几句当读为"未有名，宿昔有一柱，来在楼上"。"宿昔"，指夜里、夜晚。

（62）车驾每出，恭常陪乘，上顾问民政，无所隐讳，故能遗爱，自古祠享来今矣。（第434页）

按，"遗爱"，古指官员为政以德，以至于遗留仁爱于后世，被人追怀。"自古"二字当属上。"遗爱自古，祠享来今"对偶句，与该书第73页"德尊万古，芳越来今"句式同。

（63）碑字倾低，羊虎碎折，惟司徒浐、蜀郡太守腾、博平令光碑字所存，惟此自余，殆不可寻。（第446页）

按，"碑字"后当加句号读断。后两句当读作："所存惟此，自余殆不可寻。""自余"犹其余，自此以外。

（64）国语所谓楚灵王阙为石郭陂，汉以象帝舜者也。（案吴语，子胥称楚灵王不君，乃筑台于章华之上，阙为石郭陂，汉以象帝舜，韦昭云：阙，穿也，陂，壅也，舜葬九疑，其山体水旋其丘下，故壅汉水，使旋，石郭以象之。）（第556页）

按，"石郭陂"三字的专名号当删，石郭是古人墓中置棺的石室，"郭"字后当逗断。"陂"训壅，"陂汉"为句，谓壅阻汉水。目的是使水流改道，绕其石郭西流，以象舜墓之有水旋绕其下。《国语》韦昭注已作解释。戴震案语所引《吴语》及韦注中，"陂"字亦当属下，"帝舜"后逗号当改句号，"使旋"后逗号当删。

（65）春秋左传隐公十一年，郑、息有违，言息侯伐郑，郑伯败之者也。（第578页）

按，"言"字当属上读，"违言"，杜预注"以言语相违恨"，即因言语不合而失和。

（66）下得金梁洲，洲东北对渊洲，一名渊步洲，江渍。从洲头以上，悉壁立无岸，历蒲圻至白沙方有浦，上甚难。（第658页）

按，"江渍"后加句号，文意甚费解。"渍"谓水边。"江渍从洲头以上"当连读，指长江边从洲头以上一段。

（67）山生牧靡，可以解毒，百卉方盛，鸟多误食，乌喙口中毒，必急飞往牧靡山，啄牧靡以解毒也。（第670页）

按，乌喙，又名乌头，多年生草本植物，茎、叶、根都有毒。鸟所误食而中毒者是乌喙，"乌喙"二字当属上。

（68）朱吾县属日南郡，去郡二百里，此县民，汉时不堪二千石长吏，调求引屈都乾为国。（第683页）

按，调求，征调，征求。古指征收赋税。县民所不堪者，非长吏其人，而是他们征收的赋税。"调求"二字当属上。

（69）后吴猛经过，山神迎猛。猛语曰：君王此山近六百年，符命已尽，不宜久居，非据。（第743页）

按，《易·系辞下》云："非所据而据焉，身必危。"后代遂以"非据"指非分占据的职位。"不宜久居非据"当作一句读。

（70）闽中有徐登者，女子化为丈夫，与东阳赵昞并善。越方时遭兵乱，相遇于溪，各示所能。……登年长昞，师事之。（第750页）

按，徐登与赵昞善，不能说"并善"。此不明"越方"之义而误读。相传越人好巫术，故世称禁咒之术为"越方"。《后汉书·方术传》记此事云"能为越方"，李贤注："越方，善禁咒也。"《搜神记·徐登》作"并善方术"。可知"越方"二字当属上读。又，"师事之"主语不明，后两句当读为"登年长，昞师事之。"

十、与句意有关的

（71）率舜等升于首山，而遵河渚，有五老游焉，相谓：河图将来告帝，以期知我者，重瞳也。（第89页）

按，"以期知我者"文意不明。《论语比考谶》记此事云："有五老游河渚，一老曰河图将来告帝期。二老曰河图将来告帝谋。……咸曰知我者，重瞳也。"今本《竹书纪年》亦有类似记载。可知"以期"二字当属上读。

（72）郭东有五鹿墟，墟之左右多陷城。公羊曰：袭，邑也。说曰：袭，陷矣。（第97页）

按，"袭邑"是名词性词组，中间不应逗断。"公羊曰"后的冒号亦不宜有。这里是说：五鹿墟左右之陷城。《公羊传》称之为"袭邑"。《公羊传·僖公十四年》："此邑也，其言崩何？袭邑也。"何休注："袭者，嘿陷于地中。"

（73）汉世河决，<u>金堤</u>南北离其害，议者常欲求<u>九河</u>迹而穿之，未知其所。（第98页）

按，金堤，黄河河堤名。汉代此堤常溃决。《汉书·沟洫志》："孝文时河决酸枣，东溃金堤。"故"金堤"二字当属上，指黄河溃决的处所。

（74）拜邓训为谒者，监护水功。<u>训</u>隐括知其难，立具言<u>肃宗</u>，<u>肃宗</u>从之，全活数千人。（第118页）

按，"立"字当属上读。"知其难立"的"其"指代疏通水运之功。"功"与"立"相配搭。《后汉书·邓训传》记此事云"训考量隐括，知大功难立，具以上言"，可供参照。

（75）路出北<u>巇</u>，势多悬绝，来去者咸援萝腾鉴，寻葛降深，于东则连木，乃陟百梯方降岩侧，縻锁之迹，仍今存焉，故亦曰<u>百梯山</u>也。（第135页）

按，这里是分别写从北路与东路上下山的艰难情况。"陟"是升登，"降"是下降，"乃陟百梯方降岩侧"，语不可解。中间几句当读为"于东则连木乃陟，百梯方降。岩侧縻锁之迹，仍今存焉"。

（76）汉王之困<u>荥阳</u>也。纪信曰：臣诈降楚王，宜间出。（第149页）

按，依原标点，"宜间出"的主语不明。后两句当读作"臣诈降楚，王宜间出"，"王"谓汉王。

（77）于是<u>冀</u>乃鬼见白日，道从入府，与<u>高</u>及<u>秉</u>等对，共计校定，为适<u>秉</u>所割匿，<u>冀</u>乃书表自理其略，言高贵不尚节，亩

垄之夫，而箕踞遗类，（第197-198页）

按，"书表自理其略"，语不可解。"自理"指为自己申诉，"理"字后当加逗号。"其略言"三字连读，后应加冒号，意谓"所书之表大略是说"。又，"为适秉所割匿"，"适"指上文所说的功曹刘适，其旁应加专名号，其后应加顿号。

（78）栋堵咸沦，柱础尚存，是其基构可得而寻访。诸耆旧咸言，<u>昭王</u>礼宾，广延方士。（第231页）

按，此当以"访诸耆旧"为句，"咸言"属下读。"访"的"探寻""寻查"义起源较晚，郦注中的"访"多作"咨询"解。

（79）石池吐泉，汤汤其下，炎凉代序，是水灼焉，无改能治百病，是使赴者若流。（第267页）

按，温泉的水并非在炎凉代序时才"灼焉"，当以"是水灼焉无改"为句。

（80）<u>后汉</u>建武二年，封骠骑大将军<u>景丹</u>为侯国，<u>丹</u>让<u>世祖</u>曰：富贵不还故乡，如衣锦夜行，故以封卿。（第380页）

按，后面几句明显是世祖说的话，"曰"的主语不应该是景丹，故"丹让"后当加句号。

（81）<u>唐勒</u>奏土论曰：我是楚也。世霸南土，自<u>越</u>以至<u>叶</u>，垂弘境万里，故号万城也。（第407页）

按，"垂"字当属上读，义为边陲。"叶垂"，谓叶邑的边境。

（82）时天大旱，<u>熹</u>躬祷雩，未获嘉应，乃积薪自焚，主簿<u>侯崇</u>、小吏<u>张化</u>从，<u>熹</u>焚焉。（第411页）

按，依原标点，后几句似说，因为侯崇、张化随从，张熹就焚烧他们。实为误解。"从"字后逗号当删。这里是说侯、张二人主动跟随张熹一起自焚。

（83）时天鸿雪下，无人径，有大鸟迹在祭祀处，左右咸以为神。（第455页）

按，鸿，大也。"鸿雪"，大雪。"雪"用如动词，"下"当属下读。

（84）谷有清泉，泉上数丈有石穴三口，容人行，入穴丈余，高九尺许，广四五丈。（第476页）

按，依古汉语习惯，石穴不以"口"为量词。"口"字当属下读，谓穴的入口处。

（85）哀帝时，无盐危山土自起，覆草如驰道状，又瓠山石转立。……（东平王云及后谒）自之石所祭，治石象，报山立石，束倍草，并祠之。（第482页）

按，"覆草"二字当属上读，"自起覆草"为连谓式。"治石象报山立石"当作一句读，象，仿拟，动词。报山即瓠山，应加专名号。中华版《汉书·宣元六王传》标点不误。

（86）昔戎夷违齐如鲁，天太寒而后门与弟子，宿于郭门外。（第486页）

按，"后门与弟子"，不成文义。"与弟子"三字当属下读。事见《吕氏春秋·长利》，高诱注：后门，日夕门已闭也。

（87）臣闻周人思召伯之德，甘棠为之不伐，……今若尽顺民心，则黩而无典建之京师，又逼宗庙，……始听立祀斯庙，盖所启置也。（第531页）

按，甘棠，木名。其专名号当删。"则黩而无典"后当加分号。"尽顺民心"与"建之京师"是为诸葛亮建庙立祀的两种不同意见。

后二句当读作"始听立祀。斯庙盖所启置也"。

（88）蜀郡太守姓王，字子雅，南阳西鄂人，有三女无男，……一女筑墓，二女建楼。以表孝思，铭云墓楼。东平林下，近坟墓，而不能测其处所矣。（第598页）

按，"有三女"后应加逗号，否则会有歧义。铭文当读为"墓楼东，平林下，近坟墓"。后几句是说铭文虽有此数语，却不能测得坟墓的确切处所。

（89）王尝从人止大石，上命作羹，从者白无水，王以剑击石出水，今竹王水是也。（第678页）

按，"上命作羹"，似谓皇上命竹王作羹，实非。"上"字当属上读，"命作羹"的主语应是竹王。

（90）臣所将骆越万余人，便习战斗者二千兵以上，弦毒矢利，以数发，矢注如雨，所中辄死。（第692页）

按，古有毒矢，无毒弦，"弦毒矢利"甚费解。中间几句当读为"便习战斗者二千兵。以上弦毒矢，利以数发"，"以"通"已"，"已上弦毒矢"谓已扣在弦上的毒箭。

（91）马援以西南治远，路迳千里，分置斯县治，城郭穿渠，通导溉灌，以利其民。（第695页）

按，据上文，马援所分置者是望海县一个县，并非县治。后几句当读为："治城郭，穿渠通导溉灌，以利其民。"

（92）县南有兰凤山，山少木多石，驿路带山，傍江路边，皆作栏干。（第759页）

按，后两句当读作"驿路带山傍江，路边皆作栏干"。原标点虽可通，但文意有差误。

［原载于《古籍研究》，1998年第2期］

《水经注》戴校献疑

在《水经注》的诸多版本中，武英殿聚珍本（简称"殿本"）是最为流行的，这绝不仅仅是因为在有清一代是"钦定"的官本，而是因为它"是一种可以代表明清郦学考据学派全部成就的优秀版本"①。但是从殿本问世后不久至今，校订者戴震，却屡遭责难，称其书有剿袭赵一清《水经注释》之嫌，当然，我们没有证据否认戴震参考并吸收了赵一清的一部分校订成果（事实上赵书也是吸收前人的成果而成），正如王国维所说"盖《水经注》之有善本，非一人之力也"，"戴东原氏成书最后，遂奄有诸家之胜，而其书又最先出，故谓郦书之有善本，自戴氏始可也"②。可以肯定地说，在郦书的众多校订者中，戴震的成就是最高的。《水经注疏》的作者杨守敬一方面认为"戴之袭赵，昭然若揭"③，一方面又在《疏》中多次褒戴贬赵，如在卷九《淇水注疏》中说，戴之校改"使上下文相接，焕若神明，顿还旧观，此赵氏学识不及戴处"④。又卷十二《圣水注疏》云"此戴氏细心读上文，故有此改，全、赵不能觉也"⑤。杨氏的学生和合作者熊会贞也明确承认"订正经、注，惟戴之功大"⑥。本来学术研究并非一定要一空依傍，全部自出机杼，而重要的是，是否在前人研究的基础上有所前进，有所创造。当然，殿本并非十全十美，戴校有一些错误已经后人指出，其尤为昭著的是戴氏虽以学识渊博著称，但于佛典涉猎不精，而郦道元生活在佛教盛行的北魏，注中言及佛典甚多，戴氏往往误校。如卷一《河水注》"恒水又东南。迳迦维罗卫城

① 《水经注》陈桥驿点校本"前言"，上海古籍出版社，1990年版。
② 《观堂集林》卷十二《聚珍本戴校〈水经注〉跋》，中华书局，1994年版。
③ 《水经注疏》凡例，江苏古籍出版社，1999年版。
④ 《水经注疏》，江苏古籍出版社，1999年版第850页。
⑤ 《水经注疏》，江苏古籍出版社，1999年版第1104页。
⑥ 《熊会贞亲笔〈水经注疏〉修改意见》，《水经注疏》卷首，江苏古籍出版社，1999年版。

北，故净王宫也"，戴案"'故'下近刻衍'曰'字"①。《永乐大典》本有"曰"字，"曰"字当为"白"字之误。"白净王"是迦维罗卫国国王，亦即佛祖释迦牟尼之父。又称净饭王，不称"净王"。戴误删。又同上"夭魔波旬化作雕鹫恐阿难"，戴案"'夭''妖'通，近刻讹作'天'"②，朱谋㙔笺本作"天魔"，不误。天魔是天子魔之略称，佛教所谓欲界四魔之一，其名为波旬。诸如此类，皆戴校之显误。

特别需要指出的是戴氏自称他所做的工作是"以《永乐大典》所引，各按水名，逐条参校"③。今以殿本与大典本对勘，戴校并没有太多依据大典本，事实正如王国维所说"大典本胜处，戴校未能尽之"④。可能是由于时间仓促，他还来不及对这一珍贵版本作认真研究。这就不能不影响他校勘工作的质量。为了使《水经注》这一善本更臻完美，笔者不揣浅陋，就自己多年来研读殿本及大典本所发现的戴校中的疑误，条陈如下，以就正于方家。

> 恒水东南流，迳拘夷那竭国南。城北双树间，有希连禅河，其水乱流注于恒。（卷一《河水注》）

戴校云："近刻脱'注'字。"淳按，《永乐大典》本、朱谋㙔《水经注笺》本皆无"注"字，不误。戴增"注"字，实由不明"乱流"含义而误校。"乱流"这一词语在郦注中出现百次之多，如卷二《河水注》"洮水又北，翼带三水，乱流北入河"。卷六《洞过水注》"蒋溪又西合涂水，乱流西北入洞过泽也"。卷十一《洛水注》"（杜阳涧水）东与盘水合，乱流东南入洛"。从众多例句中，我们不难看出，郦注中的"乱流"，既不是古注中所说的"绝流而渡"，也不是《汉语大词典》所说的"水流不循常道"，而是指两条或两条以上的水流混合并流。"乱"谓混合，"流"指水流⑤。卷一原文如果是"其水乱流注于恒"，那应该是说希连禅河与别一水混合并流而后注入恒

---

① 《水经注》，上海古籍出版社，1990年版第7页。
② 《水经注》，上海古籍出版社，1990年版第10页。。
③ 武英殿聚珍本《水经注》校上按语。
④ 《观堂集林》卷十二《聚珍本戴校〈水经注〉跋》，中华书局，1994年版。
⑤ 详见拙著《〈水经注〉"乱流"考释》，《古汉语研究》，2001年第3期。

河，但细绎上文，这另一水并不存在。（"希连禅河"后，有一段文字，是为注中之注，故王先谦合校本用小号字排印，其中引支僧载《外国事》提到有一小水，名醯兰那。实即希连禅河。希、醯同音，连、兰音近，禅、那皆梵语"禅那"的省略）。因此原文只能是"其水乱流于恒"，是说希连禅河合流于恒河，亦即与恒河混合并流。

同样，卷二十一《汝水注》"（汝水）又与一水合，水发注城东坂下，东南流注三里水，三里水又乱流入于汝。"戴震及全祖望、赵一清、王先谦、杨守敬、王国维等所校之本皆如上引，重"三里水"字，那么，"乱流"只能是三里水一条水了。依全书通例，后一句"三里水"三字当为衍文。这里应该是说，发自注城东坂的另一水流注三里水，二水"乱流"注入汝水。查《永乐大典》本，果然不重"三里水"三字，与全书通例合，当为郦注的原貌。

> 圁水出西，东入河。王莽更曰黄土也。东到长城，与神衔水合，水出县南神衔山。（卷三《河水注》）

戴校云："'衔'近刻讹作'御'。"淳按，朱谋㙔《水经注笺》作"神御"，其笺语云："古本作'神衔'。"戴氏即据朱所谓古本校改。杨守敬从之，并云"大典本、黄本并作'衔'"[1]，杨氏实未见大典本。今查，大典本作"衔"，这是汉魏以后出现的一个俗字，可作衔的异体，见《篇海类编》及《六书正讹》，但也可作"御"的异体，见辽代释行均所编的《龙龛手鉴·彳部》。两相比较，看作"御"的异体，于文义为长。"神衔"，很费解。"神御"，是古人对帝王外出巡行的敬称，《文选·颜延年〈东驾幸京口三月三日侍游曲阿后湖作〉》"神御出瑶轸，天仪降藻舟"，吕向注："神、天，皆谓帝也。御，幸也。"故"神御山"当谓帝王登临过的山，发源于该山的水就称为神御水。戴震是见过大典本的，但他可能对这一类字形不合规范的俗字缺乏了解，又受朱氏所谓古本的误导而误校。

> 《开山图》曰：有巨灵胡者，偏得坤元之道，能造山川，出江河。（卷四《河水注》）

---

[1] 《水经注疏》，江苏古籍出版社，1999年版第250页。

戴校云："近刻'徧'讹作'偏'。"《永乐大典》本、朱谋㙔《水经注笺》皆作"偏"。戴氏以为不可通，故改作"徧"，即"遍"字。淳按，戴改实误。《庄子·庚桑楚》"老聃之役有庚桑楚，偏得老聃之道"。唐代成玄英疏云："门人之中，庚桑楚最胜，故称偏得之。""偏"在古代可用作副词，表程度之高，与"甚"相当。刘淇《助字辨略》卷二"偏，畸重之辞"。《说文》"偏，颇也"。颇可表有"甚"义，故"偏"亦可用作"甚"。魏晋南北朝时期尤为常见，《水经注》中亦多次出现，如卷十一《滱水注》："匪直蒲笋是丰，实亦偏饶菱藕"，卷二十三《阴沟水注》："其城实中，东北隅有台偏高。"卷二十八《沔水注》："沔水又东，偏浅，冬月可涉渡。""偏饶"即甚多，"偏高"即甚高，"偏浅"即甚浅。"偏得坤元之道"亦即甚得坤元之道，原文不误。戴氏臆改，无据。

> 臣以为累方石为门，若天旸旱，增堰进水，若天霖雨，陂泽充溢，则闭防断水。（卷九《沁水注》）

戴于"若天旸旱"下出校云："案'旸'，近刻作'亢'。"熊会贞云"御览引作'旸'"[1]。淳按，《永乐大典》本作"敖旱"，"敖"通"熬"，"熬"有干焦义。故"敖旱"即"焦旱"，谓气候大旱，曾巩《诸寺院谢雨文》："果获滂沱之泽，大苏焦旱之田"。朱谋㙔本作"亢旱"，"亢"音kàng，有"极甚"义，《左传·宣公三年》："先纳之可以亢宠"，杜预注："亢，极也。"故"亢旱"亦谓大旱，古书常见。如《后汉书》"故殷汤以之自戒，终济亢旱之灾"。而"旸"乃晴天之义，"旸旱"即"晴旱"，指一般干旱，其程度与"亢旱"不同。"亢旱"与下文"霖雨"相对，"霖雨"指连绵大雨，故上文，用"亢旱"指严重的干旱。戴仅据类书所引而改，不取朱本"亢旱"之文，似欠斟酌。况今影宋本《太平御览》仍作"亢旱"[2]。"亢旱"不仅可通，而且于文义为长。

> 昔北平侯王谭，不从王莽之政，子兴生五子，并避时乱，隐居此山。（卷十一《易水注》）

① 《水经注疏》，江苏古籍出版社，1999年版第827页。
② 《水经注疏》，江苏古籍出版社，1999年版第903页，段熙仲校记[二六]。

戴于"不从王莽之政"下，出校云："案'从'近刻作'同'。"淳按，《永乐大典》本、朱谋㙔《水经注笺》皆作"同"。《太平御览》卷192引《河北记》作"从"，大概是戴震校改的依据。但从文意上看，作"同"是对的，不可改。《论语·子路》云"君子和而不同，小人同而不和"。朱熹《集注》："和者无乖戾之心，同者有阿比之意"。元代陈天祥《四书辨疑》说得更清楚："凡在君父之侧，师长朋友之间，将顺其美，匡救其恶，可者献之，否者替之，结者解之，离者合之，此君子之和也。而或巧媚阴柔，随时俯仰，人曰可，己亦曰可，人曰否，己亦曰否，惟言莫违，无唱不和，此小人之同也。""和"与"同"是春秋时期就流行的两个带有浓厚褒贬色彩的政治术语。《左传·昭公二十年》晏子回答齐景公，《国语·郑语》史伯回答郑桓公，对于"和""同"之异，皆有论述。《世说新语·德行41》引《中兴书》曰："初，仲堪欲起兵，密邀觊，觊不同。"用"同"不用"从"。"同"特指阿附不义之事。（《汉语大词典》释为"赞同，同意"，不切）。郦注"不同王莽之政"，正用此义。如改为"从"，则失其褒贬含义。戴氏虽为一代经学大师，千虑一失，亦在所难免。

> 文帝之在东宫也，宴诸文学，酒酣，命甄后出拜，坐者咸伏，惟刘桢平视之，太祖以为不敬，送徒隶薄。后太祖乘步牵车乘城，降阅薄作，诸徒咸敬，而桢拒坐，磨石不动。（卷十六《榖水注》）

戴校云："案'拒坐'，未详。近刻作'抠坐'，朱谋㙔云，一作'匡坐'。"淳按，残宋本、《永乐大典》本、明抄本、袁寿阶校本皆作"拒坐"，不误。朱谋㙔《水经注笺》作"抠坐"，赵一清从之，朱笺云："一作'匡坐'"，杨守敬从之，皆非是。原文云："诸徒咸敬，而桢拒坐"，很显然，刘桢的姿态与诸徒相反，诸徒之姿态恭敬，则刘桢之姿态为不敬。而"抠坐"即"抠衣而坐"，古人抠衣，指提起衣前襟，是迎趋宾客时表示恭敬的动作。《管子·弟子职》"已食者作，抠衣而降"，《礼记·曲礼上》"抠衣趋隅，必慎唯诺"，抠衣均表恭敬。何况刘桢双手正磨石，哪还有手去抠衣？至于"匡坐"，乃正坐，《庄子·让王》"原宪居鲁，环堵之室，上漏下湿，匡坐而弦"，陆德明《释文》引司马彪曰："匡，正也。"《南史·王思远传》："王思远终日匡坐，不妄言笑。"与原宪、王思远这样儒家典范不同，刘桢向来被视为轻薄无行的文人，《颜氏家训·文章》云"自古文人，多陷轻薄：刘桢屈强输作，王粲率躁见嫌"。郦注上文云"命甄后出拜，坐者咸伏，惟刘桢平视之"，也是不敬的具体表现。"拒坐磨石不动"与"诸徒咸敬"也形成鲜明对比。拒，古通"距"。《荀子·仲尼》"而富人莫之敢拒也"。杨倞注："拒与距同。"《仪礼·少牢馈食礼》"长皆及俎拒"，郑玄注："拒读为介距之距。"距，引申可指动物或人的足。唐代张柬之《大堤曲》"南国多佳人，莫若大堤女。玉床翠羽帐，宝袜莲花距"。距坐，其姿势如今之蹲，古人之坐，两膝着地，脚底向上，臀部放在脚上，是为合符礼节的正坐。而蹲，则是"足底着地，而下其臀，耸其膝"（《说文》"居"字段玉裁注），在古代是一种放任不讲礼节的姿势。刘桢磨石适宜采用此姿势，而在曹操来视察时仍然蹲着"不动"，显然是倔强无礼的表现。故朱本之"抠"当为"拒"之讹字，一本作"匡"乃"拒"之烂文。"拒"既有版本依据，又切合上下文意。戴震云"未详"以存疑，皆因时间仓促未及细考之故。

《春秋佐助期》曰："汉以许失天下。"及魏承汉历，遂改名许昌也。（卷二十二《洧水注》）

淳按，《永乐大典》本、朱谋㙔校本皆作"汉以许昌失天下"，戴删"昌"字，很显然，在他看来，纬书《春秋佐助期》作于汉末，当时尚未有"许昌"这个地名。戴氏精于历史地理学，从地名沿革史来说，是不错的。杨守敬认为"昌"字不当删，因为"汉末已有许昌之目，不然《佐助期》何以言许昌也。戴不加详考，臆删'昌'字，与下句亦不相应"[1]。杨氏的依据是"《续汉志注》：献帝徙都，改许昌。《左传·隐公十一年疏》：魏武作相改"，但这都是注释者凭记忆而写的大概时间。而《三国志·魏志·文帝纪》："黄初二年春正月壬午，改许县为许昌县"，说得非常清楚具体。陈寿是三国后期人，应

---

[1]《水经注疏》，江苏古籍出版社，1999年版第1850页。

该不会记错。何况，郦注中明明写着"改名许昌"是在"魏承汉历"之后。戴以汉末无地名许昌而删"昌"字，杨以汉末有地名许昌而不删，所校各异，而理解的错误却相同，都是把《佐助期》中"许昌"二字看作一个地名。《佐助期》原文当有"昌"字，戴删，失于卤莽，从语气上看，删去"昌"字，也的确与下句之"遂"字不相适应。《佐助期》云"汉以许昌失天下"，其意乃谓"汉以许县之昌而失天下"。正如《魏志·文帝纪》注引《献帝传》中转引桓帝时白马令李云之言"许昌气见于当涂高，当涂高者当昌于许"，前句"许昌气"指"许县之昌气"，"许昌"连文亦非地名。"昌气"，是古望气家的说法，又称"昌云""昌光"，指天空中赤色云气。《晋书·天文志》云"昌光，赤，如龙状，圣人起，帝受终，则见"。"受终"出自《书·舜典》"正月上日，受终于文祖"，孔疏："受终者，尧为天子，于此事终而授与舜。故知终谓尧终帝位之事。终言尧终舜始也。"许县出现昌气，说明汉当终而魏当始，与谶纬家之言"汉以许昌失天下"相应。

> 城内东西道北，有晋梁王妃王氏陵表，并列二碑，碑云：妃讳粲，字女仪，东莱曲城人也。齐北海府君之孙，司空东武景侯之季女。咸熙元年嫔于司马氏，泰始二年妃于国，太康五年薨，营陵于新蒙之，太康九年立碑。（卷二十四《睢水注》）

戴于"营陵于新蒙之"后出校云："此下有脱文。"淳按，明末太学生李克家在董理《水经注笺》手稿时，读到这里感到不可通，就在"之"字下面下注曰：克家云："此下疑有脱误。"他还只是怀疑，而戴震却断然认为"有脱文"。事实上，原文字句完全可通，并无脱误（《永乐大典》本文字与此同）。而是李克家的断句有误，碑文后几句应读为"太康五年薨，营陵于新蒙，之太康九年立碑"。"之"字当属下读。"之"在这里当训"至"。这几句是说，梁王妃于太康五年去世，在新蒙营造陵墓，至太康九年立墓碑。太康九年当是陵墓完工，王妃正式下葬的时间。"之"训"至"，在古籍中并不罕见，《诗·鄘风·柏舟》"之死矢靡它"，毛传："之，至也。"《玉篇》"之，至也"，《梁书·处士传》"古之隐者，或耻闻禅代，高让帝王，以万乘为诟辱，之死亡而无悔"。《水经注卷九·洹水》亦云"后言之，之暮而卒"，"之暮而卒"，即"至傍晚就去世了"。原文上句"营陵于新蒙"，句子很完整。

> 蠡台如西，又有一台，俗谓之女郎台。台之西北城中，有凉马台。……蠡台直东，又有一台，世谓之雀台也。（卷二十四《睢水注》）

戴于首句后出校云："'如'近刻作'而'。"淳按，朱谋㙔《水经注笺》作"蠡台而西"，文句不顺，戴不从朱本，改"而"为"如"，是对的。但"蠡台如西"，义亦不明。查大典本、明抄本皆作"蠡南如西"，首句原文当作"蠡台南如西"，大典本夺一"台"字。郦注中常有这样的词例。卷十一《滱水注》"今此于卢奴城北如西六十里"，"又于是城之南如东一十余里，有一城"。卷二十九《比水注》"太胡山在比阳北如东三十余里"。如，稍也，略也。"北如西"谓北略偏西，"南如东"，谓南略偏东。"蠡台南如西"，指蠡台之南略偏西。下文"蠡台直东"，指蠡台正东。都是精确地指明方位。仅说"蠡台如西"，可以是台之南略偏西，也可以是台之北略偏西，显然是不足取。卷十九《渭水注》"陵之西如北一里，即李夫人冢"，朱谋㙔笺云："'如'当作'而'"，大典本作"如"不误。戴震却又信从朱笺改"如"为"而"，上例改"而"为"如"，此又改"如"为"而"。说明戴氏对郦注这一词例的了解亦欠明晰。对大典本的长处也认识不足。

> 有两牛斗于江岸旁，有间，冰还，流汗谓官属曰："吾斗大亟，当相助也，南向腰中正白者，我绶也。"（卷三十三《江水注》）

戴于"吾斗大亟"后出校云"案近刻作'疲极'"。淳按，《永乐大典》本及明抄本作"大极"。《太平御览》卷二六二引《白虎通》亦作"大极"。郦注原文当如此。中古以前古文中"极"有困乏义。《战国策·齐策三》："韩子卢逐东郭逡，环山者山，腾冈者五，兔极于前，犬疲于后。"汉王褒《圣主得贤臣颂》："胸喘肤汗，人极马倦"，《世说新语·言语》："丞相小极，对之疲睡"，"极"皆谓疲困。"大极"即非常疲乏。后代称疲乏已极为"疲极"，与古人云"大极"义近，故张守节《史记·河渠书》正义引及朱谋㙔本作"疲极"，皆后人以文义改之。戴改作"大亟"，既无版本依据，于义亦不可取。"亟"古常用义为"急"，"大亟"义为"非常紧急"或"非常危急"。但在这里写李冰与江神打斗，李冰流着汗回来请求官属相助，显然是说我打斗打得非常疲乏，气力不加，因而需要属下助一臂之力。

　　晋太元初，民封驱之家仆，密窃三饼归，发看，有大蛇螫之而死。《湘州记》曰："其夜，驱之梦神语曰：'君奴不谨，盗银三饼，即日显戮，以银相偿'。觉视，则奴死银在矣"。（卷三十八《溱水注》）

戴氏出校云：" '偿' 近刻讹作 '备'。"（"偿"简化字为"偿"，"备"简化字为"备"。责编注。）淳按，"以银相偿"，《永乐大典》本、朱谋㙔《水经注笺》皆作"以银相备"。戴震校改的原因，显然是认为"备"字不可通，而《太平广记》卷294引此文作"偿"，故据以校改。"以银相偿"是用银子赔偿你，文意不误，殊不知，赔偿字，古亦作"备"。魏晋南北朝时期更为常见。《魏书·刑罚志》"盗官物，一备五，私则备十"。《通鉴·宋文帝元嘉八年》"盗官物，一备五；私物，一备十"。胡三省注："备，陪偿也。"《后汉书·班超传》"北虏遂遣责诸国，备其逋租，高其价值，严以期会"。明王志坚《表异录·国制》"高欢立法，盗私家一备五，盗官家一备三。备音裴，偿补也，今作赔，义同，而俗从备为古"。古无"赔"字，钱大昕《恒言录》云"赔，此字不见《玉篇》、《类篇》等书，古人多用备，或用陪"。《韩非子·说林下》"宋之富贾有监止子者，与人争买百金之璞玉，因佯失而毁之，负其百金"，孙诒让《札迻》卷七云"负，犹后世言陪也"，古无轻唇音，"负"即"備"。大典本及朱笺本作"以银相備"原本不误，戴改"償"，义虽是而字非，不可取。

〔原载于《中华文史论丛》，2003年总第75期〕

郦道元误读误引古籍考

郦道元的《水经注》绝不仅仅是一部河流水文地理著作，而首先应看作是一部内容极其广博，影响极为巨大的古代文化典籍。史称"道元好学，历览奇书"，《水经注》一书，据统计，引用古代文献达437种（见郑德坤《水经注引书类目》）。在当时尚未有雕版印刷的历史条件下，郦氏一生奔波于仕途，享年仅及中寿，竟能搜集、阅读并娴熟地引用如此多的文献资料，不能不令人惊叹。当然，也招来"过于嗜奇，称繁引博"（全祖望《〈水经注释〉序》）之讥。同时，也由于称引过于繁多，往往无暇仔细推敲原文，难免也出现一些讹误：

例一，卷十四《濡水注》：

又按《管子》："齐桓公二十年，征孤竹，未至卑耳之溪十里，阘然止，瞠然视，援弓将射，引而未发，谓左右曰：见前乎？左右对曰：不见。公曰：寡人见长尺而人物具焉，冠，右祛衣，走马前，岂有人若此乎？管仲对曰：臣闻岂山之神有偷儿，长尺人物具，霸王之君兴，则岂山之神见，且走马前。走，导也。祛衣，示前有水；右祛衣，示从右方涉也。至卑耳之溪，有赞水者，从左方涉，其深及冠；右方涉，其深至膝。已涉，大济。……"今自孤竹南出，则沧海矣。而沧海之中，山望多矣，然卑耳之川若赞溪者，亦不知所在也。昔在汉世，海水波裹，吞食地广，当同碣石，苞沦洪波也。（上海古籍出版社《水经注》第291-292页）

郦道元引用《管子·小问篇》一段话，意在指出孤竹附近原有一条水，叫"赞水"，现已不知所在，当是同碣石山一样，在汉代就沦没于洪波，被海水吞食了。其实，孤竹附近，自古以来并不存在一条名叫"赞水"或"赞溪"的河。完全是由于郦氏不明《管子》原文中"赞"字的意义而造成的误解。"赞"字在这里是"引导"的意思。此义在古文中并不罕见。《国语·周语上》"太史赞王，王敬从之"，《国语·晋语八》"韩宣子赞授客馆"，韦昭注并云"赞，导也"。《后汉书·班彪传下》"陈百寮而赞群后"，李贤注："赞，引也。"《广雅·释诂三》"赞，引导也"。现存最早的《管子》注（旧题房玄龄注，实为尹知章注），在"有赞水者"句下，明确注出"谓赞引渡水者"，即导引渡水的人。所渡之水即卑耳之溪，"非谓卑耳之旁别有溪水名赞者也"（孙诒让《札迻》卷三）。管仲所说的"岂山之神见，且走马前，走，导也"，也就是"赞水者"。

例二，卷三十《淮水注》云：

涣水又东迳铚县故城南，昔吴广之起兵也，使葛婴下之。（上海古籍出版社《水经注》第586页）

郦注处处注意以史证地，依地言史，不仅给枯燥的地理知识涂上浓厚的人文色彩，也弥补正史的不足。这是有口皆碑的。但这一段话却似欠斟酌。这里介绍了一件史实：秦末，陈胜、吴广起义时，曾派葛婴攻下铚县。史料的来源，毫无疑问，是来自《史记·陈涉世家》。原文是这样的："陈胜自立为将军，吴广为都尉，攻大泽乡，收而攻蕲，蕲下。乃令符离人葛婴将兵徇蕲以东。攻铚、酂、苦、柘、谯，皆下之。行收兵，比至陈，车六、七百乘，骑千余，卒数万人。"这里明确指出，葛婴的任务是"徇蕲以东"。而铚县却在蕲（在今安徽宿县南）之西，谯在蕲之西北，酂、苦、柘则在离蕲更远的西北面，今属河南省。攻铚等地"皆下之"，一直"至陈"的，应当是陈胜、吴广亲自率领的起义军的主力。葛婴的情况下文也有交代："葛婴至东城，立襄强为楚王。婴后闻陈王已立，因杀襄强，还报，至陈，陈王诛杀葛婴。"东城在今安徽定远县东南，正是蕲县的东南方。历史事实是，陈胜、吴广起兵，攻下蕲后，即兵分两路，一路由陈胜亲自率领，向西北进军，攻下（铚）县等地，直至陈县，自立为王。一路由葛婴带领，"徇蕲以东"，直至东城。郦氏作为地理学家，对州县的方位极为熟悉。如能仔细推敲史书文意，这样的错误是可以避免的。

例三，卷三十九《庐江水注》：

岩上有宫殿故基三，以次而上，最上者极于山峰，山下又有神庙，号曰宫亭庙，故彭湖亦有宫亭之称焉。余按《尔雅》云：大山曰宫。宫之为名，盖起于此，不必一由三宫也。（上海古籍出版社《水经注》第744页）

关于地名来源的研究，是地名学的重要内容之一。郦道元在注《水经》的过程中，在这方面作了大量、深入的探究，成绩斐然可观。但这里引用《尔雅》说明"宫亭"之称的来源，却是一个失误。《尔雅·释山》："大山宫小山霍"，郭璞注："宫谓围绕之。《礼记》：'君为庐宫之'是也。"邢昺疏："谓小山在中，大山在外围绕之，山形若此者名霍。非谓大山名宫，小山名霍也。"郝懿行《义疏》："今潜县之天柱山，中峰小而四周有大山以绕之，与此合矣。宫有容受包含之义，故训围绕。郭引《丧大记》文，郑注：'宫谓围障之也。'""宫"的本义是四周有垣墙围绕的居室。《说文·宫部》段玉裁注："宫言其外围绕，室言其内。"《周礼·小胥》"王宫县"，郑司农云："四面有墙，故谓之宫县。"《尔雅》原文应读作"大山宫小山，霍"。郦氏不明"宫"字的古义，误读为"大山，宫；小山，霍"了。

古书之难读不自今日始，郦氏的误读，也说明这一事实。难读的原因是多方面的，经过众多学者整理过的《管子·小问篇》在"有赞水者"后，有一"曰"字，这样，下四句"从左方涉，其深及冠；右方涉，其深至膝"，很明显是"赞水者"说的话。假如郦道元所见的本子不漏夺这一"曰"字，恐怕不至于有此误。所以前人读书必求善本校勘，甚至认为"书不校勘，不如不读"（叶德辉《藏书十约》）。当然，由于历史条件限制，我们不能苛求于郦氏。但在郦学史上有一些教训，值得我们吸取。自《水经注》问世以来，就曾有多位学者，受郦氏的误导，相信古代确有一条"赞水"存在，并在考证其地理位置上花费了不少冤枉功夫。如清初以精于舆地之学著称的胡渭,就认为赞水"当亦在乐亭县西南"(《禹贡锥指》卷十一)。其后,郦学专家赵一清又认为《国语·齐语》提到的拘夏溪,大概就是赞水的异名(《水经注释》卷十四),而洪颐煊则以为赞水可能是《汉书·地理志》所说的宾水,因字形相近而误(《汉志水道疏证》)。

再者,时有古今,地有南北,词义也会因之而出现差别。段玉裁说"今训密,古训宽"。上古汉语词的多义性较后代复杂,如"赞",魏晋以前,常作"引、导"解,后代则较罕见。"宫"的本义是四周有垣墙围绕的居室。古人运用在不同的语言环境中,可以指居室,可以作动词,指围绕,还可以指垣墙。《礼记·儒行》"儒有一亩之宫",郑玄注:"宫,垣墙也。"这种词义现象往往被后人忽视。贾谊《过秦论》:"以六合为家,崤函为宫","宫"即指居室的围墙。然而,今译本大多译为"把崤山和函谷关当作宫室",至于为什么偏要这一山一关作为帝王居住的地方,似乎可以不加考虑。

此外,古人行文有一些与后代不同的文例,如《尔雅》"大山宫小山,霍",这样的句式后代已很少见。故清代学者沈炳巽很不理解,反而以此批评邢昺,认为"邢疏近乎穿凿,若果以'宫小山'为句,则'霍'上当有'曰'字"(《水经注集释订讹》卷三十九)。其实,《尔雅·释山篇》中,此类句式甚多,如"山大而高,嵩","山小而高,岑","小山岌大山,峘","小山别大山,鲜",皆省略动词谓语"曰"。沈氏不识《尔雅》文例,对邢疏妄加指责,甚不可取。古人行文省略,最为常见的还是省略主语(这与上古汉语缺少可以用做主语的第三人称代词有很大关系)。史书以叙事为主,主语经常省略,阅读时,稍不留意,就会张冠李戴,如《史记》"攻铚、酂、苦、柘、谯,皆下之"前面省略的主语是陈胜、吴广,却被郦氏误认为是葛婴。今人也往往蹈此覆辙。王伯祥先生并为之辩解说:葛婴"东出蕲县略地,并不仅限于蕲的东方。观下铚县等诸地自明"(人民文学出版社《史记选》)。明知铚县等地不在蕲以东,仍坚持"攻铚"等地的是葛婴,皆因"执今人寻行数墨之文法,以读周秦两汉之书"之过。试想,葛婴所率仅一偏师,如何能转战西东,先往西攻下铚县并远征至在今河南柘城县北的柘县，然后又挥师东下，到达东城。若果真如此，又何必明确指出使葛婴"徇蕲以东"？类似的情况，在史学研究中并非绝无仅有，今之读史者，当慎思之，明辨之。

第 四 编

《怎样阅读古文》引言

　　"古文"这个名称，由来已久，司马迁在《史记·自序》里说："年十岁，则诵古文。"他说的"古文"，指的就是古代的文献典籍。它是以周秦口语为基础而形成的一种书面语言。我们今天说的"古文"，则还包括后代作家模仿上古汉语书面语言写作的文言文。

　　古文所使用的语言，虽然同样是汉语，但是今天阅读它，不仅一般读者会有困难，有时连这方面的专家也会感到棘手。近代著名学者王国维就曾很坦率地对别人说，他读《尚书》有十分之五不理解，读《诗经》也有十分之一二不理解①。古文为什么这样难读呢？王国维根据古书的实际情况和自己的阅读体会，总结出三方面原因：一是"讹缺"，二是"古语与今语不同"，三是"古人颇用成语，其成语之意义与其中单语分别之意义又不同"②。

　　"讹缺"是古籍中普遍存在的现象。我国的书籍，从竹木到丝帛到纸张，从简篇到卷帙到册页，从口传手抄到刻板及活字印刷，数千百年，其间不知经过多少人的手，也不知经过多少次劫难，造成讹误、缺脱、衍羡、错乱是不可避免的。因此"后人读之，苟无善本相校，必致文义难晓，有索解而不得者"③。例如《墨子·鲁问》有一段话："越人迎流而进，顺流而退。见利而进，见不利其退速。越人因此若埶函败楚人。"这最后一句，长期以来，就使人"索解而不得"。经清代考据大师王念孙校订，原来"埶"为"埶"之讹，"函"乃"亟"之误。"埶"即古"势"字，"亟"作频数解。"此若势"即"此势"，"此"与"若"同义；"亟败"即屡败④。这样，原文疑义，涣然冰释。

----

① 见《观堂集林》卷二《与友人论诗书中成语书》。

② 见《观堂集林》卷二《与友人论诗书中成语书》。

③ 见孙德谦《刘向校雠学纂微·订讹误》。

④ 见《读书杂志》卷九。

有不少古籍，就是这样经过后人校订，才成为可读之书的。因读误本书而闹笑话的事也不少见。北齐颜之推《颜氏家训·勉学》就记载了这样一件事：当时江南有位权贵，读左思《蜀都赋》注本，见有"蹲鸱，羊也"的说法，不知"羊"是"芋"（即芋芳）之误。有人送他羊肉，他竟回信说"损惠蹲鸱"，致使"举朝惊吓"，传为笑柄。这位权贵可说是不学无术，但古书的讹缺实在也误人不浅。《水经注·河水四》"水流松果之山"。明人锺伯敬所见的本子，误为"水流松果之上"，于是乎大加赞赏，连连加圈，叹为妙景[①]。简直是"郢书燕说"的重版。正由于古书的讹缺给阅读造成很大困难，因而从汉代开始，从事校勘的学者代有其人。"校雠学"也就逐渐形成一门专门学问。

"古语与今语不同"，就是指古今汉语存在的时代差别。据说，元代有位书生，读《楚辞》不懂，竟破口大骂屈原："写文章这样艰涩，投水死得活该！"[②]屈原是我国古代杰出的善于向人民学习语言的作家，说他作文故为艰深，恐怕有些冤枉。《楚辞》难读的原因，主要还是由于语言存在时代的差别。语言是社会现象，是随着社会的发展而发展的，因而在语音、词汇、语法，以至于文字方面，古今都不完全一致。《诗·郑风·有女同车》"有女同车，颜如舜华，将翱将翔，佩玉琼琚"。这几句诗，今天我们读起来已毫无韵味了，但在周代"车读如居"[③]，"华读如敷"[④]，与后一句的"琚"字同属古韵鱼部，完全合韵。在古文中，伏羲又写作庖牺（庖），齐国的陈骈又写作田骈。据清人钱大昕考证，这是因为古读伏如庖，读陈如田，两字可以通用[⑤]。由此可见，古今语音的变化是相当大的。

不过，比较起来，古今差别最大的还是词汇。从词形上看，古代一个字常常就是一个词，而现代汉语则绝大多数是双音词。就词义看，同一个概念，古今用词往往不同。如：现代说"打水"，古代说"汲"；现代说"残暴"，古代说"虐"；现代说"热水"，古代说

① 段玉裁《戴东原年谱》录戴氏语。
② 见元吾邱衍《闲居录》。
③ 见汉刘熙《释名·释车》。
④ 见唐陆德明《经典释文》。
⑤ 见《十驾斋养新录》卷五。

"汤"。同一个词古今意义又往往存在差别，如"往往"这个词，现代指的是时间上的经常，但在秦汉时期却是表示空间关系的"到处"。《史记·吴王濞列传》："寡人金钱在天下者，往往而有。""往往而有"即到处有。

语法方面，由于具有较强的稳固性，古今变化不大，但也存在一些差异。比如现代说"使苏武投降"这句话，古代可以说成"降武"；现代说"不欺骗我"，在周秦时期一般写作"不吾欺"；现代说"应该派谁告诉你"，古代一般写作"当谁使告汝"。"可以跟他说话"这句话，古代往往只写作"可与言"。有时同一句话，用古今不同的语法规律来理解，意义可能大不一样。如《史记·魏其武安侯列传》"汲黯是魏其"这句话，如果当现代汉语看待，应理解为"汲黯就是魏其侯"；但在古文中，就只能理解为"汲黯认为魏其侯是对的"。另外，作为汉语语法的重要方面——虚词的用法，古今的差别更为明显。

至于王国维说的"成语"，指的是在一定历史时期流行的、具有特定含义的熟语，不能按字面意义去理解。如《诗经》中的"不淑"一语，是表示遭际不幸的专名。毛亨和郑玄均以"不善"解之。只看字面，所以不能得其真诠。由于这类"成语"只流行于一定的历史时期，也可以看作"古语和今语不同"的一个方面。

其实，后人阅读古书，障碍还不止这些。因为在不断发展的历史进程中，不仅语言内部的要素——语音、词汇、语法起了变化，语言所反映的外部事物，如风俗习惯、典章制度等也发生重大变革。所以宋代学者郑樵说："古人之言所以难明者，非为书之理意难明也，实为书之事物难明也。"[①]清代学者戴震也说："昔之妇孺闻而辄晓者，更经学大师转相讲授而仍留疑义，则时为之也。"[②]在古代人人皆知的事情，到后代有时甚至连一些专家学者也弄不清，这就是历史发展所造成的隔阂。举例来说，贾谊《论积贮疏》："失时不雨，民且狼顾，岁恶不入，请卖爵子，既闻耳矣，安有为天下阽危者若是而上不惊者。"

这一段话中，"请卖爵子"一句，在流行的注本中，大都解为

①《通志·艺文略一》。

②《戴东原集》卷三《尔雅文字考序》。

"朝廷出卖爵位，人民出卖儿子"。这样理解，不仅"请"字无着落，而且连系上下文也扞格难通。本来文意很明显，前四句叙述民情，后两句告诫皇帝。毫无疑问，"卖爵"、"卖子"的主语都是"民"。民卖爵的事，在史书上是有据可查的：《汉书·文帝纪》："夏四月，大旱，蝗。令诸侯无入贡，弛山泽，减诸服御，损郎吏员，发仓庾以振民。民得卖爵。"《汉书·严助传》："间者，数年岁比不登，民待卖爵赘（典质）子以接衣食。"这里的"卖爵赘子"和《论积贮疏》的"卖爵子"说的是一回事，主语都是"民"。为什么不少注家鲁莽草率，硬要说"卖爵"的主语是"朝廷"呢？这就是由于时移俗易，现代人知道封建朝廷卖官鬻爵的事，而对汉代的民也有爵可卖却极为陌生。汉民的爵来路大概有两条：一是花钱、粮从朝廷买得；二是由朝廷赐予。汉代皇帝常常在即位或遇有其他喜庆之事时，赐民爵位，以示恩惠。这种爵位，虽系虚衔，但在乡里可享有某些特权。一到凶年饥岁，贫乏之家往往请求把爵位转卖出去，以换取衣食。所以，《史记·文帝纪》司马贞索隐引崔浩说："富人欲爵，贫人欲钱，故听买卖。"民卖爵的事在贾谊所处的时代是妇孺皆知的，但在今天如不作点小小考证，却不容易明了。由此可见，古代名物制度的考证，也是确切理解古文不可缺少的一个方面。

另外，不懂得某些方面的专门知识，也会阻碍我们顺利读懂古文。戴震就曾说：不通天文，不可以读《尧典》；不通地理，不可以读《禹贡》①。

总之，古文作为古代的书面语言，流传到现在，存在的问题是比较复杂的。古文难读的原因也是多方面的。但是，最迫切、最直接的还是字、词、句方面的一些问题。因此，我们打算就这方面，介绍一些必要的阅读常识。

[原载于《怎样阅读古文》，上海古籍出版社1982年版]

---

① 见《戴东原集》卷九《与是仲明论学书》。

《方言疏证》整理说明

汉扬雄《方言》是我国第一部汉语方言学著作，也是世界语言学史上第一部比较方言词汇的专著，在当时就被誉为"悬诸日月不刊之书"①，自东汉应劭以来，备见征引。但在长期流传过程中，断烂讹脱，几不可读，甚至被认为"是书虽存而实亡"②。至清代乾隆年间，戴震始以《永乐大典》本及古书中所引《方言》与流行的明本对勘，"逐条援引诸书，一一疏通证明"③，使这部古代语言学要籍"神明焕然，顿还旧观"④，这就是我们今天所读到的《方言疏证》。

《方言疏证》是戴氏晚年完成的一部力作，约成书于他去世前一年，即1776年（乾隆四十一年）。戴氏自1755年就已开始致力于《方言》的整理与研究。是书之作，从草创到成书历时二十余年。此后，有清一代虽相继有《方言》校本问世，对戴书也有所补充订正，但从总体上看，可以说，功力成就无能出其右者，故时人称之为"小学断不可少之书"⑤。

《方言疏证》的版本，事实上有两个系统：一是戴氏姻亲孔继涵于1777年至1779年刊刻的《微波榭丛书·戴氏遗书》所收的本子，书名为《方言疏证》，题下标明"戴震疏证"。常见的《安徽丛书》本、《四部备要》本、《万有文库》本均属这一系统。一是《四库全书》经部小学类所收的本子，书名只写《輶轩使者绝代语释别国方言》，汉扬雄撰，晋郭璞注。无"戴震疏证"字样，只作为《方言》的一个善本看待。常见的武英殿聚珍版本、嘉庆六年樊廷绪刊本及《丛书集成》本均属这一系统。自戴氏高足段玉裁以来，人们一直认

---

① 汉人张柏松语，见扬雄《答刘歆书》。
② 见《四库全书总目提要》。
③ 见《四库全书总目提要》。
④ 见《四库全书总目提要》。
⑤ 见段玉裁《戴东原先生年谱》。

为《戴氏遗书》本"即四库馆聚珍版颁行之本"①，实则不然。以两本对勘，可以发现文字不同多达七十处，将近七百字。从内容与时间上推测，情况可能是这样的：《戴氏遗书》本是戴氏家藏的稿本，戴震去世后，孔继涵即据此刊刻，时间不会晚于1779年。而《四库全书》本则是戴氏呈交四库馆的最后写定本。《四库》本增补近四百字，两本不同之处，多以《四库》本为优。此书在1779年才送呈御览，武英殿修书处"奉命刻聚珍版惠海内"，时间当在此之后。

此次整理仍用作为戴震个人专著面貌出现的《戴氏遗书》本为底本，与聚珍版本（即《四库全书》本）对勘，详录异文于后。

[原载于《戴震全书》(三)，黄山书社1994年版]

---

① 见段玉裁《戴东原先生年谱》。

《续方言》整理说明

　　戴震《续方言》二卷，在清人所撰戴氏《别传》《年谱》《行状》《墓志》中均不著录。1928年冬刘半农始得戴氏手稿本于北京书肆。

　　据今人罗常培考证，是书"属稿年代约在乾隆二十年专攻《方言》之后，三十八年入四库馆以前"①。戴氏裒集之初衷，亦在补苴扬书，后见杭世骏《续方言》而中辍，故所录仅许慎《说文解字》、刘熙《释名》、何休《公羊传解诂》及杨倞《荀子注》四种书，且大体上仍以原书为序，未经理董。当系戴氏一部未完成的书稿，《方言疏证》成，而此稿遂废，故戴氏本人未道及此书，后人亦未著录。

　　杭世骏《续方言》所引之博赡，非戴氏此书所能及，然戴书实未完稿，仅就此二卷而言，亦颇可补杭书之遗漏。如戴氏所采《荀子》杨倞《注》，杭书只字未及，其他三书虽两家均采录，而戴有而杭无者，达22条。既然杭书被认为"搜罗古义，有裨训诂"②，那么戴书之价值也是不容抹杀的。

　　此书最初由国立中央研究院历史语言研究所于1932年据手稿影印，1936年《安徽丛书》本刊刻时又据影印本排印。此次整理即以常见的《安徽丛书》本为底本，与手稿影印本互校。

［原载于《戴震全书》(三)，黄山书社1994年版］

---

① 见《戴东原续方言稿序》。
② 见《四库全书总目提要》。

第 五 编

怎样学习古代汉语词汇

王力先生在他有关学习古代汉语的文章和演讲里曾多次谈到"语言有三个要素，就是语音、语法、词汇。那么，我们学习古代汉语，这三个方面，哪方面最重要呢？应该说是词汇最重要。我们读古书，因为不懂古代语法而读不懂，这种情况是很少的。所以语法在古代汉语教学中不是太重要的。至于语音方面，更不那么重要了。比方说散文，跟语音就没有很大关系，诗歌跟语音有点关系，但也不是重要的"。又说"有位同志提到，古代汉语的问题，主要是词汇问题，解决了词汇问题古代汉语就解决一大半问题了。这话我非常赞赏"（见《古代汉语的学习和教学》一文）。这些话对于我们学习古代汉语是带有指导性的。

词汇在古代汉语中不仅是最重要的，同时也是最难掌握的。因为词汇不像语音、语法那样有明显的规律，很难做到举一反三，必须一个一个去掌握。所以有人说它像一盘散沙。学习古代汉语必须下苦功夫，这种苦功夫主要就是花在掌握词汇上。那么怎样才能有效地学习和掌握古汉语词汇呢？下面就这个问题谈几点意见。

第一，要把掌握古代汉语常用词作为重点。阅读古文，会碰到一些生词僻字，往往被人们视为古书难读的症结。其实冷僻字并不是经常出现的，我们查查工具书，就可以解决，一般不会产生误解。而常用词就不同了，它们在古文中使用频率较高，对于一般读者也似乎并不陌生，但导致我们误解古书的，多半是这些词。例如《论语·雍也》："乘肥马，衣轻裘。"初接触古文的人，大都把"乘肥马"理解为"骑肥马"。事实上，"乘"作为一个常用词，在古代多用来指驾车，"乘肥马"应理解用肥马驾车。又如《战国策·赵策》："入而徐趋，至而自谢"，这里的"谢"也容易被理解为感谢。其实，在上古汉语中"谢"的常用义是道歉。所以，王力先生说："正是这些常用词似懂非懂，才使人们对古代作品的了解，不是囫囵吞枣，就是捕风捉影。掌握常用词也可以说是掌握了一把钥匙，它把文言词汇中的主要问题解决了"（王力《古代汉语·绪论》）。怎样掌握古汉语常用词呢？主要要靠平时在阅读中积累，并经常利用《古汉语常用词词典》一类的工具书的帮助。有人主张像记外语单词一样，把古汉语常用词背下来，能做到这一点，当然很好。学习古汉语词汇，的确要靠强记。但我们认为，紧密结合文选的学习，有意识地记一些常用词，而不是孤立地去背，效果也许更好些。

第二，要牢固树立历史发展观点，不可轻易地以今释古。语言是发展的，尤其是词汇，几乎处在不断变化之中。古今词汇无论是在词的语音形式或词的意义方面，都存在不少差别。对于这些差别，必须有足够的认识。切不可用现代的眼光看待古汉语。例如：《战国策·西周策》："而秦未与魏讲也。"这句话不能理解为"秦国没有跟魏国说"，因为古代的"讲"跟"说"不是同义词。在这里"讲"是和解的意思。《墨子·号令》："其有知识兄弟欲见之"，也不能译为"他的有知识的兄弟想见他"。古代"知识"一词指的是相知相识的熟人。再如白居易《与元九书》："言而发明之则为诗"，同样不能理解为"说话有所发明创造就是诗"。古代"发明"一词，不指从无到有的创造。在这里是"阐发得更加鲜明、完善"的意思。以上列举的"讲""知识""发明"等词，在现代汉语中都很常见，如果缺乏明确的历史观点，很可能按现代的意义去理解。在学习古代汉语词汇时，必须引起足够的重视。前面说过，学习古汉语词汇，重点在掌握常用词。这里还必须进一步指出，在掌握常用词时，又必须把重点放在古今词义有差别的词上。而且，对古今词义有差别的词，最值得注意的，还不是上面所举的这些形同实异，古今意义迥别的词，而是那些同中有异，大同小异，古今词义差别细微的词。例如：《史记·孙子列传》："既驰三辈毕，而田忌一不胜而再胜"，后一句似乎可以理解为，"田忌一次比赛没有胜，再赛一次就胜了"，其实，古代的"再"一般指两次或第二次。现代的"再"则用来指动作的重复，第三次、第四次还可说"再"。这是说田忌在三次比赛中，一次失败两次获胜。由于古汉语的"再"是数词，不是副词，所以还可以用在名词前,《汉书·司马相如传》:"相如辞谢,为鼓一再行","一再行"即一两支曲。现代汉语"再"作为副词,不能有此用法。又如诸葛亮《出师表》:"未尝不叹息痛恨于桓灵也。"有的青年读者往往认为这是说刘备深切憎恨汉桓帝和汉灵帝。可是,刘备自认是汉的继承人,怎么可以公开憎恨前朝皇帝呢?可以看出这里的"痛恨"跟现代汉语意思有区别。"痛"是悲痛、痛心的意思,"恨"是遗憾的意思,即感到失望和惋惜。当然失望、惋惜跟现代的仇恨、憎恨,都是一种不满的情绪,但程度要轻得多。再就双音词来说,如《汉书·张释之传》:"文帝免冠谢曰:教儿子不谨。"这里所说的"儿子",是指文帝所生的男孩,似乎与今无别,但事实上,在上古时期,"儿子"是"小孩子"的意思。自己的孩子可称"儿子",别人的孩子也可称"儿子",《史记·越王勾践世家》:"庄生羞为儿子所卖,乃入见楚王。"这里的"儿子"是指庄生的朋友范蠡的孩子。《庄子·庚桑楚》:"儿子动不知所为,行不知所之",这里的"儿子"是泛指小孩子。像"再""恨""儿子"这样一些词,古今意义区别虽然不大,但如果等而同之,对于确切理解古书,关系却不小。

第三,要充分认识古汉语一词多义的现象。一词多义是古今汉语都存在的现象,但比较起来古代汉语要严重得多。这是由于古代汉语是以单音词为主,一个词一个音节,写下来就是一个字。而音节和文字数量都很有限,这样为了表达上的需要,一个词势必兼有几个义项。随着社会的发展,古代汉语某些词的某些义项后代已经消失,如"存"在古代有"思念"义(《论衡·订鬼》"皆人思念存想之所致也")。又有"慰问""问候"义(《史记·信陵君列传》"而公子亲数存之")。"除"在古代可指台阶(《东京赋》"登自东除"),又常用来指拜官、授职(《指南录后序》"予除右丞相兼枢密使")。这些意义在现代均已消亡。有些词的某些义项后代已经分化出来,自立门户。如:"责"古代有责罚、责任义,还可以指欠别人的钱财,《战国策·齐策》:"乃有意为文收责于薛乎?"后来这个意义改用"债"来表示,成为另一个词。"祝"在古代有祝颂义,也有诅咒义,《汉书·外戚传》:"为媚道祝诅后宫有身者王夫人及凤等","祝诅"就是"诅咒"。后来这个意义,用"咒"来表示,分为两个词。在汉语中,这种分化,多数是通过创造双音词的方式来完成的。如古代的多义词"望",后来分化为观望、盼望、探望、声望、怨望等双音词。古代的"书"这个词,也可以分化出书籍、文书、书写、书信等双音词。正因为多义性是古汉语词汇的一个突出特点,所以,我们在阅读古文时,遇到有些词按一般意义不好解释时,就应该考虑到可能有其他意义,如《赵威后问齐使》:"齐王使使者问赵威后,书未发,威后问使者曰",前两句似乎可以译为"齐王派使者询问赵威后,书信没有发出",但齐王有什么问题要问威后,上下文均未提到。看下文,可以知道齐使已到赵国,书信是由使者带去的,怎么说没有发出呢?均不好解释。原来,"问"和"发"在古代都是多义词。前一句中的"问"和后一句的"问"含义不同,是指聘问,即诸侯互相间的礼节性的问候;"发"在这里不作"发出"讲,而是启封、打开的意思。又如《冯谖客孟尝君》:"于是乘其车,揭其剑,过其友曰'孟尝君客我'",中间两句也容易被理解为"拔出他的宝剑,经过他的朋友家",其实,"揭"在古代主要表"高举"的意思,"过"古代有"拜访"义。可见,对一词多义的现象缺乏足够的认识,也是误解古书的重要原因之一。学习古汉语常用词,必须注意掌握那些我们不熟悉的,而在古文中又是比较常用的意义。另外,在古代不仅一词可表数义,而且一字可记多词。我们接触到的古代汉语,是用文字记录下来的书面语言,所以一词表数义和一字记多词两种现象往往纠缠在一起,更增加了古汉语词汇的复杂性。一字记多词,从语言学的角度来说,是属于词的书写形式问题。从文字学角度来说,主要指古字通假。识别通假也是读古书的重要问题,我们把它放在文字部分来谈。

第四,要学会从词义系统上来掌握古汉语词汇。从总体上看,古代汉语词汇的系统性不像语音、语法那样强,但就一个词的各个义项来说,它的系统性是很突出的。当一个词具有几个意义时,其中必有一个是它的本义,其他的意义则大都是直接或间接地在本义的基础上衍生出的引申义。学会从词义系统上来掌握古汉语词汇,就是要懂得分析考查词的本义,并根据本义,理出词义引申发展的线索,从而把各个义项排成系列。比如"都"这个词,在词典中一般列有国都、城邑、汇聚、总、全、美等义项。我们要想准确、牢固地掌握它,最好的办法,当然是把它整理出一个头绪来。"都",从字形上看,左边的"者"是声符,右边的耳朵旁是"邑"字的变形。所以它的本义应该是大城邑，后来引申发展，用来指国都。城邑是人们聚居的地方，所以可引申出"汇聚"义，张衡《东京赋》："其西则有平乐都场。""都场"即聚会的场所。由汇聚义又引申出"总"的意思，如古代官名"都督"即总督、总领之义。由"总"又引申作副词"全"用，现代仍保留这种用法。古代的大城邑，最初本是奴隶主贵族居住的地方。作为统治阶级，他们的生活习惯，仪态服饰被认为是高雅的、时髦的，即所谓城市风度，因而"都"又引申出美丽、雅致的意思。《汉书·司马相如传》："雍容娴雅，甚都。"陆云诗："宫室多妖冶，粲粲都人子"，"都人子"即美貌女子。古代的美男子也往往取名"子都"。经过这样整理，"都"的这些义项就变得系统而有条理了。我们对"都"这个词也就有了准确而深刻的理解。当然，要学会从词义系统上来掌握古代汉语词汇，对于初学古代汉语的人来说，是比较困难的。但要求做到认真阅读《古代汉语》（郭锡良等编写）教材上的"词义分析举例"部分的内容，掌握住这二百多个常用词，并从中了解一些分析词义的方法。对于希望要深入地掌握古代汉语词汇的读者来说，那就需要利用《说文解字》《说文解字注》《说文通训定声》和《尔雅》《广雅》一类的专著以及古代传注的帮助了。

［原载于《学语文》，1986年第4期］

怎样学习古代汉语文选

高等学校开设"古代汉语"这门课，目的是培养阅读古书的能力。因此，它是一门工具课。古代汉语的学习，必须掌握一定的古代汉语基本理论常识，但这样做是为提高阅读古书能力服务的，并非要我们通晓汉语发展的历史。而且，这些理论常识，也只有通过阅读实践，获得一定的感性认识以后，才能透彻理解和牢固掌握。不在阅读上狠下功夫，而想走什么捷径，打开一切古籍之门，那只是一种幻想。因此，文选部分的学习在古代汉语课中具有极为重要的意义，它不仅可以使我们掌握较多的古代语言材料，还可以培养对古代汉语的"语感"，大大有助于丰富我们的感性认识。

在《古代汉语》（郭锡良等编写）教材中，文选部分约占总篇幅的百分之六十。所选的文章，一般来说，是语言具有典范性的优秀作品，绝大多数思想内容也比较健康。共计一百四十三篇（包括节录的小段），数量并不算多。但在全面阅读的基础上，我们还应该抓住重点，分清主次：

第一，必须明确，在教材所选的文章中，应以散文为重点。散文包括记叙文和议论文，也就是《古代汉语》（郭编）的上册和中册所选的文章。因为古代汉语课的学习目的是要攻破语言文字关，而不是研究文艺作品。古代散文最能反映古代语言的实际，同时，也只有具备一定的阅读古代散文的能力，才有可能读懂古代的诗歌，辞赋，骈文等作品。

第二，必须明确，在古代散文中，又应以先秦两汉时期的散文为重点。因为我们通常所说的古代汉语，是以先秦口语为基础而形成的上古汉语书面语言，虽然也包括后代作家所写的文言作品中的语言，但后代的文言作品，是模仿先秦时期的书面语言而写出来的。历代仿古作家都以先秦散文为典范。两汉去古未远，其书面语言与先秦时期较接近。唐代古文家韩愈表示"非三代两汉之书不敢观"，明代文学家李梦阳等又提出"文必秦汉"的主张。秦汉时期的散文作品，是古代汉语最典型、最具有代表性的语言材料，以秦汉散文为学习重点，不仅因为秦汉距离现代较远，作品比较难懂，而且因为秦汉散文的语言，是历代文学语言的源头。掌握秦汉典范作品中的语言，可以收到溯源及流、举一反三之效，阅读后代的文言文也就不会有多大困难了。

　　具体到每一篇作品的学习，应该注意什么呢？根据课程的性质，古代汉语文选的学习，与古典文学作品选的学习，侧重点应有所不同。对于作家生平、时代背景及艺术特点等等，只需作一般的了解。把教材每篇作品前面的"介绍""说明"掌握住也就可以了，在这方面不必另外寻找参考资料做深入研究。语言不能脱离思想内容，古代作品由于时代和阶级的局限，在内容上不可避免地存在一些糟粕，应该加以批判，但在入选的作品中并不严重，而且大多比较明显，不难辨别。因此，也不必花过多的时间。每门课都有它的特点，古代汉语课就是学习古代语言。古代汉语文选的学习，重点就是掌握作品中的语言。因此，在阅读时，首先是逐字逐句读懂读通，绝不能满足于了解大意，不能用阅读现代汉语译文来代替作品的学习。必须仔细阅读教材上的注释，如仍有疑义，还必须查阅工具书和参考其他注本。在全文疏通以后，就要找出并牢固掌握重点字、词、句。这里说的重点字、词、句，不是思想内容方面的关键词语，而是指古今存在差别的，能反映古汉语特点，以及其他阅读古书必须引起注意的文字语言现象。例如教材中选的《郑伯克段于鄢》一文，在文字方面，重点应掌握：

　　　寤，"牾"的通假字，意思是逆、倒着。

　　　佗，"他"的异体字，旁指代词。

　　　大，"太"的通假字。

　　　参，"三"的异体字，古代多用作动词。

　　　辟，"避"的通假字。

厌，"猒"的通假字，后来写作"餍"满足的意思。

暱，"昵"的异体字，亲近的意思。

阙，"掘"的通假字，挖的意思。

在词汇方面，重点应抓住古今词义有差别的词，如：

城，古代，尤其是先秦时期多用来指城墙。

国，古代可指国家，如"国之害也"。也常用来指国都，如"参国之一"。

封，古代常用来指疆界。

羹，古代指带汁的肉。

鄙，古代指边邑。

贰，古代常用来指两属。

在语法方面，重点应注意：

（1）实词活用，如：

"惊姜氏"，"惊"动词用作使动。

"今京不度"，"度"名词用作动词。

"无生民心"，"生"动词用作使动。

"隧而相见"，"隧"名词用作动词。

（2）词语省略，如：

[姜氏]请京，[庄公]使[段]居之，[京人]谓之京城大叔。

大都不过参国之一，中[都不过]五[国]之一，小[都不过]九[国]之一。

（3）句式与词序，如：

"制，岩邑也"，判断句，古代不用判断词。

"何厌之有"，即"有何厌"。"何……之有"，表反问的固定句式。

"为之所"，动词的双宾结构。

"若之何"，表询问的固定句式。

"何患"，即"患何"，疑问代词宾语前置。

此外，对一些虚词的用法，如焉、诸、于，以等，也应注意辨认。

读懂了全文，并掌握住这些重点字、词、句，那么，这篇文章也就可以通过了。重点字、词、句，主要靠联系通论中所讲的古代汉语常识，并通过阅读注释来确定。教材的注释较详，而且对这些反映古汉语特点的文字语言现象，一般都注出来了。在学习文选的过程中，始终要注意把通论中学到的知识和阅读实践紧密结合起来，互相印证，加深理解。

学习古代汉语文选，还必须注意，在理解的基础上，尽可能把文章多读几遍。古人说："读书百遍，其义自见"，"旧书不厌百回读，熟读深思子自知"，都是经验之谈。熟读，能更好熟悉上下文语言环境，从而加深对文意的理解，巩固已学得的知识。所以，熟读，应看作学习文选不可缺少的一个步骤。在一字一句理解之后，再把它作为一个整体来看，检查这些零件与整体是否吻合。钱锺书先生说得好："乾嘉朴学教人，必知字之诂，而后识句之意。识句之意，而后通全篇之义。"但"复须解全篇之义乃至全书之指，庶得以定某句之意，解全句之意，庶得以定某字之诂"（见《管锥篇》第171页）。熟读，可以帮助我们联系上下文，在篇章中理解句意，在句子中识别词义。例如《郑伯克段于鄢》："颍考叔为颍谷封人，闻之，有献于公。公赐之食，食舍肉，公问之。对曰：'小人有母，皆尝小人之食矣，未尝君之羹。请以遗之。'"这里的"羹"很容易被理解为汤。我们把这一段连起来读，就会发现这样理解有问题。上面说颍考叔把"肉"留下来不吃，后面又说这样做是由于其母没有尝过君主的"羹"，请求把留下的肉拿给母亲吃。显然，"羹"就是指前面说的"肉"。上古的"羹"是用五味（酱、醋，盐、梅、葱之类的调味品）煮的肉。以肉为主，又带有汁，故《尔雅·释器》云："肉谓之羹"，《经典释文·仪礼·士昏礼》引《字林》："羹，肉有汁也。"又如：《病梅馆记》："以夭梅、病梅为业以求钱也。""夭梅"（又写作殀梅），常被人们理解为"使梅花早死"。下文"夭其稚枝"常被理解为"杀害嫩条""嫩条统统削掉",孤立起来看,都可以说得过去,但如果我们把全文反复读几遍,就会发现问题:鬻梅者以梅求重价,如果使梅花早死,把嫩条统统削掉,试问他们拿什么来换钱?难道是已死的枯枝,或没有枝条的树干?通读全文,前面说"梅以曲为美,直则无姿;以欹为美,正则无景;梅以疏为美,密则无态",后面又说"梅之欹、之疏、之曲",联系起来思考,可以知道鬻梅者培植梅花,决不是让梅花早死,而是使梅具有"欹""疏""曲"的特点。故"夭"在这里不能作"早死"理解。《说文》云:"夭,屈也。"段玉裁注:"象首夭屈之形。"甲骨文夭字画作一个人歪着头的形状。"夭"的本义就是倾斜、歪曲。这里的"夭"正是用它的本义。"夭梅"即使梅歪曲,"夭其稚枝"即使嫩条弯曲。这都要通过熟读深思去发现问题,解决问题。还有,古代汉语在语法、修辞等方面,有一些特殊之处,用现代汉语不易表达,必须凭语感来领会,对于古代汉语的语感,也只有在熟读中逐步培养。

　　此外,学习古代汉语文选,既要抓"点",又要注意到"面",做到点面结合。感性认识越丰富越深刻,语言的掌握也就越牢固越熟练。要获得古代汉语的感性认识,就必须大量阅读古代的典范作品。感性材料越多,就越便于我们进行比较、归纳,从而更正确地理解古书。例如,《孟子·梁惠王下》:"凶年饥岁,君之民老弱转乎沟壑,壮者散而之四方者,几千人矣。"有人把这里的"几千人"解为不止一千,与现代汉语说法一样。也有人把《汉书·韩安国传》"高帝身披坚执锐,蒙雾露,沐霜雪,行几十年"中的后一句解为"干了几十年"。如果我们接触面广一些,就可以看到古文中有"几四十年""几八万""几十五万"等说法。而现代汉语叙述句中的"几十",古人只说"数十",如《孟子·滕文公》:"其徒数十人。"《战国策·齐策》"孟尝君为相数十年"。有时虽然也用"几"表数,如《庄子·逍遥游》:"鲲之大,不知其几千里也。"《汉书·赵充国传》:"当用几人。"但这种用法的"几",是表有疑问的未知数。通过比较,有了这样的认识,我们就可以断定,《孟子》的"几千人"只能是"将近千人"的意思。《汉书》的"行几十年"也是"将近十年"的意思,"几"用作副词,读jī。只有掌握大量的语言材料,才能进行比较、归纳，因此，我们必须注意在抓住重点的基础上，尽可能扩大接触面。除《古代汉语》教材上的课文外，可以有选择地阅读一些古代名篇。从今人的选注本入手，如人民教育出版社出版的《古代散文选》，就是一个较好的本子，在字、词、句方面注释较详。

[原载于《学语文》,1986 年第 5 期]

附　　录

鲍善淳语文学论著目录

一、著作

1.《怎样阅读古文》，上海古籍出版社1982年3月初版，1985年9月再版；台湾星光出版社1988年11月版；台湾国文天地杂志社1990年3月；［日文版］增田荣次译，日中出版株式会社1986年版；［韩文版］沈庆昊译，1992年5月版。

2.《读古文入门》，上海古籍出版社，2004年5月新版，2010年4月再版；三联书店（香港）有限公司2015年版。

3.《古代汉语》，主编，安徽人民出版社1986年版。

4.《续经籍籑诂》，副总纂，安徽教育出版社2012年7月版。

5.《〈方言疏证〉校注》，《戴震全书》（三），黄山书社1994年版。

6.《〈续方言〉校注》，《戴震全书》（三），黄山书社1994年版。

二、论文

1.《论我国近代反帝诗歌》（合作），《合肥师范学院学报》1960年第5-6期。

2.《新时代的乐章——〈沙田水秀〉读后》，《学语文》1960年第7期，第14-16页。

3.《漫谈如何确切理解文言词义》，《安徽师大学报》1978年第3期，第93-104页。

4.《"张楚"非国号辨》，《文史哲》1979年第5期，第80页。

5.《成语字义考十则》，《安徽师大学报》1982年第2期，第89-93页。

6.《"前茅"的"茅"》,《辞书研究》1982年第3期,第179-180页;收入《疑难字词辨析集》,上海辞书出版社1986年版。

7.《古文中的"复语"》,《学语文》1983年第1期,第55页。

8.《一字源流奠万哗——试论〈说文段注〉在训诂方面的成就》,《安徽师大学报》1983年第3期,第98-107页;人大报刊复印资料《语言文字学》1983年第10期,第55-64页

9.《"增字解经"和古文译注》,《学语文》1984年第2期。

10.《漫谈古书的句读》,《安徽师大学报》1985年第2期;转载《新华文摘》1985年第11期,第238-241页。

11.《释"丛祠"》,《辞书研究》1985年第3期,第138-140页。

12.《怎样学习古代汉语词汇》,《学语文》1986年第4期,第7-10页。

13.《怎样学习古代汉语文选》,《学语文》1986年第5期,第2页。

14.《〈水经注校〉标点商榷》,《古籍研究》1987年4期;收入《古籍点校疑误汇录(五)》,中华书局1990年版。

15.《〈岳阳楼记〉注商》,《中学语文教学》1988年第9期,第24-26页。

16.《读注琐议》,《安徽师大学报》1989年第2期,第215-223页。

17.《释"军"》,《辞书研究》1990年第2期,第148-149页。

18.《〈曹刿论战〉注商》,《小学语文教学》1990年第10期。

19.《重文表示法与古籍校勘》,《安徽教育学院学报》1990年第1期,第79-82页。

20.《汉字字义类化初探》,《安徽师大学报》1990年第2期,第200-206页;人大报刊复印资料《语言文字学》1990年第7期,第146-152页。

21.《也谈"许慎说"之"说"》,《古籍整理出版情况简报》1991年总第246期,第22-23页。

22.《"雁行"补说》,《古汉语研究》1993年第4期,第61-63页。

23.《"藏词"论略》,《修辞学习》1994年第6期,第28-30页。

24.《新版戴本〈水经注〉标点献疑》,《古籍研究》1998年第2期,第3-10页。

25.《应严肃对待文言普及读本的译注——〈历代寓言选〉误译举例》,《中国图书评论》1998年第1期,第42-45页。

26.《一则历来未得确解的寓言》,《古汉语研究》2000年第3期,第91页。

27.《〈水经注〉"乱流"考释》,《古汉语研究》2001年第3期,第54-56页。

28.《〈水经注·淇水〉"不异毛兴"续探》,《古汉语研究》2002年第3期,第90-91页。

29.《释"除"》,《辞书研究》2002年第2期,第140-144页。

30.《〈水经注〉词语柬释》,《古籍研究》2002年第4期,第21-23页。

31.《〈水经注〉词语札记》,《古汉语研究》2003年第2期,第92-94页。

32.《〈水经注〉戴校献疑》,《中华文史论丛》2003年,总第75期,第168-179页。

后　　记

　　这个集子所收的文章，从内容上看，基本上属于传统的语文学范畴。前人称之为"小学"。我对这方面的研究感兴趣，大概与我青少年时期的生活环境和经历有关。我的故乡在皖南的一个小山村，距我家二十公里范围内曾经是处于清代学术界领导地位的乾嘉学派皖派的代表人物戴震、程瑶田、金榜、凌廷堪、江有诰等人出生和从事学术活动的地方。皖派先驱黄生的家更是离我家不足一公里。昔人虽已没，但乡贤的流风余韵仍影响着后人。我自幼就常听到父辈和师长们谈论他们的故事。在中学时代我又有幸遇到一位具有家学渊源、古文功底甚厚的老师鲍弘德先生。上世纪五十年代中期，教材改革，中学语文课本文学和汉语分家，高中文学教材，全是古文。弘德师讲授古文，详征博考，剖析入微，给我留下了极为深刻的印象。先生所讲的课堂笔记，我至今还完好保存着。大学毕业后，留校工作。校址在合肥。那时合肥市宿州路上有一家规模不小的古旧书店，是我每逢周日必去的地方，看书、淘书，一待就是大半天。饿了就在附近小摊上吃一碗九分钱的阳春面。有一次我居然在书堆里淘到一部上海扫叶山房石印的段玉裁《说文解字注》，线装十二册，喜出望外，售价4元。虽说这价格是我当年每月生活费的五分之一，我还是毫不犹豫地买了回来。从此它就成了我终身的挚友，也是我一生受益最多的一部书。

　　一个人所从事的工作、事业能与他的志趣相一致，那将是最幸运的。可是这种幸运降临到我身上，已经上世纪七十年代后期的事了。岁月蹉跎，虽然我不信什么"人到中年万事休"之说，但毕竟人生精力最旺盛的时光已经一去不复返了。尽管我夜以继日，努力补救，仍未能有什么成就。

　　早在我刚退休的时候，院领导就曾建议我把已发表的文章搜集起来，编一个集子。我没有当即允诺。因为我总感到这些文章未能尽如人意，还有待进一步增补修订。没想到造化弄人，一晃十年过去了，屡遭二竖折磨，至今终于未能再提笔增补一个字。

感谢文学院院长储泰松教授在百忙中把我这些零碎的文字搜集在一起。没有他的帮助和鼓励，我是绝对没有精力和勇气再把它拿出来灾梨祸枣的。不过，说实在话，这几十篇文章，虽说不上有多高的学术价值，对我来说却都是用心之作，从不敢率尔操觚，作无根之谈。敝帚自珍，也是人之常情。

这集子里文章，是我在上世纪七十年代后期到本世纪初，这二十多年中所写的。我的研究工作，大体上可分为两个阶段：前一阶段，主要是配合古代汉语和训诂学的教学。除文章外，还出了一本《怎样阅读古文》（上海古籍出版社），主编一部《古代汉语》教材（安徽人民出版社）。从九十年代开始，先是应吴孟复先生之邀担任大型工具书《续经籍籑诂》（安徽教育出版社）的副总纂，后又受聘担任安徽古籍丛书编审委员会委员，并参加《戴震全书》（黄山书社）的校注和审订。主要精力又集中在古籍的整理和研究上。还有一些课题没有完成，还有一些心愿未了，而年已耄耋，心力交瘁。庄子有言："吾生也有涯，而学也无涯，以有涯随无涯，殆已。"不论南华真人这话说得是否在理，我也只能以此来自我解嘲了。

鲍善淳

2015 年 9 月 27 日中秋夜